El catolicismo

Bob O'Gorman, Ph.D.
y Mary Faulkner, M.A.

TRADUCCIÓN:
Laura Fernández Enríquez
Jorge Luis Gutiérrez Galván
Traductores Profesionales

Editora de división interés general: **Claudia Islas Licona**
Supervisor de traducción: **Antonio Núñez Ramos**
Supervisor de producción: **Rodrigo Romero Villalobos**

EL CATOLICISMO

Versión en español de la obra titulada *The Complete Idiot's Guide® to Understanding Catholicism,* de Bob O'Gorman, Ph.D. y Mary Faulkner, M.A., publicada originalmente en inglés por Alpha Books, Pearson Education, Inc., 201 West 103rd Street, Indianapolis, IN 46290, © 2000. *All rights reserved.*

EDICIÓN EN ESPAÑOL PARA ESTADOS UNIDOS DE NORTEAMÉRICA
Copyright © 2002 por Alpha Books, Pearson Education, Inc.
201 West 103rd Street
46290 Indianapolis, IN

Library of Congress Catalog Card Number: Available upon request

EDICIÓN EN ESPAÑOL
D.R. © 2002 por Pearson Educación de México, S.A. de C.V.
Calle 4 No. 25-2do. piso
Fracc. Industrial Alce Blanco
53370 Naucalpan de Juárez, Estado de México

Cámara Nacional de la Industria Editorial Mexicana, Registro No. 1031

NOTA IMPORTANTE: Esta publicación contiene las ideas y opiniones de sus autores. Su intención es proporcionar material informativo útil sobre la materia cubierta. Se vende con el convencimiento de que los autores y la Editorial no proporcionarán los servicios profesionales mencionados en el libro. Si el lector requiere asistencia personal o consejo, debe consultar a un profesional competente.

Los autores y la Editorial específicamente se deslindan de cualquier responsabilidad, pérdida o riesgo personal o de otra forma, incurridos como consecuencia directa o indirecta del uso y aplicaciones de cualquier contenido de este libro.

ISBN: 970-26-0330-7 de la versión en español
ISBN: 0-02-863639-2 de la versión original en inglés
ISBN: 0-02-864304-6 de la versión para USA

Impreso en México, *Printed in Mexico*
1 2 3 4 5 6 7 8 9 0 05 04 03 02

Editora
Marie Butler-Knight

Gerente de producto
Phil Kitchel

Editora ejecutiva
Cari Luna

Editora de adquisiciones
Amy Zavatto

Editora de desarrollo
Suzanne LeVert

Editora de producción
Christy Wagner

Correctora de estilo
Heather Stith

Ilustrador
Brian Moyer

Diseño de portada
Mike Freeland
Kevin Spear

Diseño de páginas interiores
Scott Cook y Amy Adams, de DesignLab

Composición/corrección de pruebas
Darin Crone
Donna Martin

Contenido de un vistazo

Contenido

Prefacio

Los autores triunfaron admirablemente al introducirnos en las numerosas habitaciones de la casa católica, al conducirnos hacia los principios de los muchos caminos que esta religión presenta, al mostrarnos, de una ojeada, de lo que trata la visión católica y al hacernos percibir la sensibilidad de ésta.

Tienen sus propios *trucos*, sus propias maneras para captar la atención y resaltar los temas adecuados. Sin embargo, reconocen la influencia de Andrew M. Greeley y Virgilio Elizondo. Esto significa que no caen en lo grotesco, en las desventajas de la vida católica. Ellos transmiten, entre lo positivo de la vida y la iglesia, una especie de exuberancia y un mensaje de esperanza. Esto es bueno en una época en que el catolicismo con frecuencia se considera como una "organización religiosa" y como una especie de fuerza gruñona y opresora.

Los autores son profesionales y especialistas en conocimiento de cuestiones católicas, pero también son expertos en contar historias, en captar la atención y en atender a un hambriento mundo católico, en donde muchos "prefieren" o se "identifican" con el catolicismo, pero se les dificulta el acceso al conocimiento de éste. El propósito del presente libro es facilitar el acceso a dicho conocimiento.

Profesor Martin E. Marty

El profesor Martin E. Marty es catedrático Fairfax M. Cone por servicios distinguidos (emérito) de la Facultad de Historia Moderna de la Universidad de Chicago.

La mejor forma de presentar este maravilloso libro, el cual sé que enriquecerá la vida de cualquiera que lo lea, es analizándolo en términos de por qué me encanta ser católico. Ésta es la religión de mis padres y mis antepasados, y me conecta con los verdaderos principios de mi vida y existencia.

Ser católico es tremendamente divertido, y este libro celebra lo divertido de esta religión. Jesús inició su ministerio en las bodas de Caná, las que disfrutó con su familia, amigos y otros invitados. A través de su vida, disfrutó asistir a los festivales en Jerusalén y pasarla bien con todos. El catolicismo mexicano es festivo. Nos permite experimentar de manera muy vívida los profundos misterios de nuestra fe; el amor de Dios por nosotros; la vida de Jesús, el Hijo de Dios que se hizo hombre por nosotros; de la Virgen María, su afligida madre, y de los santos, pecadores como nosotros pero que alcanzaron la virtud. Por cada misterio de la fe, existe una celebración que nos permite introducirnos al misterio como si estuviera ocurriendo en nuestro propio patio.

El catolicismo es colorido, sensual, emotivo, dramático y divertido. Como podrá observar en este libro, usted puede ser parte y beneficiarse de las grandes celebraciones de la fe como el día de Nuestra Señora de Guadalupe, las posadas navideñas, la misa de gallo, el Miércoles de Ceniza, Semana Santa, el Día de Muertos y muchas otras. Estas celebraciones populares permiten a toda la gente experimentar la mística colectiva de lo sagrado, tal y como se nos presenta aquí y ahora.

El libro le dice las muchas formas que tenemos los católicos para estar en contacto con Dios a través del día y en donde quiera que estemos. Medallas, estampas de santos, escapularios, rosarios, agua bendita, velas, altares caseros y otras cosas sencillas nos ponen inmediatamente en contacto con Dios, tal y como la fotografía de un ser querido en nuestra cartera nos ayuda a sentir su presencia aun cuando esté lejos o se haya ido al cielo. Estos objetos sencillos nos permiten, como indica el libro, tocar a Dios y sentirlo incluso si no sabemos mucho acerca de Él.

Me encanta ser católico porque más que una religión, parece una gran familia o, como dice el libro, ¡una tribu! Nos sentimos en casa en cualquier parte del mundo, y aunque el lenguaje y algunos detalles pueden ser diferentes, los símbolos básicos son los mismos e inmediatamente nos sentimos en familia. Cuando la gente viaja o se muda a otro país, de inmediato puede encontrar un hogar religioso en la iglesia católica local.

Adoro ser católico porque nuestra historia católica, como menciona el contenido bien balanceado de este libro, es tan humana como divina. Humana por las muchas cosas locas, estúpidas, raras, e incluso crueles que hemos hecho, así como los muchos actos heroicos y movimientos de caridad, misericordia y compasión. A través de todas estas debilidades, veo todas las cosas buenas y hermosas que la iglesia ha realizado a lo largo de su historia, y que continúa haciendo hoy en día: orfanatos, leproserías, escuelas, universidades, hospitales, organizaciones para la comunidad, iniciativas de justicia social, visitas a enfermos, ayuda a inmigrantes, etcétera.

Este libro es maravilloso y estimulante. Es breve y al mismo tiempo expone cuestiones importantes de una manera atractiva. Me honra el haber sido invitado para presentar este libro que, definitivamente, llegará a mucha más gente que algunos de los mejores trabajos teológicos o incluso que el catecismo oficial de la Iglesia Católica. Está escrito de una forma sencilla y atractiva, leerlo es fácil e interesante, y los autores han trabajado para extraer y condensar cuestiones muy técnicas en un libro muy consistente.

Padre Virgilio Elizondo
Centro Cultural Mexicano Americano, San Antonio, Texas

Introducción

En casi todos los aspectos, la historia de la Iglesia Católica es la historia de la civilización occidental, y por 1,200 años, todos los cristianos compartieron su historia. En la actualidad, existen más de mil millones de católicos alrededor del mundo, lo que la hace la religión con más seguidores. Durante sus 2,000 años de historia, ha estado envuelta en el misterio. Sus rituales y oraciones se cantaban en latín. Sus estatuas, velas, incienso y muchas otras prácticas han cautivado a muchos y atemorizado a otros. Sin embargo, a principios de los años 60 ocurrió un cambio radical dentro de la Iglesia y desde entonces, ésta ha despejado algunos de sus propios misterios y se ha abierto hacia el mundo.

Al contar la historia de la Iglesia, claramente estamos contando dos historias: una que se dio cuando comenzó el siglo veinte y otra que surgió con el siglo veintiuno. Hablaremos de la Iglesia considerando tanto la perspectiva de la Iglesia que muchos viejos católicos recuerdan, como de la perspectiva de la Iglesia actual.

Observaremos a la Iglesia desde muchos ángulos: su historia y visión, su carácter único y las similitudes y diferencias entre los católicos. El libro trata de la gente y sus creencias, acerca de sus oraciones y prácticas, sobre el mundo contemporáneo y los retos que la Iglesia enfrentará en el futuro.

¿Quiénes son los católicos y de qué manera son diferentes al resto de la gente? Responder esta pregunta nos conduce a la paradoja de ser únicos y pertenecer a una comunidad mundial. Ésta es una cuestión delicada para los católicos ya que en el pasado afirmaban que la suya era la única religión verdadera. Nosotros no tenemos tal pretención con respecto del catolicismo; sin embargo, hemos admitido que ser católico es ser diferente. El propósito de este libro es descubrir qué es único y qué es diferente sobre ser católico.

Los sacramentos son el corazón y el alma de lo que significa ser católico, y los analizaremos con detalle en este libro. Ser católico es ver, escuchar, saborear, tocar y oler la presencia de Dios. Para los católicos, esta experiencia se da a través de los sacramentos, y es la marca más particular del catolicismo. Los católicos tienen una tradición de oraciones y prácticas, estatuas, medallas, rosarios y otras cosas más, que forman parte de su vida cotidiana. Esta abundante colección se ha venido acumulando a lo largo de 2,000 años y proviene de muchas culturas.

Tal vez la figura católica más reconocida es la Virgen María. Con frecuencia, para el mundo ella es la imagen del catolicismo. La relación entre un católico y la Virgen María significa un lazo emocional especial. El libro explora los numerosos papeles de la Virgen María y lo que ella significa para los católicos.

Los católicos están en todas partes. Sin embargo, tienen algunos lugares de reunión en particular en donde es más probable que usted los encuentre. La parroquia del vecindario es uno de ellos. Ahí es donde los católicos se reúnen cada semana para celebrar una misa. Durante la semana, participan en un sinnúmero de actividades sociales, recreativas, educativas y asistenciales que se realizan ahí mismo. Las parroquias católicas son dirigidas por sacerdotes, ayudados por monjas y otros ministros de la Iglesia. Usted puede conocer este grupo especial de gente en este libro.

Otra característica de los católicos es su sentido de la unión, la naturaleza de tribu. Los católicos pertenecen a una comunidad y a una iglesia mundial. La Iglesia Católica es una institución sumamente estructurada, manejada por mucha gente. Para los católicos, existe un sentido de unión con la comunidad mundial que les permite compartir la visión de que todos somos criaturas de Dios.

La unión católica tiene un poderoso potencial para influir al mundo. Tal vez en ningún momento de la historia dicha influencia fue más evidente que con el Papa actual, Juan Pablo II. Sus incansables viajes alrededor del mundo han simbolizado para muchos la verdad religiosa. En todo el mundo su presencia magnifica el testimonio "del cuerpo de Cristo". La comunicación electrónica a través de la televisión, la World Wide Web y las revistas en línea, junto con los viajes globales, han hecho que se cumpla la misión de la Iglesia de anunciar la presencia de Dios a través del mundo, una posibilidad mayor que en ninguna otra época.

Este libro narra la historia católica desde su inicio con las lenguas de fuego en la festividad del Pentecostés, hasta su posición actual en el mundo moderno. Explora el amplio misticismo de la Iglesia y sus diferentes formas de espiritualidad, al tiempo que resalta sus teologías tradicionales y contemporáneas.

En este libro, nos enfocamos más en la historia de la fe de la gente que en la historia institucional. Usted podrá dar un vistazo a las prácticas cotidianas de los católicos: su vida en oración, la historia de los santos, y la forma en que viven las épocas santas del año, desde la Semana Santa en primavera, el día de Todos los Santos en otoño, hasta la Navidad en invierno. Nosotros rastreamos los rituales de la Iglesia hasta llegar a sus raíces en la tierra misma.

El catolicismo actual tiene muchas formas y dimensiones. Ha crecido más allá de los viejos estereotipos, sin embargo, el carácter del católico sigue intacto. Conforme transmitimos nuestros conocimientos e historias a la siguiente generación, observamos los retos que la Iglesia enfrentará y los recursos que tiene para sobrevivir y seguir siendo importante para la gente y fiel a Jesús.

Nuestra lista de agradecimientos

Tenemos mucha gente a la cual agradecer. Algunos de ellos, como Linda Roghaar, nuestra agente, Suzanne LeVert, nuestra editora principal, Jim Mallett, nuestro editor de religión y Dan O'Gorman, nuestro editor de historia, fueron indispensables. Tuvimos una gran ayuda técnica de Dean Caskey, nuestro fotógrafo personal, y Valerie Harrell, quien realizó nuestros gráficos, nuestros jóvenes Cherri Kowalchuk y Matt Lohmeier, y Scott Weis, quien nos libró de los obstáculos con la computadora. Tuvimos la asesoría especial de Margaret Ann Crain, Jack Seymour, Joe Glab, Sheila Bourelly y Lynne Westfield. Nuestras perspectivas al escribir este libro fueron tremendamente influenciadas por dos personas que han hecho grandes contribuciones al estudio del catolicismo, Andrew M. Greeley, profesor de Ciencias Sociales en la Universidad de Chicago, y Virgilio Elizondo, fundador del Centro Cultural Mexicano-Americano en San Antonio, Texas.

Nuestras familias y amigos nos ayudaron, también, en especial Mary Lou, Tim, John, Lucile (quien rezó mucho), Elizabeth, Susan, John, Martha Leigh, Dorothy, Lilyleone, Noris, Claudia (por arreglar el desorden en la oficina), Paul Dokecki y Bob Newbrough (por su paciencia y apoyo), así como las damas del Nashville Circle y Darby.

También agradecemos las palabras y pensamientos, tanto escritos como hablados, de aquellos que a su modo trabajaron en este libro.

Agradecimiento especial al revisor técnico

Este libro fue revisado por un experto que examinó a fondo la veracidad de lo que usted aprenderá aquí para tener la certeza de que este libro le proporcionará todo lo que usted debe saber sobre el catolicismo. Nuestro agradecimiento especial lo ampliamos al Rev. James K. Mallett, párroco de la Iglesia de Cristo Rey en Nashville, Tennessee.

Marcas registradas

Capítulo 1

¿Se puede juzgar a un católico por su apariencia?

¿Es posible identificar a los católicos por su aspecto, sus creencias o su forma de actuar en el mundo? Una forma de responder a esta pregunta es señalar la gran diversidad que existe dentro de la religión. Empero, el catolicismo también existe como una cultura característica. Existe una parte "interna" y una "externa" que lo caracteriza, lo cual está plasmado en el lenguaje, rituales, cantos y creencias de la religión y que diferencian a los católicos de otros grupos. Es probable que la mejor respuesta a la pregunta anterior sea: algunas veces sí y otras no.

Este capítulo plantea algunas de las diferencias entre un católico y otro, así como algunas de las similitudes que comparten. De este modo, usted se dará una idea de quiénes son los católicos hoy en día.

¿Por qué le habría de interesar esto?

¿Alguna vez ha deseado saber más acerca de esta religión, cuyo líder, el papa, tiene relaciones diplomáticas con casi todos los países del mundo y recibe regularmente la visita de líderes de Estado? Sus frecuentes viajes provocan enormes multitudes a donde quiera que él vaya, desde Uganda a Uruguay, o de París hasta Papúa, Nueva Guinea.

Todo paisaje urbano muestra iglesias, hospitales, escuelas, edificios de oficinas y cementerios que revelan la presencia católica en la cultura. Es probable que, en su época de estudiante, usted se haya encontrado con esta religión en su clase de historia, ya que la historia de la Iglesia Católica es parte esencial de la historia del mundo occidental. Todas las religiones cristianas comparten un origen común con la Iglesia Católica hasta los años 1100 a 1500.

El catolicismo es una religión de gran interés para los medios de comunicación. Es difícil que pase una semana sin que aparezca algo sobre ella en el periódico o en la televisión. Desde las protestas hasta las apariciones del papa, el catolicismo ocupa las primeras planas de los periódicos de todo el mundo. En Estados Unidos, en los sesenta, hombres de alzacuello y mujeres con hábitos en blanco y negro estuvieron al lado de quienes se manifestaban por los derechos civiles en Alabama. En los setenta, bloquearon la entrada del "Tren blanco", el cual transportaba material nuclear a través del país. Cada enero, los católicos suben los peldaños del monumento a Lincoln para protestar por la decisión de la Suprema Corte sobre la legalización del aborto. Descubramos un poco más acerca de esta fascinante fe que ha mantenido unida a tanta gente durante tanto tiempo.

Los católicos aquí, allá y en todas partes

Tal vez usted esté leyendo este libro porque de niño fue bautizado como *católico* pero nunca practicó la religión. Tal vez la practica pero no entiende completamente la riqueza de su cultura y tradiciones.

O, tal vez, lo está leyendo porque usted no es católico pero su hija está por casarse con uno, o su jefe le ha invitado al bautizo de su hijo o porque tiene que asistir a un funeral católico. ¿Cómo se ingresa a este mundo religioso? ¿Se espera que usted participe? Si es así, ¿cómo? ¿Cuál será el significado de las ceremonias que presenciará? ¿Cómo interactuar con esta gente en su propio mundo? El catolicismo ha generado majestuosidad, controversia y, algunas veces, miedo. Este libro le ayudará a distinguir la realidad de la ficción y los prejuicios de la verdad, a la vez que le hará más sencillos estos encuentros.

Los católicos son el mayor grupo religioso que existe en Estados Unidos, y el segundo grupo más grande está formado por ex católicos. Piense en esto por un momento: ¿cuánto tiempo le llevaría mencionar a cinco católicos con los que haya tratado personalmente en las últimas 24 horas? Incluso si usted no es católico, cuando revise su árbol genealógico es posible que encuentre sangre católica. Los católicos están en todas partes.

Lo que tiene que creer

A lo largo de este libro analizaremos y exploraremos con cierto detalle los diferentes conceptos y prácticas religiosas de la fe católica, incluyendo los mencionados en este capítulo. Sin embargo, en resumen, la base del catolicismo es la creencia de que Dios está presente en el mundo y la creencia en Dios en un sentido más amplio, más grande y más incluyente que la creación en la que impera y en la cual reside su presencia. Esto se ha establecido como Dios inmanente (Dios presente en la existencia humana, en toda la creación) y Dios trascendente (Dios más allá de los límites de la experiencia y creación humanas). La vida devota de los católicos se centra en reforzar la disponibilidad y presencia de Dios para con su gente.

Además, algunas características que los católicos tienen en común (aunque no son necesariamente exclusivas de los católicos) son las siguientes:

- Creen en la encarnación de Dios como Jesucristo.
- Una historia compartida de su Iglesia y tradiciones comunes.
- Una estructura de gobierno jerárquico con obediencia al papa con respecto a las cuestiones de la fe.
- Llevan a cabo rituales prescritos, llamados sacramentos, y un fuerte compromiso con la sagrada comunión.
- La creencia en la Virgen María, la madre de Dios, como intercesora y en la veneración de los santos.
- Una rica tradición de espiritualidad y de oración contemplativa, monacato y órdenes religiosas.
- El uso de estatuas, imágenes y otros símbolos artísticos y religiosos, y una tradición musical compartida.
- Una profunda apreciación tanto de la fe, como un conjunto de creencias religiosas que no son producto tan sólo de la razón, y de la razón, como un medio de la fe.
- Un énfasis en la comunidad como ingrediente esencial en la jornada de la fe.
- Una doctrina social basada en la dignidad humana.
- Un sentido de responsabilidad para lograr la justicia social y para brindar ayuda a los necesitados.

Además de pararse y arrodillarse en numerosas ocasiones durante las ceremonias, una de las características distintivas de la vida religiosa católica es el empleo de sacramentos, estatuas, incienso, música sacra, rosarios, velas y coloridas vestimentas sacerdotales. Éstas y muchas otras prácticas tradicionales simbolizan, celebran y refuerzan la creencia en la incuestionable presencia de Dios en la fe humana. La *genuflexión*, una práctica que consiste en inclinarse doblando una rodilla en señal de reverencia, antes de tomar asiento en la iglesia para reconocer la presencia de Jesús, puede sorprender a un visitante. Por ejemplo, una mujer bautista comprometida en matrimonio con un católico fue invitada por su futura suegra a asistir a una misa. Nunca había estado en una iglesia católica, pero intentaba seguir los pasos de su suegra. De pronto, sin previo aviso, su suegra se detuvo e hizo una genuflexión antes de ocupar su lugar en la banca de la iglesia. La visitante cayó sobre ella y ambas fueron a dar al suelo. ¡Vaya inicio de una situación ya de por sí intimidante!

Los católicos creen que los fieles difuntos, así como los vivos, son parte del cuerpo de la Iglesia. Por esta razón, los católicos muestran respeto y buscan el consejo de los santos, especialmente de la Virgen María, madre de Jesús, quien, por lo tanto, ocupa un lugar de honor muy especial. Los católicos creen que existe una comunión entre los miembros actuales de la Iglesia, los que ya se han ido y aquellos que están por venir. Tienen una rica tradición de misticismo, lo cual significa un encuentro personal religioso, que por lo general ocurre durante la oración o la meditación. Durante estos encuentros, algunas personas dicen haber tenido visiones de Cristo, la Virgen María, los ángeles o los santos. Sin embargo, el misticismo es tan sólo un momento para estar en silencio con Dios, y las visiones no constituyen una norma para los católicos. En su mayoría, las experiencias católicas son comunes y ocurren en el contexto de servicios eclesiásticos organizados.

La Iglesia Católica cree tanto en la gracia (presencia de Dios en nuestra vida) como en nuestra propia naturaleza bondadosa. La redención no surge simplemente de la creencia en Dios; la fe y las buenas obras también son necesarias. Las creencias y tradiciones de la Iglesia Católica han cambiado con el tiempo. Por ejemplo, la concepción católica del paraíso, el infierno, el pecado y la redención, es mucho más suave ahora que antes, y es una de las áreas en donde se encuentran muchos puntos de vista diferentes. Más adelante nos adentraremos con mucho más detalle en estas cuestiones.

La riqueza de la tradición católica

Tradición significa algo más que sólo una larga historia; se refiere a la fe de mucha gente que ha mantenido a la Iglesia Católica durante un largo periodo. Combina lo que se ha percibido a través de la revelación, lo que los miembros creyentes, a través de los años, han vivido y transmitido. La tradición católica, aunque al parecer cambia lentamente, no es estática (fija), sino siempre dinámica (en proceso). La tradición está abierta a los recientes estudios realizados por teólogos, al testimonio de las voces proféticas y al discernimiento de la jerarquía.

Aunque algunas veces la Iglesia se ve en desacuerdo con el mundo científico, ya que éste cuestiona su doctrina, su amplio enfoque fomenta la creencia de que la ciencia y las artes también conducen a Dios. El cuerpo se considera sagrado y no se opone a lo espiritual. El espíritu de Dios se considera activo en toda la creación. Se cree que la creación es esencialmente buena ya que es reflejo de lo divino.

¿Todos los católicos son iguales?

Si usted le pregunta a cualquier católico en qué cree, escuchará tantas respuestas diferentes como personas a las que les pregunte. Las creencias, como la gente, tienen diferentes formas y tamaños. Las creencias son cuestiones de fe y la fe es un proceso. Las creencias católicas comprenden un amplio espectro y deben considerarse en diferentes niveles. Aunque la mayoría de los cristianos comparte creencias similares, una de las diferencias entre los católicos y los demás cristianos es la fe en la Iglesia misma. Los católicos consideran que la Iglesia tiene la autoridad divina para discernir la voluntad de Dios, y que es la encargada de guardar y cuidar las verdades básicas de la religión. Representa la continuidad de la presencia de Jesús como mediador activo en la redención.

La Iglesia Católica cree que Dios es el creador y que Jesús es su hijo, que nació en el mundo para predicar su mensaje y traer su amor a la gente. Jesús murió y resucitó de entre los muertos. Los católicos creen que la Iglesia es la continuidad de la presencia de Jesús a través del Espíritu Santo y que la Iglesia tiene la autoridad, a través de su jerarquía, el papa y los obispos, para enseñar y distinguir la voluntad de Dios. Existe la creencia de que la vida continúa después de la muerte. Los católicos creen en la Biblia como el libro que contiene la sagrada revelación de Dios, la cual constituye la base de sus creencias y moralidad.

Aunque estas creencias han formado el carácter básico del catolicismo durante sus 2,000 años de historia, un movimiento de reforma llamado Concilio Vaticano II, realizado a partir de 1963, alteró radicalmente la interpretación de estas creencias por parte de los católicos modernos, así como sus actos acerca de ellas. El nuevo catolicismo se caracteriza por lo siguiente:

- Un cambio en el énfasis por parte de la Iglesia con la gente.
- Una reconexión con las bases del catolicismo mediante las Sagradas Escrituras.
- Mayor participación por parte de los miembros de la Iglesia en las misas y ceremonias.
- Llega a todo el mundo: su gente, sus creencias, su cultura, sus preocupaciones sociales y económicas, y un énfasis en la paz mundial.
- Su cooperación con otras religiones y el respeto por la validez de sus creencias.
- Hace un llamado a terminar con el antisemitismo y a lograr el verdadero respeto por el judaísmo.
- Aprecia el papel de cada católico laico como emisario de los valores católicos en la sociedad.
- Su deseo de terminar con la discriminación en todas sus formas, reconocer la dignidad innata de toda la gente y de toda la creación, y promover la conciencia individual como norma de moralidad.

Lo que se debe hacer

Los católicos definen sus creencias tanto por sus acciones como por sus declaraciones verbales. Por ejemplo, celebran su principal creencia, la presencia de Dios en Jesús, al asistir a misa cada semana.

Aunque los medios de comunicación hablan de los católicos como si todos siguieran un conjunto de creencias prescritas, el interés dentro de la Iglesia Católica ha cambiado en busca de un sentido personal de responsabilidad. Quien se encarga de propiciar este sentido de responsabilidad es la escuela católica. En ella se inculcan valores, cultura y sensibilidad católicos. El calendario *litúrgico* refleja las temporadas y ciclos del año, y relaciona los servicios religiosos con los acontecimientos de la vida de cada uno. La celebración diaria de los santos modela los ideales católicos de fidelidad hacia Dios.

La misa dominical

Es tradición entre los cristianos seguir el mandamiento bíblico: "santificar el día del Señor". Esta tradición surge de la historia sagrada acerca de la creación del mundo, en la cual Dios designó un día para descansar. *Misa* es el término utilizado para referirse a los servicios eclesiásticos católicos. Es necesario asistir a misa los domingos.

De hecho, algo que hace distinta la práctica católica es la obligación de asistir a misa cada semana (y otros días santos durante el año). Esta obligación es muy seria y algunas veces se dice que obliga "bajo pena de caer en pecado"; por años se ha considerado un pecado grave no asistir a misa. En el pasado, para un católico ningún esfuerzo era demasiado para asistir a la iglesia en domingo. La familia se levantaba de madrugada para hacer una jornada de varios kilómetros y asistir a misa en una capilla enclavada entre bosques y arroyos. No asistir a la misa dominical no era una opción, ni siquiera en las vacaciones.

Un santo para cada día del año

Los católicos tienen un santo y una oración para cada día y para toda ocasión. Los santos son personas que han llevado una vida católica ejemplar y a quienes la Iglesia declara merecedores de un honor especial. Su bondad y santidad han sido atestiguadas por otros y dictaminadas por la Iglesia a través de un proceso especial. Los santos han sido elegidos y asignados para representar valores particulares. Sus vidas son un modelo a seguir.

La mayoría de nosotros hacemos oración cuando necesitamos algo. Para los niños en especial, Dios puede parecer impersonal y distante, como el gran jefe. Algunas veces, acercarse a él puede ser intimidante. Los santos son amigos de Dios que han demostrado su sinceridad y han obtenido el premio por su buen comportamiento. Están en el paraíso y tienen la capacidad de ayudarnos. Nunca está de más tener amigos en puestos altos, y con frecuencia es útil tener a alguien que hable a nuestro favor. Los santos interceden por nosotros.

Se considera que los santos patronos tienen influencia sobre ciertas situaciones debido a circunstancias particulares de sus vidas. Por ejemplo, Jerónimo Emiliani, nacido en 1481, fue un prisionero de guerra abandonado, que milagrosamente obtuvo su libertad después de rezarle a la Virgen María. Posteriormente, dedicó su vida a cuidar de los niños abandonados y a establecer orfanatos. Al hacerlo, se convirtió en el santo patrono de los huérfanos. Los católicos, tradicionalmente, ponen a sus hijos el nombre de algún santo.

Muchos católicos eligen un santo en particular como su patrono, porque sienten una conexión con esa persona. Hay santos para diversas cuestiones. Algunos cuidan a administradores de funerarias, jardineros, empleados de talleres mecánicos, o protegen de cálculos biliares, del vicio del juego y de desórdenes glandulares. Algunos santos son recordados por ciertas causas. San Antonio es el santo patrono de los objetos perdidos; San Judas Tadeo es el santo de los casos imposibles. El 3 de febrero, los católicos van a bendecir sus gargantas en honor de San Blas, quien fuera filósofo y médico. Gracias a su intercesión, un niño se alivió de un padecimiento de garganta. Desde entonces, quienes están en situaciones similares han buscado su ayuda.

El 4 de octubre, fiesta de San Francisco, se bendice a los animales debido a que él amó todo lo de la naturaleza. Una oración muy conocida por las mujeres jóvenes que buscan marido es corta y directa: "Querida Santa Ana, por favor mándame marido". Todos tienen un santo favorito. Tal vez usted deba su nombre a alguno —los católicos reciben el nombre de un santo cuando son bautizados— o quizás sea la vida del santo o su virtud lo que le atraiga. Cuando llega el día de su santo, lo celebra de una manera especial. La devoción católica hacia los santos va más allá de la iglesia en todas las culturas. Todos conocen el día de San Valentín y el de San Patricio, y por supuesto, el del popular Santa Claus, el viejo San Nicolás de Bari, obispo de Myra, que distribuía regalos a los necesitados.

Las reglas de cada día

Ciertos requisitos acompañan a los miembros de la Iglesia Católica, y los católicos se suelen distinguir por dichos requisitos. Hasta hace aproximadamente 30 años, todos los católicos solían caminar al mismo paso. Las estadísticas de católicos que utilizaban métodos anticonceptivos y su posición en contra del aborto, diferían de manera importante de los no católicos. Esto ya no es tan cierto. No hace mucho, se podía detectar a un católico en un restaurante porque, en viernes, siempre comía pescado. Éste ya no es el caso. Sin embargo, persisten ciertos aspectos populares de los católicos y un gran número de ellos insiste en conservar muchas de estas prácticas que fueron regla durante muchos años.

El catolicismo actual ha empezado a cambiar el modelo autoritario en el cual se basó alguna vez, para ser una religión que ofrece muchas más opciones. Por ejemplo, muchas prácticas espirituales que alguna vez fueron obligatorias ahora son optativas.

Obedecer un conjunto de reglas garantizaba al católico su condición como alguien que vivía dentro de la moral. Esta forma algo mecánica de moralidad está desapareciendo para dar paso a un modelo más creativo. Todavía no todos los católicos están de acuerdo con este cambio. El viejo modelo implicaba seguir las reglas para evitar caer en pecado, más que buscar opciones para encontrar la mejor manera de hacer el bien. El nuevo modelo se basa en encontrar una respuesta de amor.

La ciencia y la tecnología plantean retos a la dignidad básica y al derecho a la vida que no existían en el pasado. Como ejemplos actuales de los problemas morales encontramos a las madres sustitutas, la fertilización *in vitro*, el trasplante de órganos, los sistemas para conservar la vida, y la muerte con dignidad. Los católicos se enfrentan a cuestiones políticas y morales como el aborto, la pena capital, las armas nucleares y el SIDA.

Antes se acostumbraba que la Iglesia tomara decisiones con respecto a este tipo de asuntos y los seguidores simplemente obedecían las reglas. La estafeta moral ha cambiado de manos; ahora, la gente debe resolver estos asuntos en el contexto de las estructuras y reglas religiosas de la fe de la Iglesia. Los católicos oran, meditan y reflexionan sobre las enseñanzas de la Iglesia para tomar decisiones y establecer prioridades morales.

La caridad fuera de casa

Además de apoyar a los miembros de la parroquia a través de actividades sociales, los católicos siempre han tenido una fuerte tradición de ayudar a los necesitados. Una práctica común entre los católicos de los cincuenta era ahorrar dinero para mandarlo a las misiones extranjeras. Las misiones son iglesias, escuelas, hospitales y otros servicios dirigidos por la Iglesia para llevar la palabra de Dios y servir a los pobres.

Los católicos siempre han entendido que ayudar a los necesitados implica tanto ofrecerles bienes materiales y bienestar físico, como atender cuestiones religiosas. La presencia católica como sistema de apoyo social es impresionante. Los hospitales católicos, orfanatos, refugios, casas para ancianos y servicios de inmigración son básicos para la comunidad mundial. Servicios Católicos de Auxilio es una importante organización de caridad cuya presencia, a nivel mundial, es impresionante en zonas devastadas por la guerra y además presta servicios a los refugiados.

Aunque este tipo de manifestaciones de ayuda a los necesitados es una función de la estructura institucional de la Iglesia, cada católico participa en dicha ayuda a través de numerosas "colectas". Las colectas no sólo apoyan las misiones, sino que educan a los parroquianos sobre la caridad como una expresión de fe. Esta idea se refuerza a través de sermones dominicales determinados. Al enfocarse éstos en asuntos de caridad se motiva a los católicos a evaluar más profundamente las cuestiones de justicia. Esta orientación hacia la justicia ha dado como resultado manifestaciones importantes por parte de la jerarquía de la Iglesia sobre cuestiones como el desarme, la economía, la ecología y el racismo.

Deslumbrados por hábitos, alzacuellos y otras prendas curiosas

No existe duda alguna de quiénes son los líderes religiosos de la tribu ya que su vestimenta los distingue de la multitud. La estructura masculina del gobierno de la Iglesia Católica es jerárquica. A la cabeza se encuentra el obispo de la diócesis, y para él está designado el color púrpura. Cuando el obispo preside la misa, recorre el pasillo sosteniendo un largo bastón de pastoreo chapado en oro, llamado *báculo pastoral,* y usando un bonete alto llamado mitra (con un solideo púrpura por debajo).

El color asignado al sacerdote es el negro. Él es más fácil de identificar por su alzacuello, el cual es una banda blanca, de cinco centímetros de ancho, que se coloca a la altura de la garganta. Si el sacerdote es monseñor, tiene mayor jerarquía y lleva una cinta púrpura en su túnica y en su alzacuello.

Aunque actualmente la vestimenta distintiva de las monjas se ha modernizado, la mayoría de la gente todavía se las imagina con sus hábitos negros y cuellos blancos. Muchas monjas aún eligen vestir este tradicional atuendo. Los cuellos almidonados rígidamente y exóticos tocados, definieron a la venerable orden religiosa de las Hermanas de la Caridad, como "los gansos de Dios".

Las ropas de los monjes no han cambiado en siglos. Por ejemplo, los franciscanos aún visten túnicas de color café con las características capuchas y cinturón de soga, exactamente como lo hacían ellos y su fundador, San Francisco, en el siglo XII. En ese tiempo, sus ropas correspondían a las de los mendigos, y calzaban sandalias, como ahora lo hacen los franciscanos.

La vestimenta religiosa distingue a los jerarcas y fascina a los católicos, quienes pueden verlos de manera diferente a lo normal. Esta manera de vestir connota tanto la eternidad como la espiritualidad, separa a los dirigentes de los asuntos mundanos y habla de su disponibilidad espiritual.

Casarse con otro católico

Las costumbres y tabúes que siga una persona la distinguen de los demás. Para los católicos, una de las costumbres más arraigadas ha sido la de casarse entre ellos, y el tabú más fuerte ha sido el de contraer matrimonio al margen de la fe. Aunque esta práctica es mucho menos importante para la mayoría de los católicos actuales de lo que era para la generación anterior, la idea es que ser católico significa vivir de acuerdo con un conjunto particular de expectativas. Si un católico se casaba con alguien que no lo fuera pero quería que la iglesia reconociera dicho matrimonio, debía ser unido en matrimonio por un sacerdote en una ceremonia católica y el contrayente que no pertenecía a la religión debía prometer que los hijos serían educados como católicos. El contrayente católico estaba obligado a pedir por la conversión de su pareja a la fe católica. En la actualidad, los contrayentes no católicos no están obligados a hacer promesa alguna, y el obispo puede permitir que estos matrimonios se realicen en una iglesia no católica.

En años más recientes, la enseñanza católica comenzó a promover entre sus miembros el respeto por las creencias y prácticas de otras religiones. Aunque aún existen expectativas y tabúes tribales en el catolicismo, al igual que en cualquier grupo religioso, como es el caso del uso de anticonceptivos y el aborto, la elección de utilizarlos o estar a favor o en contra, es una decisión mucho más personal. Conforme las leyes y la enseñanza se debilitan y la gente se vuelve más responsable de sus decisiones, existe la preocupación entre algunos miembros de la tribu y surge la pregunta: ¿sobrevivirá la tribu?

La definición clásica

Habiendo visto cómo se interpretan las creencias y prácticas en la vida diaria, ahora consideremos una definición de Iglesia Católica. ¿Qué es exactamente la Iglesia Católica? Comencemos por la palabra "iglesia". El catecismo, libro oficial de definiciones de la Iglesia Católica, dice que la iglesia es una congregación o asamblea de personas que se reúnen con propósitos religiosos.

La Iglesia Católica es una denominación cristiana específica que declara que el objetivo de su religión es seguir las enseñanzas de Jesucristo. La palabra "católica" significa universal. Los católicos entienden esto como que Dios invita a toda la gente de la Tierra a formar parte de su comunidad de seguidores. Universal también significa que esta gente profesa una fe unificada, un conjunto de creencias y prácticas comunes. Esta unidad se mantiene a través de una estructura *eclesiástica,* bajo la dirección del papa.

La palabra *iglesia* tiene tres significados principales:

- Construcción donde se reúnen los fieles para los servicios religiosos: "Fuimos a la iglesia a rezar".
- La comunidad de personas que se ayudan entre sí en la jornada religiosa: "La iglesia envió flores a la señora Ordóñez, quien se encuentra en el hospital".
- La autoridad gobernante que une a las parroquias de todo el mundo: "La Iglesia Católica ha nombrado a un nuevo santo".

La palabra *católico* fue utilizada por vez primera por Ignacio de Antioquía aproximadamente en el año 110 D.C. Proviene de la palabra griega *katholikos,* que significa universal o todo. Ignacio sugería que la iglesia debía ser un cuerpo o agrupación, como lo fue cuando Jesucristo estaba vivo y sus seguidores eran uno.

Iglesia católica de Cristo Rey en Nashville, Tennessee.

(Cortesía del decano H.L. Caskey)

San Agustín, teólogo de la Iglesia que escribiera en el siglo V, utilizó la palabra *católico* para referirse a todos los miembros, presentes en todas partes, como una iglesia. En los siglos siguientes, el término comenzó a utilizarse para distinguir lo que se consideraba la "verdadera iglesia" de los grupos que se habían separado de ella. Actualmente, el término *católica* se refiere al hecho de que esta religión enseña la misma doctrina en todas partes e incluye a todo tipo de pueblos.

Ahora que usted ha visto algunas creencias y prácticas católicas, continuaremos con la variedad de gente y culturas de la Iglesia Católica.

Capítulo 2

La gente: muchas caras, muchas banderas

Desde el principio, la misión de la Iglesia Católica ha sido que la religión esté al alcance de toda la gente. Como vimos en el capítulo 1, "¿Se puede juzgar a un católico por su apariencia?", "católico" significa "universal", y este término describe muy bien a la iglesia. La Iglesia Católica incluye muchas nacionalidades y existe en casi todos los países.

¿Podría reconocer a un católico si lo viera?

La Iglesia posee una rica herencia cultural. Más allá de la imagen típica del católico, existe una diversidad de expresiones culturales. En particular, desde el Concilio Vaticano II, la iglesia ha impulsado a todas las culturas a incluir su propia música, arte, danza, vestimenta y valores, en la misa y en otros servicios religiosos. Este proceso es conocido como *indigenización,* y ha dado como resultado expresiones del catolicismo que difieren grandemente de aquellas a las que muchos católicos "tradicionales" están acostumbrados. Estas expresiones podrían sorprenderle.

Un velorio católico irlandés

Tal vez ninguna otra tradición cultural posea tanta mística como el velorio irlandés. Aunque de alguna manera la tradición ha cambiado, muchas familias católicas irlandesas aún la conservan. En el "viejo país" de Irlanda, el velorio ocurría entre el momento de la muerte y el momento en que el cuerpo era llevado a la iglesia, lo cual ocurría por lo general la noche anterior al sepelio. Las mujeres del vecindario reunidas en la casa lavaban el cuerpo y lo vestían. Colocaban un crucifijo en el pecho y entrelazaban rosarios en los dedos del difunto. Ataban los dedos gordos de los pies, ya que creían que eso evitaría que el difunto regresara como fantasma. Colocaban un par de botas a sus pies para ayudarlo a caminar a través del *purgatorio*. El difunto era colocado en una tabla de madera apoyada en cuatro sillas de cocina y se cubría con una sábana de lino, exceptuando la cara, las manos y los dedos de los pies. Se encendían velas, las cuales se colocaban en candeleros alrededor del cuerpo.

Las mujeres que preparaban el cuerpo encabezaban el duelo. Dependiendo de la magnitud de la pérdida, se escuchaban suaves lamentos o fuertes gemidos por toda la casa y también en el exterior de ésta. Por ejemplo, el fallecimiento de un padre que dejaba una familia numerosa provocaba mayores lamentos que la muerte de una persona de edad avanzada. Cuando llegaban los vecinos, su tarea consistía en alejar del cuerpo a los dolientes y consolarlos.

Mientras tanto, los hombres del pueblo preparaban el ataúd y llevaban provisiones para el velorio: pan, carne, todo tipo de comida, whisky, cerveza oscura, vino, pipas, tabaco y rapé. Una vez que la casa se llenaba de visitantes, se pasaba un plato con rapé para que todos tomaran un poco. Las pipas se llenaban con tabaco y se servían la comida y las bebidas. Los relojes eran detenidos como una muestra de respeto. Todos los espejos se volteaban hacia la pared o se cubrían. Se esparcía sal alrededor para alejar a los malos espíritus, quienes, según la creencia, podrían robar el alma del difunto. La cama de éste se sacaba de inmediato y se quemaba.

Una mujer cuidaba del cadáver sentándose a su lado durante toda la noche. Conforme llegaban los vecinos, se colocaban a un lado del cuerpo, se arrodillaban para decir algunas oraciones y expresaban sus condolencias a la familia. Los asistentes intercambiaban comentarios acerca del difunto y posteriormente pasaban a otra habitación en donde se encontraban la comida y la bebida. Los hombres se reunían en la cocina o en el exterior. El cuerpo estaba en la sala, separado de la celebración que se llevaba a cabo. La visita se prolongaba hasta la medianoche. Se rezaba el rosario varias veces, que era dirigido por una persona importante de la comunidad, por ejemplo, un maestro. La mayoría de los visitantes se retiraban a medianoche. Los vecinos cercanos permanecían hasta la mañana siguiente bebiendo té o whisky y contando historias de tiempos pasados con el difunto.

A la mañana siguiente, conforme se alzaba el cuerpo, se retiraban las cuatro sillas de apoyo, y el cuerpo abandonaba la casa con los pies por delante. El cadáver se colocaba en un ataúd de madera y se llevaba a la iglesia apoyado en los hombros de los varones. La familia caminaba detrás de los portadores del féretro. Detrás de ella iban hombres con palas, a quienes seguían el resto de la familia y los parientes. Al acercarse a la iglesia, el sacerdote se aproximaba vistiendo un atuendo especial para el servicio de difuntos, bordado por las mujeres. Cantando y rociando agua bendita, daba la vuelta para dirigir el camino hacia la iglesia.

Después de la misa, el ataúd se trasladaba hacia el cementerio, se introducía en la tierra y se cubría. Los dolientes se acercaban y colocaban una piedra en el ataúd. Los parientes y algunos vecinos regresaban a la casa y volvían las cosas a su lugar.

Actualmente, en Estados Unidos las costumbres del velorio irlandés son mucho más refinadas que las que se mantenían en el viejo país. Por lo general, ya no se permanece en la casa, sino en la funeraria. Pero, de todos modos, se vuelven las mejores oportunidades para reunirse y contar historias. En un funeral irlandés casero por lo general hay un salón principal para el ataúd y muchas antesalas para la reunión de parientes y amigos donde puedan lamentarse y contar historias. En Estados Unidos, los irlandeses católicos rezan el rosario en la casa y después el cuerpo se lleva a la iglesia para la misa de difuntos y, al día siguiente, al entierro.

Un cementerio mexicano

En la cultura católica mexicana, la muerte se considera parte del ciclo de la vida y se recibe con humor así como con dolor, en contraste con el punto de vista sombrío y trágico de la gente de otras culturas. Se rinde homenaje a los muertos durante la celebración conocida como el Día de Muertos, el 2 de noviembre.

En México y en muchas partes del suroeste de Estados Unidos, los mercados se llenan de flores de cempasúchil, calaveras de dulce y figuras de esqueletos que se venden para adornar altares y tumbas. En muchas casas, así como en negocios y edificios públicos, se colocan las ofrendas, que son una especie de altar en memoria de los familiares difuntos. En algunos pueblos de México, la iglesia levanta una ofrenda en la plaza principal para las almas "sin hogar". Las familias compran *pan de muerto* y otros comestibles que colocan en el altar para ofrecer a los visitantes. Ésta es la época para reunirse en el cementerio y limpiar las tumbas. Se esparcen pétalos de rosa entre el cementerio y las casas para mostrar el camino a los espíritus. Sus platillos favoritos los esperan en las ofrendas.

El Día de Muertos, o Día de los Fieles Difuntos, es una fecha en la que toda la familia se reúne para la celebración. Los católicos creen que durante estos dos días, el de Muertos y el anterior, el de Todos los Santos, los espíritus de los muertos regresan y pasan varias horas con la familia, que cuenta historias sobre los sucesos del año pasado para compartirlos con el espíritu del ser amado.

La celebración sirve como recordatorio de que la muerte es una parte natural de la vida. También se disipa el temor a la muerte cuando se hacen bromas sobre ella. Los esqueletos se usan como decoración y los niños juegan con ellos. También hay calaveras de azúcar con el nombre de cada uno, que se pueden comer. Uno de los juegos favoritos es escribir un obituario humorístico sobre una persona prominente, el cual después se lee en voz alta. Todos disfrutan de una buena carcajada. Ese día se celebra una misa en honor a los difuntos.

La festividad del Día de Muertos combina tradiciones precristianas y católicas europeas. Se lleva a cabo en la misma época del año que la vieja celebración azteca en honor a la muerte, y data de la religión druídica, anterior al cristianismo. Hoy en día los católicos honran a la muerte en dos días de celebración religiosa. El *Día de Todos los Santos*, el 1 de noviembre, se recuerda a las almas de los muertos que se supone están en el cielo. El 2 de noviembre, *Día de los Fieles Difuntos*, se recuerda a las almas de los muertos que están en el purgatorio.

Una misa afroamericana

Aunque los afroamericanos constituyen un pequeño porcentaje de la población católica de Estados Unidos, tienen celebraciones y cultos únicos y su base cultural es fuerte. Con la modernización de la liturgia católica a mediados del siglo pasado, se promovió la expresión particular de las etnias en las misas, lo que brindó un gran contraste con la monotonía que se acostumbraba.

Si usted asiste a una misa católica afroamericana, prepárese para participar en una ceremonia de dos horas. La espiritualidad afroamericana celebra la presencia de Dios en todas partes, y está ligada con una respuesta emocional poderosa. La misa dominical es una reunión familiar, la cual junta los talentos de toda la gente. Con palmadas, panderos, tambores y zapateos se establece el tono armoniosamente. Todos, el coro, los lectores, el sacerdote y los acólitos, se mueven con los ritmos africanos que se han mantenido sagrados por generaciones. La congregación alaba al Señor con cuerpo y alma. Muchos coros están formados por gente de diferentes edades que se une para cantar. La música abarca desde himnos tradicionales hasta canciones espirituales y contemporáneas. Es una expresión del alma afroamericana: viva y espontánea.

El sacerdote predica el evangelio y le habla a la gente con dramatismo y pasión. Por lo general, habla sobre cosas que reflejan la vida de la gente: el ser afroamericano, el racismo, la pobreza y los valores sociales y familiares. La respuesta de la gente acentúa el mensaje: "¡Aleluya! ¡Gracias, Jesús!" Por toda la iglesia se agitan las manos. Al darse la paz, momento durante la misa en que los creyentes intercambian apretones de manos, los fieles y el sacerdote se mueven por toda la iglesia, saludando y abrazando a cada congregante.

Con frecuencia, los miembros de la congregación proporcionan el arte que se aprecia en la iglesia, lo cual refleja sus vidas y experiencias. Colores africanos como el rojo, negro y verde adornan el altar y son utilizados en las vestimentas del sacerdote como una muestra del afroamericano y de la solidaridad con la gente africana. Aunque la celebración por lo general dura dos horas, los feligreses se quedan después de la misa para hacer visitas y dirigir asuntos de la iglesia. La gran herencia cultural de la gente afroamericana se expresa con respeto en las tradiciones del catolicismo.

Una parroquia católica rural

Cuando los españoles llegaron al área ahora conocida como Nuevo México, encontraron a los nativos en aldeas a lo largo del río Grande, que habitaban viviendas de adobe. Los españoles llamaron a estos asentamientos *pueblos* y a cada uno le asignaron el nombre de un santo, quien más tarde se convirtió en el santo patrono del pueblo. Aún existen diecinueve de estos pueblos (considerados parroquias) y cada uno de ellos ostenta una iglesia católica. A través de los años, los nativos americanos han adaptado prácticas y símbolos cristianos a sus propias creencias, lo que ha creado una mezcla cultural única de ambas religiones. Los católicos del suroeste ofrecen misas en Navidad, Año Nuevo, el día de la Virgen María y el día de la Candelaria (el día en que la Iglesia bendice las velas que se utilizarán durante el año). El día de la fiesta de San José y en las fiestas de los santos patronos, estas parroquias realizan danzas y ceremonias nativas como parte de la celebración religiosa. Las danzas son plegarias, no actuaciones. Una en particular, llamada la Danza del Venado, es una danza tradicional y simbólica de un animal, que se realiza en el pueblo de San Ildefonso el 23 de enero. La noche anterior a la festividad resplandecen las *luminarias* (sacos de papel parcialmente llenos de arena y que contienen una vela) y su suave luz ilumina el pueblo.

En la extensa plaza, la iglesia católica ocupa una esquina y la *kiva*, templo indígena tradicional, ocupa otra. Las vísperas se celebran en la iglesia al atardecer. Después, en el centro de la plaza, la gente se reúne alrededor de una fogata de enebro. Mantienen una vigilia de toda la noche en honor de la celebración. El curandero, con vestimenta tradicional, hace una breve aparición para preparar el sitio donde pronto tendrá lugar la celebración. Los hombres, vestidos con trajes tradicionales, tamborilean y cantan.

Con la primera luz del día, en el horizonte, justo en las afueras del pueblo, aparecen unas figuras. Se les ve caminar sobre piernas de palo, y en la cabeza llevan pesadas cornamentas. Son los hombres venado, que descienden en una ruidosa procesión y van acompañados por danzantes maquillados y emplumados según la costumbre. Los tambores acompañan antiguas canciones que honran al venado y al búfalo. La misa se ofrece en la iglesia como parte de las festividades.

La iglesia católica del pueblo de Taos

Se dice que Taos es uno de los pueblos más antiguos de Estados Unidos; ha estado habitado continuamente desde el siglo XV. Los nativos americanos de Taos han creado un sistema religioso que combina sus propias creencias espirituales con el cristianismo, de tal forma que les funciona.

En el centro del pueblo se encuentra la iglesia, a la que los pobladores se refieren como la "nueva" iglesia, aunque se construyó hace más de 150 años. La iglesia no cuenta con electricidad, pero se alumbra con lámparas de gas colocadas en las paredes. En el centro del altar, en el lugar donde generalmente se encuentra el crucifijo, hay una gran estatua de la *Madre Tierra*. Está ataviada con una preciosa túnica de satín, cuyo color cambia conforme cada estación. Por ejemplo, en la primavera viste de verde. En las demás estatuas y el altar se utilizan telas similares.

A un lado del altar está colocado un gran ataúd cubierto de una tela que hace juego con las demás. El ataúd es donde reside Cristo y es un recordatorio para la congregación, que en su mayoría son nativos americanos, de que Cristo murió por ellos, y también para recordar a los fieles que muchos de ellos también murieron por Cristo.

San José de Gracia

Iglesia católica en Las Trampas, Nuevo México.

(Bob O'Gorman y Mary Faulkner)

¿Entonces, en dónde puedo encontrar a un católico?

Usted puede encontrar católicos en cualquier parte. En su larga historia, el catolicismo se ha convertido en una religión global. Aunque existen ciertas regiones que cuentan con una población en su mayoría católica, no hay países que no tengan católicos en su población.

América: cerca de casa

Existen muchos centros católicos en Norte y Sudamérica. Por ejemplo, en Canadá la Iglesia Católica existe bajo dos jerarquías diferentes, pero paralelas: la de habla francesa y la de habla inglesa. En conjunto, los católicos forman el 45 por ciento de la población total canadiense, esto es, cerca de 12.5 millones de personas. La mitad de los canadienses católicos reside en la provincia de Québec; los católicos de habla francesa forman la mayoría de la población del lugar.

Más hacia el sur, en 1530 la Ciudad de México se convirtió en una diócesis de la Iglesia Católica. México, país muy católico, cuenta con 90 millones de católicos (93 por ciento de su población), y su historia única hace que su relación con la Iglesia Católica sea muy interesante. En 1821, México se independizó de España, que lo había conquistado en 1521. Cuando México derrocó a la España católica, también derrocó a la Iglesia Católica. La Iglesia Católica no podía funcionar con plenos derechos legales después de la guerra de independencia. Fue hasta 1992 cuando México y el Vaticano establecieron relaciones diplomáticas plenas.

Otra nación mayoritariamente católica es Nicaragua, en Centroamérica. Sus 4 millones de católicos representan aproximadamente el 90 por ciento de su población total. La historia del catolicismo en Nicaragua se remonta a la conquista española en 1524.

La relación de Cuba con el catolicismo se inició en 1514 y actualmente tiene una población católica de 4.8 millones, la cual representa aproximadamente el 44 por ciento de su población total. Cuando el comunista Fidel Castro tomó el control del gobierno en 1959, nacionalizó las escuelas católicas y expulsó a más de 100 sacerdotes. La visita reciente del papa ha acentuado la presencia católica en esta isla y fortalecido a la Iglesia. En respuesta a la popularidad de esta visita, el gobierno ha mejorado sus relaciones con la Iglesia.

La caribeña República Dominicana ha sido católica desde que Colón llegó ahí en 1492. Hoy en día, la población católica de siete millones representa aproximadamente el 90 por ciento de la población total y el catolicismo es la religión del Estado.

La mayor población católica del mundo reside en la nación sudamericana de Brasil. En 1500 se celebró allí una misa por primera vez y Brasil ha sido un país en el que gran número de clérigos y católicos laicos han estado activos en movimientos de reforma social. Más de 135 millones de católicos, que representan el 86 por ciento de la población, son brasileños.

En América Latina, debido a la estrecha relación entre los gobiernos coloniales y la Iglesia, la política y la religión han estado conectadas de una manera muy cercana. Como resultado, muchos líderes eclesiásticos, tanto clérigos como laicos, tienen un papel muy activo en la política de los latinoamericanos.

Comparado con Brasil, Estados Unidos tiene una población católica relativamente pequeña, tan sólo 61 millones de personas, lo que representa el 22.7 por ciento de la población total. Aquí es donde vive la mayoría de los católicos estadounidenses:

- Los Ángeles tiene 3 millones de católicos, cifra que significa el 30 por ciento de su población.
- Chicago tiene 2.3 millones de católicos; el 41 por ciento de su población.

- Nueva Orleáns tiene 500,000 católicos, con lo que llega a 35 por ciento de su población.
- Boston tiene dos millones de católicos, que representan el 53 por ciento de su población.
- La ciudad de Nueva York tiene 2.3 millones de católicos; el 45 por ciento de su población.
- El Paso tiene 600,000 católicos; el 76 por ciento de su población.

El resto del mundo

Aquí presentamos una selección aleatoria de la población católica de todo el mundo.

País	Historial católico	Población católica	Porcentaje de la población
Bélgica	Se introdujo al catolicismo en el año 325. Fue una tierra católica aproximadamente desde el 730.	8.3 millones	84 por ciento
Islandia	República visitada primero por ermitaños irlandeses en el siglo VIII. El catolicismo fue aceptado oficialmente hacia el año 1000.	3,000	1 por ciento
Irlanda	Esta isla recibió el catolicismo por San Patricio, a mediados del siglo V.	4.5 millones	75 por ciento
Filipinas	Los españoles introdujeron el catolicismo en 1564.	60 millones	84 por ciento
Uganda	Los misioneros católicos llegaron en 1879. En su corta historia católica, 22 de sus conversos fueron martirizados y declarados santos en 1964.	8.7 millones	43 por ciento
Australia	Los primeros católicos en el país fueron irlandeses convictos enviados por los ingleses.	5.3 millones	29 por ciento
Israel	Todo comenzó aquí.	94,000	1.5 por ciento

La población católica mundial por continente

Existen mil millones de católicos en el mundo, o sea aproximadamente el 18 por ciento de la población mundial. Casi una de cada cinco personas en el mundo es católica.

- ➤ África: 12.9 por ciento
- ➤ Asia: .04 por ciento
- ➤ América del Norte: 23.9 por ciento
- ➤ Centroamérica: 85.5 por ciento
- ➤ América del Sur: 87.3 por ciento
- ➤ Europa: 41.3 por ciento
- ➤ Oceanía: 27 por ciento

Como puede ver, el catolicismo viene en muchos colores, formas y tamaños. También existe gran diversidad de formas de practicarlo.

Capítulo 3

El Vaticano: la iglesia que es un país

La Iglesia Católica está llena de contrastes. Cuenta con más de mil millones de miembros en todo el mundo, pero tiene la capacidad de hablar con una sola voz. Está formada por miles de iglesias individuales, pero todas estas casas de culto siguen la misma fe. ¿Cómo se logra esta unidad? Ése es el meollo del capítulo, el cual comienza presentándole al líder de esta enorme organización: el papa.

¿Quién es exactamente el papa?

Cada día, peregrinos de todo el mundo llenan la plaza que se observa desde la ventana de este hombre, y esperan horas para echarle un vistazo. Dignatarios de todos los países le solicitan audiencia. En sus visitas por todo el mundo, millones de personas se reúnen para verlo y ovacionarlo. Rara vez pasa una semana sin que los medios internacionales hablen de su paradero y sus declaraciones.

¿Quién es el hombre al que se le presta tanta atención? Es el papa, el líder de una de las más grandes y complejas organizaciones del mundo: la Iglesia Católica. En latín, la palabra *papa* significa papá o padre. El papa es el padre espiritual o cabeza de la Iglesia. Es punto central de unidad entre sus miembros y tiene relaciones diplomáticas con todos los países.

El Papa Juan Pablo II fue el primer hombre no italiano elegido papa en casi 500 años. Este popular papa proviene de Polonia.

(Cortesía de los archivos Photofest/Icon)

Tanta atención y poder en las manos de un solo hombre puede parecer extraordinario. Puede ser que no parezca tanto si consideramos que los católicos creen que él es la representación física de Cristo en la Tierra y que bajo su cargo se encuentran las verdades de la Iglesia.

Desde el siglo IX, *papa* ha sido el título asignado al obispo de Roma; *Vicario de Cristo*, título que comparte con todos los demás obispos. Por tradición, los católicos han considerado a San Pedro como el primero de los obispos romanos y afirman que en la sucesión de los papas existe una línea directa con este apóstol. Creen que la autoridad de la Iglesia se basa en la encomienda que le hizo Jesús a Pedro, la cual se encuentra en Mateo 16, 18-19:

> Y yo te digo a ti que tú eres Pedro, y sobre esta piedra edificaré mi Iglesia, y las puertas del infierno no prevalecerán contra ella. Y a ti te daré las llaves del Reino de los Cielos. Y todo lo que atares sobre la tierra, será también atado en los cielos; y todo lo que desatares sobre la tierra, será también desatado en los cielos.

Los católicos creen que el papa es infalible. La *infalibilidad* papal significa que no comete errores al definir una doctrina, o creencia formal, de fe o de moral de la Iglesia Católica. El papa habla infaliblemente sólo cuando afirma estar utilizando su autoridad de acuerdo con el proceso establecido, cuando habla con respecto a creencias oficiales de la Iglesia y cuando habla sobre cuestiones de fe o de moralidad.

El papa trabaja con los obispos en un proceso compartido para la toma de decisiones llamado colegialidad. El papa, en comunión con los obispos, es la máxima autoridad de enseñanza de la Iglesia. Juntos, forman lo que se conoce como *magis-*

terio, que es la autoridad docente de la Iglesia. La colegialidad es uno de los pronunciamientos más importantes del Concilio Vaticano II. Éste cambió completamente la antigua manera de considerar la jerarquía de la Iglesia.

En realidad, el papa rara vez utiliza su poder de infalibilidad. La última vez que se declaró una doctrina infalible fue en 1950, cuando la asunción de la Virgen María al cielo se proclamó como artículo de fe, lo cual analizaremos con más detalle en el capítulo 11, "¿Quién es María?" En otras palabras, en lugar de que el poder del papa sea algo místico, la infalibilidad significa que la Iglesia le permite ser el agente con la autoridad para decidir cuáles creencias serán formalmente aceptadas por la Iglesia.

¿En dónde reside?

El papa, obispo de Roma, reside en el Vaticano. La Ciudad del Vaticano es el Estado soberano más pequeño del mundo, el cual abarca no más de 44 hectáreas. La Basílica (o iglesia) de San Pedro es el punto central de esta ciudad, la iglesia principal de los católicos y la más grande en el mundo cristiano. Ahí viven alrededor de 1,000 personas y trabajan otras 4,000. Además de ser la sede del jefe espiritual de la Iglesia Católica, el Vaticano cuenta con una enorme biblioteca de libros sagrados y con una vasta colección de arte religioso.

La Basílica de San Pedro en Roma, la más grande iglesia cristiana, es la iglesia principal de los católicos.

(Cortesía de Alinari/ Art Resource, Nueva York)

En una época, la pequeña Ciudad-Estado del Vaticano comprendía varios estados del centro de Italia que eran conocidos como Estados Pontificios. Aunque ahora el tamaño del Vaticano es muy reducido, aún mantiene todas las características de un gran país. El Vaticano emite sus propias estampillas y monedas, y aún quedan vestigios de la milicia papal, la cual está representada por los vistosos guardias suizos, quienes mantienen una vigilancia que, al menos simbólicamente, protege al papa.

Señales de humo

El papa es elegido por el *Colegio de cardenales* durante un concilio convocado para su designación, no antes de 15 ni después de 20 días de la muerte de su predecesor. Un cardenal es un obispo de alto rango designado por el papa. Todos los cardenales menores de 80 años pueden ser seleccionados para tomar parte en la elección. Se permite que la elección se haga a través de votos orales, pero la manera usual es a través del tradicional voto secreto.

Los votos que no producen las dos terceras partes necesarias para la elección, se queman junto con paja en una pequeña estufa dentro de la cámara del consejo, lo que produce humo negro. El humo negro anuncia a las multitudes que se encuentran en espera que el papa aún no ha sido elegido. Cuando se obtiene la mayoría necesaria, los votos se queman sin ponerles paja, lo que produce el humo blanco que indica que el papa ya ha sido elegido.

La grande y la pequeña Iglesia

En la base de la estructura organizacional de la Iglesia Católica se encuentra la diócesis, la cual está bajo la dirección del obispo. Una diócesis es un grupo de parroquias bajo la dirección de un sacerdote denominado cura. Las provincias o arquidiócesis, reúnen las diócesis de todo un país. Éstas se encuentran bajo la dirección de un arzobispo. Sobre toda esta estructura se encuentra la administración central de la Iglesia, el Vaticano.

Estructura	**Divisiones geográficas**
Papa	Vaticano
Cardenales	Provincias o arquidiócesis
Arzobispos	Diócesis
Obispos	Parroquias
Sacerdotes	

Para la mayoría de los católicos, la parroquia representa toda la Iglesia. Hay todo tipo de parroquias, desde las grandes parroquias suburbanas, las pobres en los barrios bajos, las urbanas y las rurales. Además, hay parroquias que atienden a los recién inmigrantes en su propio idioma y conforme a sus costumbres.

Al centro de una parroquia típica se encuentra la iglesia misma, que por lo general lleva el nombre de un santo, como San Miguel o Santa Isabel. Las iglesias muestran la arquitectura característica del país y van desde capillas muy pequeñas hasta grandes catedrales. La iglesia es el centro de la fe católica. Los católicos asisten ahí de manera regular para escuchar la misa, ahí se casan, bautizan a sus hijos y se realizan los funerales de la familia.

Cerca de la iglesia puede encontrarse la rectoría o casa del párroco. Muchas parroquias católicas también cuentan con escuelas parroquiales. Parroquial significa "que pertenece a la parroquia", y se aplica a las escuelas católicas. Si dicha escuela es dirigida por una orden religiosa de hermanas, es probable que también haya una casa para ellas dentro de la propiedad de la parroquia.

Otra construcción que podría encontrarse en una parroquia actual es el centro parroquial. Este centro es donde se reúne la gente: niños exploradores, miembros de la congregación Caballeros de Colón y grupos que estudian las Sagradas Escrituras. El centro también constituye un lugar para conferencias y películas. Cuenta con una biblioteca parroquial y una cocina completa en donde semanalmente se realizan las cenas de la parroquia. Algunas parroquias utilizan su centro para la gente sin hogar en temporada de frío y ofrecen las instalaciones para reuniones sociales como las de Alcohólicos Anónimos. Muchas parroquias ofrecen programas completos de apoyo; entonces, también podría haber canchas de baloncesto y campos de béisbol o fútbol.

Reglas y reglamentos

La base de la moral católica es la vida de Cristo y el conocimiento básico de Cristo proviene de las Sagradas Escrituras. Esta moralidad involucra, entre otras cosas, el cumplimiento de los Diez Mandamientos. En el cumplimiento de estos mandamientos, se hace especial énfasis en lo que se conoce como la doble ley de amar a Dios y al prójimo, la cual, según Jesús, es el mandamiento más importante. Otras importantes fuentes de la doctrina católica provienen del Sermón de la montaña, en el que Jesús estableció los puntos básicos del comportamiento moral.

Los Diez Mandamientos

En conjunto, los Diez Mandamientos también se conocen como Decálogo, que proviene del griego y significa "diez palabras". Registrados en Éxodo 34, 28 y Deuteronomio 4, 13, 10, 4, del Antiguo Testamento, se cree que Dios entregó los Diez Mandamientos a Moisés en el Monte Sinaí.

Los requisitos establecidos en los mandamientos no son exclusivos de los judíos; también pueden encontrarse en otros textos del antiguo Cercano Oriente. Sin embargo, en ninguna parte están declarados tan concisamente o expresados de manera tan personal e íntima, como lo hizo Dios al indicar las leyes a seguir. Como señalan las Sagradas Escrituras, Dios entregó los Diez Mandamientos al pueblo judío directamente de su propia voz. Se dice que Dios mismo los escribió en dos tablas de piedra, la primera con los mandamientos que directamente se refieren a nuestra relación con Dios, y la segunda con los que regulan las relaciones entre nosotros. Los Diez Mandamientos constituyen la base de la ley y la ética cristianas.

He aquí los Diez Mandamientos como aparecen en la doctrina católica:

1. Yo soy el Señor, tu Dios. No tendrás otros dioses delante de mí.
2. No tomarás el nombre del Señor, tu Dios, en vano.
3. Santificarás las fiestas.
4. Honrarás a tu padre y a tu madre.
5. No matarás.
6. No cometerás adulterio.
7. No robarás.
8. No levantarás falso testimonio contra tu prójimo.
9. No desearás a la mujer de tu prójimo.
10. No codiciarás los bienes ajenos.

Los Diez Mandamientos desempeñan un papel importante en la vida católica. Una de las primeras tareas de un joven católico es memorizarlos, pero también entender lo que significa vivir conforme a ellos.

Los mandamientos de la Santa Madre Iglesia

Además de los Diez Mandamientos, la Iglesia tiene cinco reglas también llamadas mandamientos:

1. Oír misa entera los domingos y demás fiestas de precepto.
2. Confesar los pecados al menos una vez al año.
3. Recibir el sacramento de la Eucaristía al menos por Pascua.
4. Abstenerse de comer carne y ayunar en los días establecidos por la Iglesia.
5. Ayudar a las necesidades de la Iglesia.

Los 1,752 cánones

Desde hace mucho tiempo, la Iglesia ha formado un complejo sistema de reglas llamado *Derecho canónico*. Estas reglas se recopilan y se revisan regularmente. Según la revisión actual, existen 1,752 cánones. El Derecho canónico es para servir al pueblo. Define las estructuras internas, y describe los derechos y obligaciones de los fieles en relación con su vida religiosa. El Derecho canónico establece los principios de operación y la estructura de la Iglesia.

El Derecho canónico rige la vida diaria católica, regulando la forma de vivir la fe. Por ejemplo, el Derecho canónico establece cómo y cuándo se llevan a cabo los matrimonios, las reglas de ayuno, los requisitos para asistir a la iglesia y el proceso por el cual se elige a los jerarcas y maestros. En gran medida, el canon es ley eclesiástica, no ley moral; ésta se encuentra en los diez mandamientos.

Las ocho bienaventuranzas

El espíritu de las leyes de la Iglesia se expresa en las bienaventuranzas, las cuales yacen en el corazón de su doctrina. Éstas constituyen ejemplos del amor de Jesús hacia la gente y también los lineamientos para la vida cristiana. Mantienen la esperanza y proclaman las bendiciones y recompensas de vivir por Cristo. Las bienaventuranzas muestran que la verdadera felicidad no se encuentra en la riqueza o en las comodidades, en la fama, el poder o en los logros materiales, sino en las buenas relaciones de uno con otro. Las siguientes beatitudes se tomaron del Nuevo Testamento, en Mateo 5, 3-12, y son las enseñanzas de Jesús tomadas del Sermón de la Montaña:

- Bienaventurados los pobres de espíritu, porque de ellos es el Reino de los Cielos.
- Bienaventurados los mansos, porque ellos poseerán la tierra.
- Bienaventurados los que lloran porque ellos serán consolados.
- Bienaventurados los que tienen hambre y sed de justicia, porque ellos serán saciados.
- Bienaventurados los misericordiosos, porque ellos alcanzarán misericordia.
- Bienaventurados los que tienen puro su corazón, porque ellos verán a Dios.
- Bienaventurados los pacíficos, porque ellos serán llamados hijos de Dios.
- Bienaventurados los que padecen persecución por la justicia, porque de ellos es el Reino de los Cielos.
- Bienaventurados seréis cuando los hombres os maldijeren por mi causa, y os persiguieren, y dijeren con mentira toda suerte de mal contra vosotros. Alegraos y regocijaos porque es muy grande la recompensa que os aguarda en los cielos; del mismo modo persiguieron a los profetas que hubo antes de vosotros.

Al iniciar esta sección, señalamos que Jesús vino a traernos la ley del amor, la cual expresó como amor a Dios y al prójimo. Ésta es la base de todas las reglas y reglamentos católicos. Finalmente, pese a todas las leyes e incluso las bienaventuranzas, cada persona se responsabiliza de sus acciones.

Conciencia, virtud y gracia

Los católicos creen que la conciencia moral se encuentra en el corazón de la persona y que le ayuda a tomar sus propias decisiones, aprobando aquellas que están bien y condenando las que no. También creen que cuando uno escucha a su conciencia, escucha a Dios, y que esa voz es su conciencia. La Iglesia enseña que para cada persona es importante estar dispuesto a escuchar y seguir la voz de la conciencia. La prudencia surge cuando elegimos actuar de acuerdo con nuestra moral interior. La Iglesia enseña que tenemos el derecho y la responsabilidad de tomar nuestras propias decisiones morales. No debe forzarse a persona alguna a actuar en contra de su voluntad, aunque sea lo mejor para ella misma. La Iglesia también requiere que se eduque la conciencia y que esto se vea como un proceso permanente.

Una virtud es el hábito de hacer lo correcto. Las virtudes se desarrollan a través de la práctica. Además de las virtudes que desarrollamos, están aquellas que son características de nuestra alma, como el Espíritu Santo de Dios en nosotros. Éstas nos llevan por el camino del bien y nos ayudan a alejarnos de los peligros. La Iglesia las llama fe, esperanza y caridad. Estas tres virtudes nos ayudan a desarrollar las demás.

- Por la fe, intuitivamente entendemos que Dios existe y activamente pretendemos conocer y hacer su voluntad.
- A través de la esperanza, anhelamos a Dios independientemente de las circunstancias de nuestra vida en cualquier momento dado.
- La caridad nos permite experimentar el amor de Dios, el amor a nosotros mismos y el amor a nuestro prójimo.

He aquí las cuatro virtudes cardinales que adquirimos a través de la práctica. Éstas desarrollan nuestro rumbo interior:

- La prudencia es seguir nuestro sentido común "innato".
- La justicia es respetar los derechos de los demás y trabajar por el bien común.
- La fortaleza asegura nuestra entereza en la búsqueda del bien.
- La templanza modera la búsqueda de los placeres de la vida, asegurando el equilibrio.

La vida espiritual católica se forma al adquirir y mejorar estas virtudes. La espiritualidad católica involucra practicarlas al interactuar con la comunidad, con la familia, con los amigos y con la sociedad en general. Ser católico practicante significa seguir estos principios tanto como sea posible. ¡El énfasis está en la práctica! La Iglesia es el pueblo de Dios que se esfuerza por vivir de acuerdo con principios espirituales. Para hacerlo, se requiere la gracia.

Existen muchas definiciones de gracia. En el sentido más amplio, podría decirse que es el regalo de la devoción de Dios hacia nosotros. Esto se refleja en su constante e incondicional amor por nosotros, aun cuando no lo entendamos en forma correcta.

Hemos visto el corazón de la Iglesia Católica y la estructura organizacional que lo mantiene en su lugar. En el siguiente capítulo veremos el cambio en dicha estructura organizacional y algunos nuevos problemas que los católicos han comenzado a enfrentar con respecto a sus principios religiosos.

Capítulo 4

Los sesenta: las semillas del cambio

Antes de avanzar más en nuestro análisis del catolicismo, veamos lo que muchos consideran el suceso más formativo de la vida de la Iglesia, el Concilio Vaticano II. Aunque usted aprenderá mucho más acerca de la historia de la Iglesia en los capítulos 19 a 21, en este momento es importante conocer este acontecimiento fundamental que tuvo lugar de 1962 a 1965. El Papa Juan XXIII convocó a los jerarcas eclesiásticos para empezar a reformar y actualizar las políticas y prácticas de la Iglesia. Aunque muchos de los protagonistas de esta revolución vieron esto como la época de oro del catolicismo, otros se resistieron y hubieran preferido que nunca ocurriera.

Los sesenta moldearon un nuevo catolicismo. La tensión entre los liberales y los conservadores que surgió en ese momento turbulento de la historia, continúa caracterizando al catolicismo actual. Este capítulo relata la historia que provocó esta tensión.

La calma antes de la tormenta

Las escuelas católicas tenían nombres tales como Visitación, Encarnación y Resurrección. Éstas tenían sus propios equipos deportivos, libros de texto, biblioteca y, por supuesto, su propia iglesia.

En la escuela, las chicas usaban vestidos azules sin mangas y blusas blancas. Cuando estaban en la iglesia, llevaban cubierta la cabeza; si no contaban con una chalina o un sombrero apropiado, se cubrían con un pañuelo prendido con alfileres. Siempre usaban vestido para asistir a la iglesia y, en domingo, lucían guantes. Los chicos vestían de camisa y corbata para la escuela y traje completo para asistir a misa. Las hermanas que enseñaban en la escuela vestían hábitos almidonados y llevaban grandes rosarios de cuentas que sonaban (anunciando su llegada) al ir caminando suavemente a lo largo de los limpios y encerados corredores. Las respuestas a todas las preguntas relacionadas con la moral aparecían ordenadamente en el *catecismo*, el pequeño libro de pastas blandas que guardaba todas las reglas y creencias de la Iglesia. Todos los niños católicos lo memorizaban.

Las imágenes populares de esta época de la historia eran solamente una tenue pantalla que cubría asuntos sociales, políticos y de intranquilidad espiritual que emergieron en los sesenta. Para bien o para mal, el mundo nunca sería el mismo otra vez.

El Concilio Vaticano II: cambio radical y renacimiento

Caracterizados por Woodstock y asesinatos políticos, los sesenta presenciaron una revolución cultural y social en casi todos los países del mundo. Como si las preguntas políticas que surgían no fueran suficientes para estremecer lo más profundo del ser, la Iglesia Católica eligió este momento para plantear en la arena de la religión muchos de los asuntos que estaban siendo cuestionados en el mundo de la política. El Papa Juan XXIII, elegido en 1958, convocó a un *concilio* para actualizar a la Iglesia y que se diera la apertura hacia el mundo moderno.

Paradójicamente, él era considerado un papa de transición, alguien que pudiera llenar el espacio entre el Papa Pío XII, un hombre estudioso y reservado, y el siguiente poderoso pontífice aún por surgir de entre la jerarquía de la Iglesia. Aunque la época en que el Papa Juan XXIII estuvo al frente fue realmente corta —cinco breves años— la Iglesia pronto notó que este dinámico hombre, con una conexión instintiva con la gente y una gran visión, iba a ocupar un lugar particularmente importante en la historia. Probablemente fue el papa más popular de los tiempos modernos, si no es que de todos los tiempos; demostraba constantemente tal calidez, sencillez y encanto, que se ganó el corazón de católicos, protestantes e incluso de quienes no eran católicos.

El Concilio Vaticano II se inició el 11 de octubre de 1962. En ese entonces, el papa supo de su fatal enfermedad. Murió más de tres años antes de que terminara el concilio. Éste continuó, y los cambios que se efectuaron aún están en evolución, influyendo y cambiando la cara del catolicismo en el mundo postmoderno.

Se enciende el fuego del concilio

Cuando la Iglesia entró en la segunda mitad del siglo XX, se encontró que estaba en una posición que tal vez era la más poderosa de su historia en cuanto a número de seguidores, influencia en la escena internacional y respeto. Además, se vio enfrascada con mucha frecuencia en viejas batallas, luchando en contra de falsas creencias y confrontando la influencia del protestantismo; estos asuntos habían sido el centro de concilios anteriores. El Concilio Vaticano II fue el primer concilio convocado con el propósito de iniciar el cambio desde adentro, más que para combatir la herejía, pronunciar nuevos dogmas o para guiar a la Iglesia en contra de fuerzas hostiles.

Más de 900 millones de católicos vivieron la época del Concilio Vaticano II e hicieron del catolicismo la religión más importante del mundo. La revolución iniciada por el Papa Juan XXIII con este concilio puso en movimiento ideas y fuerzas que afectarían a una parte importante de la población mundial.

Los concilios de la Iglesia son poco frecuentes; sólo ha habido 20 en los casi 2,000 años de la historia católica. El Papa Juan XXIII causó un gran impacto al convocar el Concilio Vaticano II para renovar la Iglesia Católica. Y si los concilios son poco frecuentes, las revoluciones en el catolicismo son aún menos frecuentes. La última ocurrió hace más de 400 años, y dio como resultado el surgimiento del protestantismo (usted leerá más sobre esto en la parte final de este libro). En los sesenta la misión histórica del Papa Juan tenía como objetivo revitalizar el espíritu de la Iglesia; no sólo acercar más la iglesia madre del cristianismo al mundo moderno, sino también terminar con la división que había fracturado durante cuatro siglos el mensaje de Jesús.

Al estrechar su mano, en una muestra de amistad, con la de otros cristianos no católicos y llamarlos "hermanos separados", el Papa Juan XXIII hizo historia. Nos mostró que los muros que separan a los cristianos pueden ser derribados, y que es posible compaginar la vida eclesiástica con el mundo de la ciencia, de la economía y de la política. Bajo su liderazgo, la Iglesia se convirtió más en católica que en romana, lo que implicó un gran avance hacia el distante y huidizo objetivo de la unidad cristiana. La revolución eclesiástica involucró al mundo y ocupó las primeras planas de los diarios. El carácter inflexible y absolutista de la Iglesia había cambiado para siempre.

Los profetas siempre han existido y son parte de la historia religiosa. Conocemos sus nombres por el Antiguo Testamento: Isaías, Amós, Miqueas y Elías, por nombrar a algunos. Sus voces, con frecuencia, alertaron a los líderes para que vieran por dónde iban; pedían a gritos el cambio. En los sesenta revivió el espíritu que pedía a gritos el cambio y fue escuchado. Tal vez la señal más revolucionaria del Concilio Vaticano II fue el tácito reconocimiento de los profetas modernos del catolicismo. Se aceptó que aquellos que tuvieron problemas con la Iglesia, incluso quienes la habían abandonado, pudieron tener buenas razones para hacerlo.

El Papa Juan XXIII invitó a los obispos a Roma para hablar libremente. Promovía lo que llamó la "santa libertad". Los obispos, quienes por mucho tiempo habían considerado al papa como la única autoridad de la Iglesia, descubrieron que ellos, y no sólo el papa, constituían la dirigencia de la Iglesia.

El inigualable don de percepción que poseía el Papa Juan XXIII abrió el camino para el cambio en la Iglesia. La mayoría de los clérigos y teólogos protestantes y católicos, así como muchos que no pertenecen al cristianismo, aceptan que el catolicismo ahora es mucho más fuerte, efectivo y positivo de lo que fue cuando finalizó la Segunda Guerra Mundial. La Iglesia finalmente ha empezado a aceptar y a ubicar los problemas que ocasionaron la pérdida de comunicación con el mundo moderno.

En los cinco años del concilio, los jerarcas eclesiásticos acuñaron una nueva definición de la Iglesia y una nueva forma de relación con el mundo. Los católicos, quienes por más de 500 años creyeron que la verdad eterna residía sólo en su religión, ahora se encuentran en una nueva Iglesia que admite que la verdad también puede encontrarse en cualquier otra parte. Un objetivo importante del Concilio Vaticano II era crear una Iglesia menos preocupada por su estructura institucional y más preocupada por su pueblo. El Concilio Vaticano II invitó a todos los miembros de la Iglesia a participar activamente. Las instituciones y estructuras de la Iglesia, triunfalmente expresadas en construcciones, vestimentas litúrgicas finas y por la jerarquía imperante, cedieron el paso a la Iglesia del pueblo.

De hecho, la antigua concepción de la Iglesia se basaba en su estructura institucional. Se guiaba por la imagen de la Iglesia como "la sociedad perfecta", autosuficiente, independiente y separada del mundo que la rodeaba.

El Concilio Vaticano II anunció el comienzo de un nuevo modelo de Iglesia. "El pueblo de Dios" definió la nueva imagen. Esta imagen proviene del Antiguo Testamento en donde se pacta la relación entre Dios y sus creaturas. El concilio concibió esta imagen para referirse a la raza humana. Internamente, la Iglesia pasó de ser una institución jerárquica que organizaba y regía al pueblo, a una Iglesia formada por una comunidad con una responsabilidad compartida. La jerarquía aún existe como estructura organizacional, pero su objetivo es conferirle poder al pueblo.

Externamente, la Iglesia dejó de considerarse a sí misma como el único medio de salvación y cultivó su relación con la comunidad (todo el pueblo de Dios); comenzó a derrumbar muchos de los muros que había entre los católicos y el resto del mundo. Para hacerlo, el concilio examinó las siguientes áreas de la Iglesia:

- La liturgia: las oraciones, los cantos y la misa.
- El papel de los laicos: de espectadores a participantes.
- El papel de la Iglesia en el mundo socio-político.
- La libertad religiosa y el respeto por otras vías espirituales.

Los aspectos medulares de la identidad católica cambiaron radicalmente; las reglas cambiaron. Dichos cambios los abordaremos más adelante.

El comulgatorio se viene abajo: el sacerdote da la cara

Durante años, los sacerdotes celebraron la misa mirando hacia el altar y dándole la espalda a la gente. Una barandilla separaba a la gente de la parte frontal de la iglesia en donde se ubicaba el altar. Nadie más que el sacerdote o sus ayudantes podía acercarse al altar, excepto en raras ocasiones durante ceremonias específicas.

Para el católico común, los cambios en las ceremonias eclesiásticas después del Concilio Vaticano II fueron impactantes. El altar se movió hacia adelante y ahora el sacerdote miraba a la gente durante la misa. El comulgatorio que lo separaba de la gente se eliminó. Los fieles subían al altar y leían las Sagradas Escrituras en la misa. La misa ya no se dijo más en latín y, durante el servicio, los fieles se estrechaban las manos entre sí. Incluso, el sacerdote se bajó del altar para caminar por el pasillo hacia los fieles y saludarlos por sus nombres.

Así como la cultura que la rodeaba, la Iglesia también reflejó el ambiente de informalidad que caracterizó a los sesenta. Los creyentes vestían *jeans* para asistir a la iglesia, y algunas veces, como ambientación se escuchaba música folclórica. En algunas iglesias, se podía ver mujeres jóvenes con la cabeza descubierta y a sus novios con cabello largo llevando la hostia y el vino hacia el altar para su consagración. Quizá lo más impresionante de todo era que el sacerdote entregaba la hostia en la mano a los fieles, en lugar de colocársela en la lengua. En el pasado, sólo se permitía tocar la hostia al sacerdote, cuyas manos estaban consagradas.

Además de estos cambios muy notorios, el Concilio Vaticano II también alteró fundamentalmente la estructura organizacional y la autoridad de la Iglesia. Empezó a cambiar la estructura de poder altamente centralizada, en la que había estado inmersa durante años, por una base de poder más amplia. Antes del Concilio Vaticano II, en toda la Iglesia prevalecía la actitud de "papá lo sabe todo". Todas las decisiones eran tomadas por el papa y transmitidas a los obispos, quienes, a su vez, las transmitían a los sacerdotes. En la parroquia, el sacerdote tomaba las decisiones y las transmitía a la gente. Ahora, en la Iglesia posterior al Concilio Vaticano II, se invita a los laicos a participar en el gobierno de la Iglesia a través de los *concejos parroquiales*.

También se establecieron concejos para trabajar con el obispo al nivel de la diócesis. Estos concejos los integraban tanto sacerdotes como miembros laicos de la Iglesia. De manera similar, en Roma, al más alto nivel de la Iglesia, los obispos trabajaban con el papa en una relación mucho más estrecha y que nunca antes se había visto en la historia de la Iglesia. Aunque mucha gente todavía piensa que el papa posee toda la autoridad de la Iglesia Católica, la realidad es que el Concilio Vaticano II cambió todo eso.

El rosario cede el paso a la Biblia

Otro cambio crucial para los católicos después del Concilio Vaticano II implicó el papel de las Sagradas Escrituras. Antes del Vaticano II, la Iglesia no hacía énfasis en ellas. De hecho, a los católicos se les advertía que no interpretaran de manera particular la Biblia, y que era mejor que consultaran el catecismo, que es el libro de la doctrina católica. Al paso del tiempo, esta falta de énfasis dio lugar a la extraoficial pero definitiva carencia de conocimientos bíblicos entre los católicos. Descubrieron que tenían que admitir la habilidad de los protestantes cuando se trataba de citar capítulos y versículos. Después del Concilio Vaticano II, la educación católica comenzó a enfocarse en las Sagradas Escrituras, en lugar de memorizar el catecismo.

Además de los cambios en la misa, las devociones populares cambiaron drásticamente después del Concilio Vaticano II. Antes del concilio, los católicos celebraban el mes de mayo rezando el rosario en una procesión a través de las calles de su pueblo; después del concilio, los católicos se reúnen en la iglesia para la liturgia de la palabra, comúnmente llamada *Vigilia bíblica*.

Hoy en día, mucha gente prefiere compartir su fe en pequeñas reuniones caseras durante las cuales lee las Sagradas Escrituras. Esto es una tradición que se desvía radicalmente de lo que siempre había sido la "forma católica". Una consecuencia del Concilio Vaticano II fue promover el concepto de la presencia de Dios en la palabra sagrada de las Escrituras así como en los sacramentos, en los que —antes del concilio— se había puesto todo el énfasis.

La Iglesia escucha

Tal vez el concepto más revolucionario que surgió del Concilio Vaticano II fue el de una Iglesia que sabía escuchar. Su nueva relación con la cultura demandaba que la Iglesia prestara atención a la época: un cambio directo de lo que habían sido siglos de antagonismo eclesiástico hacia los cambios culturales. La posición de la Iglesia preconciliar era mostrar la cultura, no aprender de ella; la nueva dirección era escuchar y aprender.

Este antiguo conflicto se hacía mucho más evidente con el mundo de la ciencia. La gente vivía en dos mundos que no se conectaban: el mundo material (ciencia) y el mundo espiritual (religión). La desavenencia entre la fe y la ciencia era amplia y profunda. Recuerde que fue la Iglesia Católica la que, en 1633, puso bajo arresto domiciliario al astrónomo Galileo, uno de los más grandes científicos de la historia.

En el espíritu del Concilio Vaticano II, la Iglesia emitió una extensa pero tardía disculpa a Galileo, reconociéndolo póstumamente como un gran científico y retirando las sanciones que había impuesto en su contra. Aunque ahora dicha disculpa podría parecer totalmente ridícula, ésta representó un cambio total en la política de la Iglesia. Los papas, al igual que los reyes y muchos otros líderes políticos y religiosos, tradicionalmente no se disculpaban (y aún no lo hacen). Hacerlo constituyó un cambio total en el protocolo. Esta sola expresión representó uno de los cambios más notables y revolucionarios que surgieron del Concilio Vaticano II.

La ciencia y la fe llegan a un acuerdo

Una forma en que la Iglesia ha comenzado a mostrar su nuevo papel como oyente es prestando atención a algunos visionarios. Pierre Teilhard de Chardin, quien vivió de 1881 a 1955, fue un visionario que con sus artículos y enseñanzas contemporáneas tendió el puente entre los mundos de la ciencia y la religión. Fue un paleontólogo y teólogo jesuita francés.

Los artículos de Chardin terminaron con la dualidad mente-cuerpo, tanto para el mundo secular como para la Iglesia. Su visión positiva ayudó a terminar con los conflictos entre ciencia y religión, e inspiró la jornada espiritual de muchos hombres y mujeres que buscaban una visión global que estuviera más allá de los conflictos del dualismo.

Chardin habló de sus dos amores, el mundo material conocido como ciencia y el mundo espiritual revelado por la fe. Decía que en algún momento fueron como dos estrellas que dividieron su fidelidad. A través de su amor y su devoción tanto por la ciencia como por la religión, finalmente las reconcilió, considerando que materia y espíritu son indivisibles y evolucionan a la par.

De la caridad a la justicia

En los sesenta, el cambio y la sorpresa caracterizaron la voz de los visionarios de la Iglesia. Al abrir las ventanas de la Iglesia, el Concilio Vaticano II dio luz verde a la intervención activa en la cultura del mundo. El mundo al que la Iglesia se introdujo estaba totalmente confundido con respecto a casi todos los aspectos sociales: relaciones raciales, internacionales y sexuales. Todos los temas difíciles estaban siendo examinados desde la perspectiva católica.

Aunque los católicos siempre tuvieron una fuerte presencia en cuestiones de caridad a través de instituciones para el cuidado de los pobres, ancianos y huérfanos, comenzaron a escudriñar bajo la superficie para examinar las estructuras de la sociedad. Se dio un cambio en el enfoque: de caridad a justicia. En lugar de simplemente ayudar a los pobres, los católicos empezaron a presionar a sus líderes para que vieran las causas de dicha pobreza.

De hecho, después del Concilio Vaticano II, hubo un cambio profundo en la forma en que los católicos practicaban la fe. La justicia social se volvió el punto medular: ser católico implicaba involucrarse en los asuntos mundanos y buscar la justicia. En Estados Unidos, en los setenta y los ochenta, los líderes de la Iglesia hablaron, escribieron y predicaron sobre la paz, la justicia, el racismo, la pobreza, la guerra nuclear y sobre la ecología. En América Latina, el clero buscó justicia para su gente, arriesgándose a la tortura y a la muerte por enfrentar lo que consideraba autoridades injustas. Anteriormente, la voz de la Iglesia se limitaba a cuestiones espirituales o a reglas eclesiásticas, pero después del Concilio Vaticano II, los católicos superaron la dualidad de la fe en Dios y el deseo por el cambio en el mundo.

Ecumenismo: la relación de los católicos con los demás cristianos

Ecumenismo es un término que se refiere a la unidad de todos los creyentes en Cristo. Antes del Concilio Vaticano II, los católicos dividían el mundo en dos categorías diferentes: los católicos y los no católicos. Después del concilio, en nombre de Juan XXIII, se refirieron a los demás cristianos como "hermanos separados", un cambio notable en la creencia de la Iglesia de ser la única y verdadera Iglesia. El Concilio Vaticano II declaró que el término *iglesia* incluía a todos los cristianos, no sólo a aquellos que practicaban la fe católica.

El ecumenismo conlleva consecuencias muy prácticas para los católicos comunes. En el pasado, la Iglesia establecía restricciones importantes que desalentaban el matrimonio entre católicos y los que no lo fueran. Por ejemplo, si un católico contraía matrimonio con un protestante, la ceremonia se realizaba en la privacidad de la oficina del sacerdote y no en la iglesia. Se le daba muy poco valor a los matrimonios "mixtos".

Actualmente, no sólo los matrimonios se realizan en la iglesia, sino que con frecuencia, el sacerdote invita al ministro o rabino de la pareja del católico a presenciar la ceremonia. Con el permiso del obispo, el matrimonio puede realizarse ante otro ministro cristiano o rabino. Hoy en día, no sería raro que la pareja de un católico participara en los servicios y funciones de la Iglesia Católica, e incluso, formara parte del concejo parroquial.

Se han establecido muchas comisiones para mejorar la comunicación y el entendimiento entre todos los cristianos. Se ha invitado a predicadores de otros grupos cristianos a hablar en iglesias católicas.

El desarrollo de las relaciones interreligiosas

El Concilio Vaticano II no sólo adoptó una posición más abierta con respecto a los demás cristianos, sino que también se esforzó por subsanar las relaciones con otras religiones, particularmente con los judíos. Por ejemplo, la Iglesia eliminó de la liturgia las oraciones que sugerían la culpabilidad judía en la muerte de Jesús. Durante siglos, estas oraciones y las actitudes que representaban contribuyeron al antisemitismo por parte de la Iglesia Católica y de muchos católicos.

Además, se han hecho muchos esfuerzos para eliminar de los programas de educación religiosa las posturas perjudiciales contra los judíos y enseñar sobre la fe hebrea. Esta nueva actitud hacia la fe judía ha llevado a los intelectuales de la Iglesia a promover un respeto más profundo por la literatura hebrea sagrada, refiriéndose al Antiguo Testamento como las "Sagradas Escrituras Hebreas" o el "Primer Testamento". Estos escritos se consideran importantes para la fe por su propio valor y no sólo como una introducción a las "Sagradas Escrituras Cristianas" o Nuevo Testamento.

Un esfuerzo más importante de la Iglesia desde el Concilio Vaticano II ha sido la revaluación del papel de la Iglesia Católica en el exterminio masivo de judíos. El Papa Pío XII ha sido muy criticado por no declararse en contra de la persecución que sufrieron los judíos a manos del nazismo. El Papa Juan Pablo II ha hablado de este asunto y ha ofrecido disculpas a los judíos por la conducta de la Iglesia. Por supuesto, se necesita antes una investigación a fondo y una explicación para que cualquier acción de compensación sea significativa.

Además de los intentos por subsanar las relaciones con los judíos, la Iglesia le ha tendido la mano a los musulmanes, reuniéndose con sus líderes y con delegaciones en Roma y en todo el mundo. El papa ha hablado en grandes reuniones de musulmanes en Marruecos, Indonesia, Mali y otros países. De vez en cuando, se han mantenido diálogos formales con organizaciones islámicas para promover las buenas relaciones entre el mundo cristiano y el islámico.

Dentro de la vida monacal católica, se han extendido lazos de amistad con los creyentes del budismo, hinduismo, confucionismo, taoísmo y sintoísmo. Monjes budistas y católicos han compartido prácticas y estudios de la vida mística. Thomas Merton, un popular teólogo católico del siglo XX, se reunió con budistas durante la guerra de Vietnam para charlar sobre asuntos concernientes a la vida mística y la justicia social; murió en Tailandia en 1968.

La puerta de los cielos se abre para todos: libertad religiosa

Del Concilio Vaticano II surgió "La declaración de la libertad religiosa". En este importante documento, el concilio establece que toda la gente tiene el derecho a la libertad religiosa. Esto significa que todos los hombres y mujeres deben estar libres de coerción con respecto a sus preferencias religiosas. Nadie puede ser forzado a actuar en contra de sus convicciones personales al elegir una religión.

"La declaración de la libertad religiosa" también tuvo un profundo efecto en las actividades misioneras católicas. Ya no se aceptaba despreciar las creencias de los demás. Como resultado, los misioneros se han enfocado en compartir creencias, más que en imponer la fe católica.

La conciencia prevalece

La doctrina católica siempre ha enseñado que se debe obedecer a la conciencia. El Concilio Vaticano II fortaleció esa idea. Antes del concilio, los católicos generalmente buscaban y seguían los consejos de su sacerdote en cuestiones de moral. Desde el Concilio Vaticano II, se les ha invitado a buscar en su corazón y en su mente para tomar sus propias decisiones de manera responsable.

He aquí un ejemplo de la forma en que los cambios pueden influir en la vida diaria de los católicos. Teresa, madre católica de los sesenta, había practicado junto con su marido el método del ritmo, el único medio de control natal aceptado por la Iglesia Católica. Tienen tres bebés del "ritmo": el menor tiene seis semanas de nacido y el mayor tiene cinco años. Teresa y su esposo piensan que ya no pueden mantener más bebés y la vida de celibato no les parece una buena idea.

Esta devota pareja católica decidió practicar el control natal, aun cuando sabía que esto podía acarrearles consecuencias teológicas graves. Un sábado por la tarde, Teresa llevó su dilema moral al confesionario. Al plantearle su situación al confesor, descubrió que ya había tomado una decisión, y en lugar de confesarla como pecado, simplemente se la hizo saber. De manera sorprendente, el sacerdote estuvo de acuerdo con ella. Entendió la dificultad de la elección de Teresa y la animó a rezar, a buscar en su corazón, y a que después tomara una decisión considerando lo que ella pensaba que sería la voluntad de Dios en relación con su situación. El sacerdote no hubiera dado semejante consejo antes del Concilio Vaticano II, cuando hubiera sido muy difícil encontrar a un sacerdote que ofreciera tal consejo.

Un doloroso efecto secundario del Concilio Vaticano II: la pérdida de la tradición

Aunque el Concilio Vaticano II trajo cambios positivos a la vida de los católicos, muchos de los fieles sintieron una gran pérdida cuando sus tradicionales y amadas creencias fueron alteradas o eliminadas completamente, en un esfuerzo por actualizar la Iglesia. Además, la Iglesia perdió cierta singularidad. Alguna vez definidos tan claramente por sus diferencias con otras religiones, y caracterizados por su separación del mundo, muchos católicos quedaron con una vaga sensación de que la Iglesia estaba siendo "menos católica" de lo que solía ser.

Por mi culpa, por mi culpa, por mi grandísima culpa

Mea culpa, mea culpa, mea maxima culpa es el equivalente en latín de "Por mi culpa, por mi culpa, por mi grandísima culpa". Ésta era una línea de una oración que se decía al inicio de la misa, pero también se refería al sentimiento de muchos católicos que lamentaban la pérdida de sus oraciones en latín. Hasta el Concilio Vaticano II, todos los católicos escuchaban la misa en este antiguo lenguaje. De ese modo, era posible asistir a misa en cualquier iglesia católica del mundo y escuchar las oraciones de la misma forma. En la etapa preconciliar, la uniformidad era la regla y la diversidad e individualidad eran rechazadas.

Debido a que la música sacra se escribía y se ejecutaba en latín, cuando el idioma de la misa cambió a la lengua vernácula, es decir, a la lengua local, la música también cambió. La música había sido un punto central de encuentro para muchos en la iglesia, y como al coro se le restó importancia y se invitó a los asistentes a cantar, muchos sintieron la dolorosa pérdida de su identidad religiosa.

Hasta entonces, la misa católica se había basado en los cantos gregorianos, en la música clásica, y en himnos y salmos cantados en latín. Esta pérdida, después del Concilio Vaticano II, fue profunda para muchos católicos. Ahora, las iglesias siguen lo que consideran la recomendación del concilio para intentar sinceramente actualizar los libros de cantos y tener una comunidad que cante.

Se relajan las reglas concernientes al ayuno y al pescado

Una de las reglas que la mayoría de los católicos consideraba propia de su identidad era la prohibición de comer carne que no fuera de pescado en viernes. De este modo, los católicos honraban el día en que Cristo había muerto.

Otra regla con respecto al régimen alimentario, anterior al Concilio Vaticano II, prescribía ayunar los viernes de Cuaresma como preparación para los días santos. Básicamente, un católico no podía hacer más de una comida completa en los días especificados. De manera similar, los católicos mantenían un completo ayuno de agua y comida desde la medianoche hasta que recibían la comunión la mañana siguiente. Hubo muchos casos tristes de niños que, el día de su Primera Comunión, cometían el error de tomar agua en los bebederos mientras sus compañeros de clase se reunían en la escuela para iniciar la procesión hacia la iglesia. Hacer esto implicaba que no podían recibir la comunión con el resto de su clase, lo cual no sólo era embarazoso sino que no podían compartir la alegría de la celebración. Con frecuencia, las monjas ataban telas blancas alrededor de los bebederos para evitar tales tragedias.

Actualmente, dichas restricciones alimentarias se han relajado al grado de que la abstinencia de carne en la Cuaresma (periodo de 40 días para la preparación de la Semana Santa) ya no es obligatoria y el ayuno para tomar la comunión se ha limitado a una hora antes de recibirla. Algunos se preguntan si este relajamiento no le quita lo "sagrado" a la "sagrada comunión", hace que los católicos olviden al Señor y minimicen la celebración de la semana santa.

Cambio en las oraciones y en las prácticas religiosas

Muchas prácticas religiosas y rituales, que alguna vez se consideraron parte integral de la fe católica, se eliminaron o se les restó importancia. Veamos algunas de las costumbres que alguna vez caracterizaron a los católicos:

- **Ramilletes espirituales.** Un ramillete espiritual es un conjunto de oraciones que uno ofrece decir por otra persona como obsequio. Puede consistir en diez avemarías, diez padrenuestros, quince glorias, un rosario, cinco misas y cinco comuniones. La persona que ofrece el ramillete escribe las oraciones que dirá y firma el escrito en señal de promesa.
- **Escapularios.** Estos pedazos de tela de color café con blanco que cuelgan sobre el pecho, parecían grandes sellos postales unidos por dos cordones. Al representar la túnica de un monje, el escapulario sirve para recordarle a la persona que lo porta que ha sido llamada a una vida de oración.
- **Redención de los bebés paganos.** Éste era el término común para referirse a la práctica de introducir a los niños a las actividades misioneras de la Iglesia. A los niños se les motivaba a que ahorraran monedas hasta juntar cinco dólares. Con esta cantidad, podían seleccionar el nombre de un niño en Asia o África a quien los misioneros bautizarían a cambio de la donación.
- **Ofrecimiento de flores.** En un día primaveral de mayo, hacia el final del ciclo escolar, todo mundo se reunía para la ceremonia del ofrecimiento de flores a la Virgen. Los chicos llevaban pantalones blancos, camisa y corbata blanca. Las chicas usaban preciosos vestidos blancos con su respectivo velo. Se seleccionaba a una niña para que subiera por la escalera y colocara una corona de flores en la estatua de la Virgen María, mientras los asistentes cantaban "Oh, María, Madre mía. Oh, consuelo del mortal. Amparadme y llevadme a tu Reino Celestial..."

Estas ceremonias, realizadas fielmente durante décadas, dieron a los católicos una clara idea de lo que significaba pertenecer a una tribu en particular, es decir, ser católicos. Con el paso del tiempo, muchas de estas prácticas se han eliminado del portafolios católico, y para mucha gente, la pérdida de estas ceremonias ha enturbiado la idea de ser católico.

La asistencia a misa ha disminuido y, como se ha suavizado la definición del pecado, la gente ya no se forma en el confesionario el sábado por la tarde, como antiguamente se hacía en el ritual de fin de semana. El catolicismo perdió su absolutismo y para muchos también perdió la seguridad que ofrecía.

La Virgen María pierde el centro del escenario

Antes del Concilio Vaticano II, con frecuencia la gente preguntaba a los católicos por qué adoraban a la Virgen María. La respuesta era que no la adoraban, la veneraban. La razón que algunos pudieron tener para preguntar lo anterior se debía al lugar tan destacado que ella ocupaba en la vida católica. Con frecuencia, la devoción hacia ella rivalizaba con todas las demás ceremonias. Todas las misas sabatinas se le dedicaban. Muchas de las festividades principales en el calendario de la Iglesia eran para ella. Por lo general, a la hija mayor de una familia católica se le llamaba María.

La oración más estrechamente relacionada con María es el rosario y ha sido la favorita de muchos católicos durante mucho tiempo. La gente frecuentemente optaba por rezar el rosario durante la misa, en lugar de leer en su libro de oraciones.

En el Concilio Vaticano II, la Iglesia intentó restarle importancia a María, poniéndola en su lugar, por así decirlo. Con la atención centrada en la misa como principal interés católico, se pidió a los católicos ya no rezar el rosario durante su celebración. La veneración hacia la Virgen María se redujo enormemente, ya que el énfasis de la nueva liturgia estaba en Cristo y en las Sagradas Escrituras.

Los santos sufren

La devoción a los santos ha sido una de las prácticas favoritas de los católicos. Existe un santo para cada día del año, y se designa a cada uno de ellos como el patrono de casi todo, desde países y profesiones, hasta enfermedades. En el Concilio Vaticano II, la Iglesia intentó poner en orden su lista de santos, determinando quiénes de ellos tenían bases históricas y quiénes eran simplemente parte de las leyendas folclóricas de la gente. En este proceso, eliminó a muchos santos de sus registros. Al hacerlo, los jerarcas de la Iglesia descubrieron que la gente no estaba dispuesta a dejar ir a los santos.

Independientemente de que estos santos tuvieran o no una base histórica, las virtudes representadas en las historias sobre ellos eran importantes para los creyentes. Se habían convertido en parte de la mitología de la Iglesia y los líderes eclesiásticos no pudieron remediarlo. San Cristóbal, una figura muy amada en la mitología católica y popular entre los no católicos, fue uno de los santos retirados del directorio oficial. Sin embargo, la devoción hacia él ha continuado. Hoy en día, como siempre, la gente lleva medallas de San Cristóbal en su auto y se siente segura bajo su protección.

Atuendo formal: libertad para el clero

Con los cambios del Concilio Vaticano II, también cambió la relación entre el clero y la gente. Este cambio fue más notorio en la ropa del clero y demás religiosos.

Antes del Concilio Vaticano II, los sacerdotes llevaban trajes negros con alzacuello, tal como describimos anteriormente. Rara vez aparecían en público sin su indumentaria formal. La vestimenta de las monjas era todavía más distintiva.

Después del concilio se relajaron las reglas en cuanto a la forma de vestir. Muchas monjas salieron de los conventos para vivir de otras formas; incluso, algunas consiguieron empleos seculares. A los católicos les gustaba el hecho de que fuera sencillo identificar a los jerarcas religiosos y que la mayor parte de la comunidad les mostrara respeto. Mucha gente sintió que el cambio en el atuendo formal provocó la pérdida de respeto por la Iglesia y sus dirigentes. Otros sienten que el viejo estilo de vestir marcaba demasiado la separación entre los jerarcas y el pueblo al que servían.

Los números cuentan la historia

Los números contaron la historia de los cambios que enfrentó la Iglesia. Antes del Concilio Vaticano II, una parroquia grande generalmente tenía cuatro sacerdotes. Actualmente, muy pocas parroquias tienen más de uno y, en muchos casos, las parroquias son mucho más grandes.

Ha habido un gran éxodo de sacerdotes, monjas y hermanos del ministerio de la Iglesia desde los sesenta, y ha disminuido el número de personas que se entregan a la vida religiosa. Esta disminución de ministros del clero se considera consecuencia de la época y resultado del estricto apego al celibato surgido del Concilio Vaticano II. Muchas personas esperaban un cambio en esta regla.

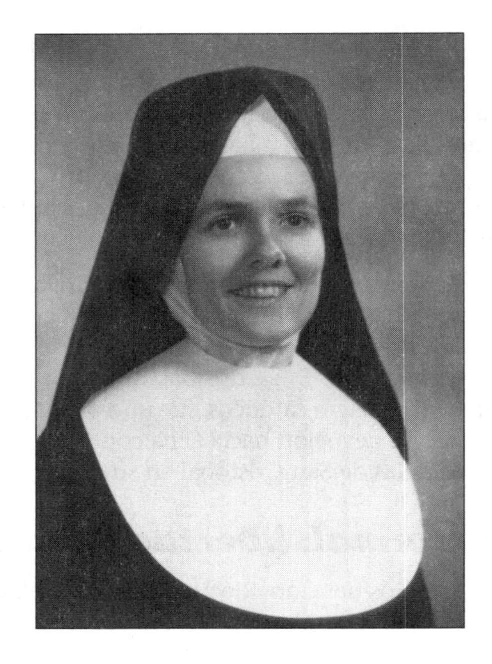

Hermana María Catalina, CSJ (Congregación de San José), con el hábito tradicional antes del Concilio Vaticano II.

(Fotografía del autor)

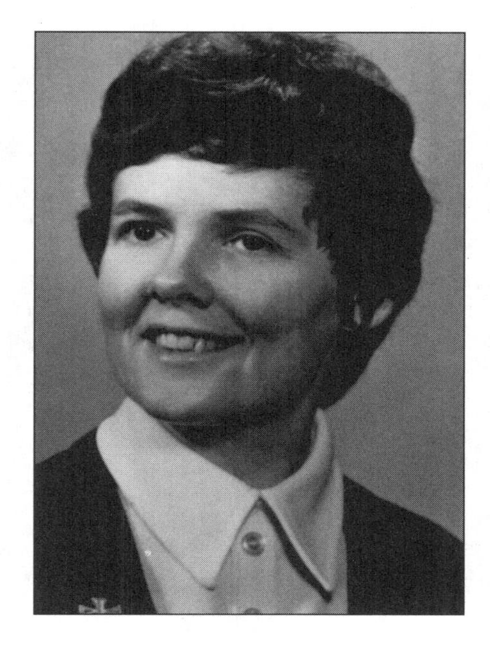

Aquí, la hermana María Catalina aparece con un estilo de vestir postconciliar.

(Fotografía del autor)

La disminución en las vocaciones religiosas es un gran desafío que enfrenta la Iglesia postconciliar. Muchos piensan que, a la larga, dicha escasez provocará que la Iglesia replantee su postura con respecto al celibato y a la ordenación de mujeres. Además, un punto importante del concilio era otorgar mayores responsabilidades al pueblo. Por supuesto, la disminución del personal eclesiástico ha causado mayor participación de los miembros laicos de la Iglesia.

Tan sólo hemos echado un vistazo rápido a la Iglesia antes y después del Concilio Vaticano II. Ahora regresaremos en el tiempo hasta los inicios de la religión y veremos cómo se ha desarrollado. Veremos sus raíces, la Biblia, a Jesús, y el comienzo de la jornada de sus seguidores.

Capítulo 5

Las raíces de la tradición

En este capítulo veremos cómo la religión católica apareció en escena dentro del contexto de la historia de la humanidad. Analizaremos experiencias, imágenes, relatos y reuniones que conforman el ritual, la doctrina y las reglas de la Iglesia Católica. Tal vez usted se sorprenda al descubrir que el origen de sus rituales se encuentra en ceremonias ancestrales dedicadas a la tierra, el aire, fuego y agua. Veremos la cultura y religión de judíos, griegos, romanos y celtas, y cómo influyeron en la formación de la Iglesia primitiva y cómo es que su influencia aún se siente en la Iglesia moderna.

El nacimiento oficial de la Iglesia es en Pentecostés, el día que, según las Sagradas Escrituras, los seguidores de Jesús se dirigieron a la comunidad para contar sobre su experiencia con Él. Pero la historia tiene raíces mucho más profundas que eso. La Iglesia se compone de muchos rituales antiguos que hablan del corazón, mente y obras de sus miembros.

Los rituales: la religión antigua, las raíces y la renovación

Uno de los distintivos de los católicos es su gran tradición en rituales y ceremonias. Para entender la religión, es útil comprender cómo funcionan los rituales para transmitir verdades espirituales. Nosotros no sabemos exactamente cómo ocurre, pero sí sabemos que los rituales sirven para revelar profundos significados espirituales para quienes participan en ellos.

La Tierra es la primera iglesia. Para llegar al centro de la religión católica, haremos un recorrido muy profundo por el corazón de nuestro planeta. Las raíces de esta vieja tradición se remontan muy al principio de la historia de la humanidad, antes de su nacimiento, muerte y regeneración. Desde el momento en que la humanidad concibió algo del poder o espíritu detrás de ellos, los temas elementales de la vida y la muerte se han representado una y otra vez en lo que se conoce como ritual. El ritual se originó como una forma de reforzar lo que intuitivamente ya sabíamos.

El término *judeo-cristiano* describe la conexión católica con la religión judía y reconoce nuestra historia común. Pero, incluso más antigua que esta tradición, es la cultura desarrollada por la gente que vivió en la Media Luna de las tierras fértiles, una antigua región formada por lo que ahora es Medio Oriente, Turquía y Grecia. Los pueblos de esta cultura, en algunas ocasiones llamados *paganos*, tenían sociedades desarrolladas, contaban con guarderías, fundaban ciudades, hacían artesanías, trabajaban los metales, oraban y disfrutaban de una vida productiva y artística. Algunos pueblos eran monoteístas, creían en un solo Dios, y otros eran politeístas, creían que Dios tenía muchas formas. Aunque sus culturas desaparecieron aproximadamente 1,100 años antes del surgimiento del catolicismo, aún quedan vestigios de ellos en los rituales que practicamos hoy en día.

Pagano es una palabra que originalmente se usó como término despectivo para describir a quienes vivían en el campo. Otra palabra para pagano hubiera sido campesino. El término posteriormente se utilizó para referirse a cualquiera que no fuera cristiano, musulmán o judío. El término pagano se aplica frecuentemente a los pueblos antiguos, en especial a los griegos y romanos. En un principio, la palabra pagano se aplicaba a quienes vivían en el monte. Ahora se aplica a la gente que se considera que adora falsos dioses. Según los eruditos modernos, ambos términos se consideran culturalmente indiferentes.

Palabras sencillas

Visitar de nuevo estos pueblos y explorar su fe es de vital importancia para entender el catolicismo, ya que, fundamentalmente, la religión se refiere a quiénes somos y el porqué de nuestra conexión con el Creador, así como de la forma en que los humanos han interactuado en el mundo a través de la historia. La palabra religión proviene del latín *religare*, que significa "atar de nuevo, con otro". La religión implica hacer una conexión con el pasado y aprender de la historia de las comunidades que vivieron antes de nosotros. Sus sociedades, sencillas y pacíficas, son una contribución importante a la historia de la humanidad. No podremos avanzar mientras no hayamos visto hacia atrás y conectemos su historia con la nuestra.

Por miles de años se creyó que toda la materia se componía de cuatro elementos: tierra, aire, fuego y agua. Estos elementos simbolizaron la presencia de Dios en la creación. Las estaciones y los ciclos de la naturaleza se trasladaban a nuestros propios procesos espirituales. Nuestra creatividad se conectaba con el Creador y se reflejaba en la abundancia de la tierra. Los cultivos de la tierra eran alimentados por el sol y la lluvia y producían alimento. El invierno era como la muerte: inevitable y parte de la vida. El ciclo de la naturaleza terminaba y se iniciaba nuevamente con la primavera. Se necesitaba morir para renacer. Las ceremonias para celebrar las estaciones del año estaban profundamente arraigadas en la mente humana; éstas confirmaban que la vida continuaría.

Una visita a la antigüedad

Imagine que usted es miembro de una tribu y que vive hace mil años. El verano está terminando; los días se hacen más cortos y un aire gélido cubre la mañana. La vid ya no produce frutos y a usted le preocupa el abastecimiento de alimentos. (Recuerde que esto es antes de la época del microondas y de las tiendas de abarrotes de la esquina. Cuando la comida se acababa, se acababa.) Si el invierno es tan largo y tan frío como lo fue el año pasado, ¿habrá suficiente comida?, ¿los ancianos y los niños tendrán cobijo?, ¿sobrevivirán al invierno? El invierno nos lleva a pensar en la muerte y también en la renovación.

En la actualidad, así como en el pasado, los rituales y los ritos analizan estos temas. En el pasado, los tamborileros se reunían en círculo fuera de la cueva y batían sus tambores al ritmo de los latidos del corazón para fortalecer el espíritu durante el invierno. Después, los danzantes giraban alrededor del fuego, haciendo eco de los tambores, moviendo las piernas y el cuerpo y para sentir la esperanza renovada hasta el corazón.

La fe se fortalece a través de los ritmos del *ritual* y de la representación de la *ceremonia*. Por ejemplo, en el bautizo encendemos una vela, lo cual representa nuestro ritual del fuego. Cuando se nos moja con el agua, nacemos a la nueva vida espiritual, de la misma forma en que alguna vez Dios nos dio la vida física a través de nuestra madre. Estamos conectados de manera sacramental con la renovación espiritual de Dios y renacemos.

Dentro de la Iglesia Católica, los rituales y las ceremonias celebran no el cambio de las estaciones como se hacía en la antigüedad, sino la presencia física de Cristo en la Tierra. Una creencia clave para los católicos es el hecho de que haya vivido entre los hombres, caminando y hablando con ellos en las experiencias cotidianas. Creen que Él nos mostró que Dios está, estuvo y estará siempre presente para su pueblo. Podemos sentir su presencia a través de toda la creación. Podemos entender que nos ama y nos cuida siempre. Dios está en la Tierra, nos proporciona alimento, cobijo y todas las cosas materiales que necesitamos para subsistir.

Los católicos se conectan con la presencia terrenal de Dios a través de la representación de los rituales. Gracias a dichos rituales, son capaces de sentir la presencia de Dios. El pan de la comunión se hace del trigo que crece en los campos. El ritual de la Eucaristía dice: "Aquí estoy contigo. Éste es mi cuerpo. Te alimentaré.

Así es como estaré íntimamente contigo". Este ritual mundano manifiesta la presencia física de Dios.

Los rituales son actos tribales. Se desarrollan en una comunidad. Sólo cuando encontramos una conexión con los símbolos de la fe, tenemos la certeza de su validez.

Las raíces judías

Como mencionamos antes, los católicos tienen una historia en común con los judíos. En hebreo, la palabra correspondiente a fe es *yada*, la cual los griegos tradujeron como *gnoskin*, que significa "saber". Para los judeo-cristianos, *yada* (saber) es algo que se relaciona más con el corazón que con la mente. *Yada* proviene de tener experiencias mundanas, no de permanecer alejado del mundo a una distancia intelectual. De hecho, la fe y el conocimiento son conceptos que requieren muchas vivencias para ser asimilados. La fe de un católico se expresa a través de hechos en el mundo, y sus raíces provienen de la tradición judía *yada*.

Para fortalecer y desarrollar esta fe, tanto los judíos como los católicos se basan en las Sagradas Escrituras. El término *Biblia* se utiliza para nombrar los escritos sagrados de los cristianos, pero contiene tanto las Sagradas Escrituras de los judíos como las de los cristianos. De hecho, la palabra Biblia proviene del griego *ta biblia*, que significa "los libros" y que describe bastante bien su contenido. Cuando el término se tradujo al latín, se eliminó el plural, dejándolo como "el Libro", tal como lo conocemos hoy en día.

Para los católicos y los judíos, las Sagradas Escrituras son inspiradas, lo que significa que tienen un origen divino y que proporcionan guía y consuelo, así como ese sentimiento tan especial de conexión con lo divino. Las Sagradas Escrituras contienen temas comunes, relatos y personajes que constituyen la identidad de una religión y a través de los cuales la religión interpreta los sucesos diarios. Estas narraciones y personajes constituyen un espejo en el que la gente puede ver quién es y de dónde viene, así como hacia dónde se dirige.

Paraíso perdido y paraíso encontrado

Para entender rápidamente a cualquier cultura del mundo, hay que observar cómo describe su propia creación. El relato de la creación de una cultura le da los fundamentos de sus creencias con respecto a Dios, al mundo y a sí misma. El relato judeo-cristiano de la creación se inicia en el Jardín del Edén.

El Génesis, el primer libro de las Sagradas Escrituras judías, explica que Dios se ha involucrado en un gran proyecto llamado Creación. Dios creó la tierra, el mar, el cielo, los animales, a Adán (el primer hombre) y a Eva (la primera mujer). En este libro, Dios ubica a los humanos en un hermoso jardín y satisface sus necesidades.

Los humanos caminan y hablan con Dios regularmente. Desde el principio del relato, a Dios se le considera personal y compasivo.

Dios establece sólo una condición a Adán y Eva. Les dice que no coman el fruto de cierto árbol. Una serpiente, que representa al mal, entra al jardín y los tienta a comer la fruta prohibida. Cuando comen la fruta, inmediatamente experimentan terribles consecuencias. Se interrumpe la estrecha relación que disfrutaban con Dios, y son, según dicen las Sagradas Escrituras, "expulsados del paraíso". Sin embargo, más adelante, en el Génesis, Dios promete a los hombres no olvidarse de ellos.

El peregrinar humano descrito en el Génesis inicia con trabajo arduo y pérdidas, pero también con una promesa de reunión. Los cristianos creen que Jesús representa la tan esperada reunión con Dios; aquélla prometida por Dios. He aquí lo que el relato del Génesis significa para los católicos en cuanto a su relación con Dios y a sus relaciones entre hombres y mujeres en la Tierra:

1. La creación tiene un plan general. Tiene sentido.
2. Fuimos creados a imagen y semejanza de Dios, lo cual significa que somos inteligentes, compasivos y creativos.
3. Existen leyes y reglas sagradas que debemos seguir.
4. Tenemos libertad de elección, y nuestras decisiones conllevan responsabilidades.
5. Dios es compasivo y estará con nosotros. Tiene una relación de alianza con el pueblo.

El relato de la creación en el Génesis transmite tanto un sentimiento de pérdida como de promesa. Este tema envuelve al cristianismo. En el judaísmo, esto se expresa como la alianza entre Dios y el pueblo. Los cristianos creen que Jesús es el cumplimiento del pacto.

La alianza

La idea de la *alianza* es el tema central en las escrituras hebreas del Antiguo Testamento. En la alianza entre Dios y los judíos, Dios promete permanecer fiel a su pueblo y éste, a su vez, le promete fidelidad. Este tema de la alianza se expresa en los siguientes relatos.

En el relato de Noé, Dios envía un diluvio para castigar a la gente. Noé se salva debido a que Dios juzgó que él y su familia eran personas justas. Cuando el diluvio concluyó, Dios trazó un arco iris en el cielo como símbolo de su promesa a la gente, los animales y la tierra, de que nunca volvería a mandar un diluvio para destruirlos:

> "Estableceré mi alianza con ustedes y con sus descendientes; y con toda criatura viviente que está con ustedes, las aves, el ganado y toda bestia; todos los

> que salieron del arca, incluso los animales salvajes. Establezco mi pacto con ustedes. Nunca más perecerá criatura alguna con aguas de diluvio; nunca más habrá un diluvio para destruir la Tierra". Y Dios añadió: "Ésta es la señal de la alianza que establezco entre nosotros y con toda criatura viviente que está con ustedes, por todas las épocas que están por venir: Pongo mi arco en las nubes, y será señal de la alianza entre la Tierra y Yo" Génesis (9, 9-13).

En una narración posterior, Dios prueba a Abraham pidiéndole que ofrezca a su hijo Isaac en sacrificio (Génesis 22, 1-19). Abraham se siente apesadumbrado, pero obedece a Dios y se prepara para matar a su hijo. Dios lo detiene y establece un pacto, prometiéndole que debido a su obediencia será el padre de una gran nación y que la tierra de Canaán sería suya por siempre.

Moisés recibe la Ley

En el monte Sinaí, Dios sella una alianza con todo el pueblo de Israel a través de Moisés, cuando a éste le entrega la Ley. Los católicos creen en la alianza como se presenta en las escrituras hebreas. Tanto el judaísmo como el catolicismo se basan en la idea de que Dios siempre está a nuestra disposición y que nosotros tenemos la opción de entablar una relación con Él. Mantener esta relación significa que tenemos la responsabilidad de vivir de acuerdo con sus leyes.

La Ley es el segundo tema central de la identidad judía. Los Diez Mandamientos son el corazón de la ley judía. Dios los entregó al pueblo a través de uno de sus líderes, Moisés. Los judíos no experimentan la ley como una obligación externa, sino como una expresión del amor de Dios. Dios le da a su pueblo la ley como un acto de amor, como su parte del trato. El pueblo la sigue como la parte de la alianza que les corresponde. A través de la obediencia de la ley (acciones correctas), los judíos saben del amor de Dios.

Los judíos eran un pueblo errante que no tenía tierra propia. Llevaban consigo la presencia de Dios en un trono portátil, el cual era guardado en un objeto llamado arca. El arca alojaba el trono y las Sagradas Escrituras que contenían la Ley, su pacto con Dios. Con el tiempo, cuando se establecieron en una tierra propia, pusieron el Arca de la Alianza en la parte más sagrada del templo. Entonces, el templo se convirtió en el lugar donde los judíos podían estar en contacto físico con la relación sagrada que denotaba la Ley de Dios.

Las escrituras hebreas hablan de "conocer al Señor". Esto significa que Dios toma la iniciativa, y el pueblo responde a este encuentro como ocurre en acontecimientos, en relaciones y en la creación. En otras palabras, dicho conocimiento se logra aquí y ahora, no de una manera etérea. Conocer al Señor es conocer la Ley y demanda obediencia a la voluntad de Dios.

De acuerdo con esta tradición, el que un católico conozca a Dios no es una posesión fija, sino una actividad. El conocimiento se desarrolla en la vida del católico como una obediencia y reflexión constantes. La fe no es un conjunto definido de creencias; es una relación continua con Dios.

Resumen de la influencia judía

Los siguientes aspectos importantes de la identidad católica provienen de las Escrituras hebreas:

- **Monoteísmo**. La creencia en un único Dios es básica para el catolicismo y para el judaísmo. Por desgracia, el monoteísmo en ocasiones conlleva la intolerancia de otras religiones.
- **Presencia de Dios**. El tema central del judaísmo es la alianza entre Dios y el pueblo. La fe es una respuesta viviente.
- **Libre albedrío**. Los católicos y los judíos creen que cada quien es responsable de sus actos. Los actos tienen consecuencias.
- **Ley moral**. El Antiguo Testamento constituye la base de la moral cristiana así como de la judía.

La diferencia principal entre el judaísmo y el catolicismo es que los cristianos creen que Jesús vino a cumplir con el pacto que señala el Antiguo Testamento.

Influencias de griegos, romanos y pueblos indígenas

Aunque la influencia de la fe judía se reconoce más fácilmente debido a que los católicos y los judíos comparten escritos sagrados, dos sobresalientes filosofías culturales, la griega y la romana, también influyeron en la formación de la Iglesia primitiva. Menos destacados, pero igualmente importantes, fueron los pueblos indígenas del Medio Oriente y sus tradiciones de los misterios.

Los griegos separan la mente del cuerpo

Lo que se conoce como la época de oro de Grecia estuvo llena de gloria; influyó en Jerusalén y sus alrededores por lo menos durante 300 años antes del cristianismo. La visión que tenían los antiguos griegos con respecto al mundo es paradójica. Por un lado, hicieron contribuciones importantes a la civilización occidental en el arte, la educación, la salud, la filosofía y las matemáticas; el orden y la belleza griegas, así como el amor por el pensamiento, son la base de nuestro concepto de cultura.

Por otro lado, la religión oficial griega se basaba en luchas de poder y predominio, en las que el dios Zeus establecía y mantenía su supremacía a través de actos de crueldad y barbarie. La filosofía griega se basaba en la creencia de que los hombres eran crueles, ambiciosos y egoístas. Los griegos tenían un sistema de clases muy estricto, en el cual se requería fuerza para ascender; fuerza que según los griegos era natural y correcta. El pensador con mayor influencia de la época fue Platón. Su sociedad perfecta era una en la que el fuerte dominaba al débil, y se convirtió en el modelo de la cultura griega.

Platón fue un filósofo griego que vivió 400 años antes de Cristo. En esa época y durante los siguientes 1,500 años, su pensamiento influyó tremendamente en el mundo griego y romano. La Iglesia interpretó las enseñanzas de Platón a su propia manera. Platón creía que el alma humana era eterna y que el aprendizaje ocurría cuando el alma recordaba su vida anterior. Entonces se unía con la idea eterna perfecta.

Platón creía que Dios era la forma ideal del bien y que la meta de los humanos era parecerse más a Dios. Su mundo ideal se componía de formas perfectas e incorruptibles contenidas como ideas. El mundo físico contrastaba tajantemente y se consideraba inferior a este mundo ideal y perfecto.

La filosofía de Platón es dualista, ya que divide tajantemente la realidad en dos partes: o mente o materia, en vez de mente y materia. En tiempos más recientes ha ocurrido un cambio en el pensamiento: de una u otra a ambas; esto puede parecer nimio, pero tuvo gran impacto en el desarrollo cultural del *mundo occidental*.

Esta dualidad entre el mundo espiritual y el mundo físico empezó a infiltrarse en la Iglesia desde el principio. Cuando el cristianismo se extendió del mundo judío al griego, se encontró con la mentalidad dualista. De acuerdo con la filosofía de Platón, para progresar y lograr la unión con Dios, debemos cambiar la imperfección del mundo material del cuerpo físico por el mundo perfecto de la mente. Esta filosofía hizo que los cristianos entraran en guerra con el cuerpo físico. En lugar de considerarlo sagrado por sí mismo, el cuerpo se consideraba un obstáculo para la naturaleza espiritual.

La fuerza y el poder romanos

Aunque, sin duda, los griegos dejaron una marca filosófica en el desarrollo de la civilización occidental, Roma gobernaba el mundo en la época de Cristo. Éste fue el mundo en el que se desarrolló la Iglesia. "Todos los caminos conducen a Roma" era un dicho de la época. Los caminos romanos corrían en ambas direcciones. Cuando la gente y las mercancías llegaban y salían de Roma, las ideas romanas, así como los soldados romanos, viajaban al exterior, influyendo en todas las áreas del mundo conocido. Si analizamos esto, concluiremos que el catolicismo se difundió ampliamente gracias al trabajo de los romanos en la construcción de caminos.

Los romanos adoptaron mucho de la cultura griega. Además, desarrollaron tecnología, arquitectura, administración, comercio y leyes. Esta combinación fijó las bases de la civilización occidental. Sin embargo, algunos elementos destructivos de la ley romana se encontraban en su mentalidad militarista. Los romanos desarrollaron una cultura patriarcal competitiva en la que se valoraban principalmente los triunfos en batalla, la fuerza física y la temeridad. Además, la abnegación y el servicio al Estado siempre fueron formas de lograr la excelencia en esta sociedad.

El aspecto guerrero del mundo romano influyó en la cultura de la época de la Iglesia primitiva en tres formas principales. Primero, Roma gobernaba con su indiscutible poder y fuerza. Lo que decretaba, se convertía en ley. Segundo, Roma respaldaba sus leyes con la autoridad de su milicia. Por último, Roma tenía un sistema jerárquico con el que se formaba a los militares.

En sus primeros 100 años, la nueva Iglesia luchó por sobrevivir en medio del caos romano. Cuando el catolicismo se convirtió en la religión del Imperio Romano, la Iglesia se modeló a sí misma con ideas griegas y con el sentido romano de la ley.

La Iglesia adaptó el sistema jerárquico y patriarcal para el clero, poniéndolo por encima del pueblo al que servía. La más alta jerarquía la tenía el Obispo de Roma, ya que Roma era el centro de todas las cosas. La influencia romana trajo fortaleza y unidad a la reciente Iglesia, pero también generó problemas.

Dos importantes conceptos que se entretejieron en la Iglesia en sus primeros años fueron el patriarcado y la jerarquía. El patriarcado es una sociedad dirigida por ancianos con autoridad sobre sus miembros. La jerarquía constituye un sistema de rangos donde un grupo de personas o cosas se ordenan de acuerdo con su rango, grado o clase, y de esa manera se otorgan los privilegios.

Los problemas heredados del paradigma patriarcal y jerárquico son las formas de dominio social, religioso y ecológico que creó. Esta visión del mundo apoya y promueve la conquista del fuerte sobre el débil, la explotación del rico hacia el pobre, el gobierno de los hombres sobre las mujeres y los niños, y una sociedad humana que domine la tierra. Encontró su expresión racial en el dominio de la gente de piel blanca sobre la de piel oscura.

En esta visión jerárquica, cada orden tiene autoridad sobre aquellas que se encuentran por debajo de ella. De manera exclusiva, el poder fluye de arriba hacia abajo. Si se utiliza un círculo, esto puede compararse con una visión comunal. El círculo representa la divinidad y contiene a todos los demás grupos. Las ocho rebanadas del pastel representan cada uno de los reinos: el mineral, el vegetal, el animal, los niños, las mujeres, los hombres, los santos y los ángeles. La visión del círculo es relacional, todos los grupos coinciden en el centro. Esto se basa en la igualdad y en el poder compartido.

La visión jerárquica es menos relacional, ya que cada reino sólo toca al que está a su lado. La primera Iglesia se formó en comunidades que se representan por el paradigma comunal. Cuando la Iglesia experimentó la influencia de los políticos romanos, su institución se desarrolló de acuerdo con la forma jerárquica.

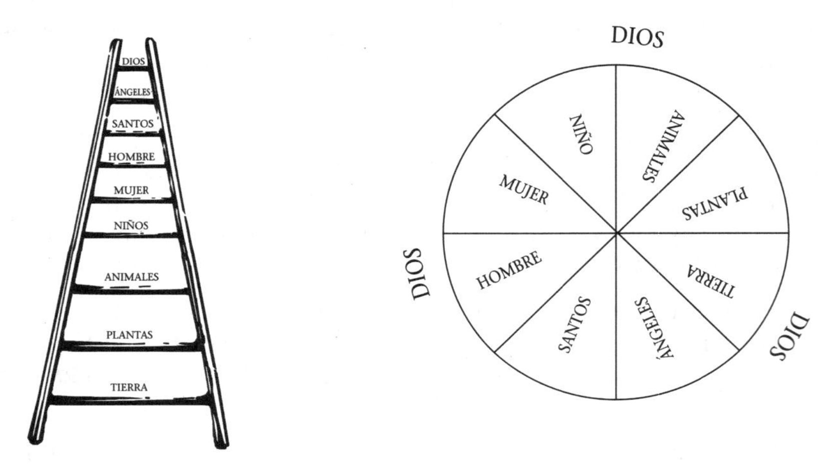

Visión del mundo jerárquica y comunal.

(Bob O'Gorman y Mary Faulkner)

Pueblos indígenas de la Europa occidental

Es probable que quienquiera que tenga raíces familiares en Europa central y occidental comparta una herencia común. Las tribus que vivían a las orillas del mundo romano existieron hace más de 3,000 años por toda Europa, pero fueron absorbidas progresivamente por el imperio, conforme éste se expandía hacia sus tierras. Muchos fueron capturados y esclavizados, yendo a vivir a casa de sus captores. Aunque las tribus no estaban unidas de manera alguna, compartían creencias, lenguajes y prácticas similares.

Cada tribu era diferente de las demás; tenía su propia identidad, sus propios dioses, sus propias leyes y sus propias costumbres. A diferencia de los romanos y los griegos, estos pueblos tenían una visión integral del mundo. No separaban la religión de sus actividades cotidianas; celebraban la presencia mística de Dios en el mundo natural. El concepto de la presencia de Dios en la vida diaria era una realidad para ellos, ya que sus dioses y diosas vivían con ellos en la naturaleza.

La contribución de los pueblos indígenas a la Iglesia Católica fue la concepción mística del mundo, en el que la lógica y el orden no siempre prevalecen. Esta concepción es la base de una estructura de fe, que cree en la presencia de Dios a través de su hijo, Jesucristo. En cuanto fe, desafía a la ciencia y no puede justificarse ampliamente con la historia. De muchas formas, la Iglesia Católica, aunque posee una base teológica ampliamente desarrollada, conserva lo que se conoce como religión de misterios. Lo que se pretende decir con esto es que los católicos aceptan completamente que muchas de sus doctrinas no pueden entenderse o aceptarse más que a través de la fe.

Influencias culturales

La influencia de otras tradiciones y culturas sobre el desarrollo de la Iglesia Católica primitiva se delinea en la siguiente tabla.

Influencias culturales	Intervalo	Contribuciones
Judaísmo	1800 A.C.—70 D.C.	Amor a la ley; estructura patriarcal; monoteísmo; Dios presente ante su pueblo; una rica tradición escrita en las Escrituras hebreas.
Griegos	332 A.C.—141 D.C.	Amor al pensamiento; dualismo; estructura jerárquica; la esperanza de un mundo mejor; autoridad fuera de sí mismo; pérdida del conocimiento intuitivo.
Romanos	63 A.C.—600 D.C.	Autoridad; ejecución militar de las reglas; estructura jerárquica; capacidad de influir en mucha gente a través de la expansión romana.
Tribus indígenas	3000 A.C.—300 D.C.	Amor y lealtad a los líderes; misterio, misticismo y símbolos; presencia real de Dios en el mundo; comunidad; conocimiento intuitivo.

Ahora que usted conoce los puntos principales que rodearon los inicios de la Iglesia Católica, está listo para ver cómo se desarrolló la religión más importante del mundo. Pero antes veamos la fuente documental de la historia de la religión de los católicos: la Biblia.

Capítulo 6

La Biblia

En el capítulo anterior explicamos que los relatos del Antiguo Testamento crearon las bases del concepto católico de su relación con Dios. Este capítulo analiza el funcionamiento de la Biblia como almacén de información sagrada de la Iglesia. ¿Quién escribió los textos sacros? ¿Cuáles fueron sus razones para hacerlo? ¿Cómo es que la Iglesia decidió lo que se consideraría texto sagrado? Para descubrir las respuestas a estas preguntas, siga leyendo.

Las Sagradas Escrituras

La *Biblia* es el libro sagrado de los judíos y de los cristianos. La Biblia, como la conocemos actualmente, se divide en dos partes. La primera parte, el Antiguo Testamento, es el registro escrito de los judíos, desde Abraham (1800 A.C.) hasta los Macabeos (168 A.C.) y constituye las Sagradas Escrituras hebreas. La segunda parte de la Biblia cristiana es el Nuevo Testamento, el cual contiene la vida y obra de Jesús, así como la experiencia de la fe que vivieron los primeros cristianos, hasta alrededor del año 100 D.C.

La palabra *testamento* significa acuerdo, y se refiere a la creencia de que Dios, el creador de la vida, ha iniciado una relación personal con sus criaturas. Antiguo Testamento es el nombre cristiano del acuerdo que Dios realizó con los hebreos, porque ellos eran el pueblo elegido, al que revelaría su amor. Los cristianos creen que, en Jesús, Dios se ha mostrado de una nueva forma. Ellos creen que Jesús es humano (totalmente accesible para todos) y divino (actúa completamente como Dios). También creen que lo que Jesús enseña acerca de Dios y de su amor por la humanidad es un nuevo testamento. Los católicos creen que la Biblia es la "palabra de Dios", inspirada por el Espíritu Santo y escrita por humanos. Consideran ambos testamentos como una sola Biblia, y no como dos.

Como todas las buenas narraciones, la Biblia tiene una trama. La trama principal gira en torno al amor de Dios por los hombres y a su voluntad de estar con ellos. Comienza con el Génesis cuando Dios dice: "Hágase la luz", y finaliza en el libro del Apocalipsis con una oración: "Ven, Señor Jesús". En el medio, hay un constante diálogo entre Dios y el hombre, ricos relatos y un gran reparto de personajes.

El Antiguo Testamento

El Antiguo Testamento es una parte esencial de las Sagradas Escrituras de los católicos, quienes creen que los libros que éstas comprenden son de inspiración divina. El Antiguo Testamento es más que un libro de historia o de cultura. Es un libro de religión: el testimonio del encuentro de Israel con Dios y de su respuesta fiel hacia Él. Como el peregrinar de fe de los judíos, el Antiguo Testamento es una historia sagrada tanto para judíos como para cristianos. Buscan en estas narraciones una guía para los sucesos de la vida. A fin de cuentas, las narraciones revelan el significado de la vida humana. Los 46 libros del Antiguo Testamento contienen las enseñanzas de Dios, así como su sabiduría en cuestiones de la vida humana. Éstos son una mina de oraciones.

El Antiguo Testamento se formó gradualmente; sus libros fueron redactados a lo largo de muchos siglos. El *Pentateuco* está formado por los primeros cinco libros del Antiguo Testamento: Génesis, Éxodo, Levítico, Números y Deuteronomio. En hebreo, estos cinco libros son llamados *Torah*. En una traducción es difícil captar el significado de la palabra Torah, pero un significado cercano es ley, y tal vez uno mejor sea "enseñanza". La Torah contiene la guía divina de Dios para el peregrinaje del pueblo judío. Las enseñanzas persisten todo el tiempo. Más que nada, la Torah es una expresión del amor de Dios y se resume en la frase: "Yo seré su Dios, y ustedes serán mi pueblo". Entonces, como tal, la ley de Dios es la expresión judía de amor y respuesta.

Los eruditos judíos, protestantes y católicos concuerdan en que los libros conocidos como Pentateuco provienen de diferentes fuentes. Casi 200 años de estudio han determinado cuatro principales corrientes literarias, las cuales se identifican como sigue:

> Una fuente judía, que llama Yahvé a Dios y que fue escrita aproximadamente en el año 950 A.C.
>
> Una fuente del norte de Israel, que prefiere llamar Elohim a Dios, y cuya escritura data aproximadamente del año 850 A.C.
>
> Una fuente que refleja el estilo y la teología del periodo de reforma de Josías, alrededor del año 650 A.C. y posteriores.
>
> Una fuente de la época del exilio babilónico, hacia el año 550 A.C.

Estas distintas corrientes, cada una con una perspectiva diferente en los relatos, se combinaron en una forma final que surgió aproximadamente en el año 400 A.C. El Antiguo Testamento finaliza en lo que algunos han descrito como un drama inconcluso. De acuerdo con las creencias de muchos judíos, éste conduce al Talmud (libro de los judíos con las tradiciones que se deben observar) y a la constante espera del Mesías. De acuerdo con los cristianos, el relato conduce a Jesucristo, quien vino a cumplir con la ley, no a destruirla.

El Nuevo Testamento

El Nuevo Testamento es la historia del hijo de Dios, Jesucristo, de sus enseñanzas, de su muerte y resurrección, y de los primeros 100 años de vida de la Iglesia. Como el Antiguo Testamento, el Nuevo Testamento también se formó gradualmente. Cuando las comunidades cristianas empezaron a expandirse a otras partes del Imperio Romano, específicamente a las tierras que rodeaban la cuenca del Mediterráneo, los seguidores de Jesús llevaron consigo las memorias del tiempo que pasaron con Él. Ellos habían sido testigos de primera mano de los acontecimientos, e instruían a los demás sobre la vida y obra de Jesús. Sin embargo, no escribieron nada acerca de dichos sucesos. Conforme fueron muriendo los primeros testigos, se hizo notorio que alguien tenía que registrar la información.

El primer material escrito consistía en las cartas de Pablo a las diferentes comunidades creyentes; los primeros cristianos difundieron estas cartas. Pablo era un convertido a la nueva religión y fue el primer misionero; fundó iglesias por todo el Mediterráneo. Escribió cartas a estas comunidades ofreciéndoles su guía, aproximadamente entre los años 52 a 64 D.C., y son las primeras piezas del Nuevo Testamento. Sus cartas, llamadas *epístolas*, ofrecen instrucciones prácticas y valiosas a la nueva Iglesia para vivir de acuerdo con las enseñanzas de Cristo.

Después fueron escritos los evangelios, que son los libros de Mateo, Marcos, Lucas y Juan. Los evangelios son el corazón del Nuevo Testamento. Evangelio significa "buenas noticias" (en griego) y los evangelios de la Biblia contienen importantes relatos de la vida y las enseñanzas de Jesús. Entre los años 70 y 100 D.C., la comunidad reconoció cuatro evangelios como los más auténticos, ya que parecían estar escritos por quienes estuvieron más cerca de los apóstoles. Los eruditos piensan que éstos se desarrollaron en cuatro importantes comunidades del mundo cristiano. El de Marcos fue escrito en Roma, el de Mateo en Jerusalén, el de Lucas en Antioquía, y el de Juan en Éfeso.

Las comunidades que produjeron el material del Nuevo Testamento funcionaron como escritores y editores. El papel de los escritores (evangelistas) era el siguiente:

1. **Seleccionadores.** De entre las muchas cosas que hizo Jesús, eligieron lo que querían incluir y aquello que querían destacar.

2. **Organizadores.** Organizaron el material en bloques, por lo general por temas en lugar de cronológicamente.
3. **Formadores.** Adaptaron sus fuentes y narraron sus relatos de tal forma que destacara lo que ellos querían resaltar.
4. **Teólogos.** Reflejaban el significado e importancia de los sucesos, a la luz de su creencia en Dios y en Jesús.

Mateo, Marcos y Lucas constituyen los *Evangelios sinópticos*. Esto significa que vieron los mismos sucesos y los describieron en forma similar. Los eruditos, por lo general, concuerdan en que los cuatro evangelios se escribieron en griego y que se basaron en las narraciones que se contaban sobre Jesús y su vida.

El evangelio de Juan reporta muchos incidentes que no se mencionan en los demás relatos. De igual manera, algunos de los acontecimientos mencionados en los Evangelios sinópticos no aparecen en el de Juan. Él les da un orden diferente y da diferentes fechas para la Última Cena y para la crucifixión. En general, se cree que el material de Juan fue escrito después de los Evangelios sinópticos y no se sabe si él los conocía cuando escribió el suyo.

Todos los evangelios difieren uno del otro en términos del autor, la época en que se escribieron y el propósito. Aunque cada evangelio es un retrato de Jesús, diferente y único, ninguno nos dice todo lo que necesitamos saber sobre Él. Para tener una idea más completa de Jesús debemos considerar los cuatro evangelios en conjunto.

Alrededor del año 70 D.C., un acompañante del apóstol Pedro, llamado Marcos y algunas veces Juan Marcos, probablemente escribió el evangelio atribuido a Marcos. Éste es el primer evangelio. Se le conoce como el "Evangelio de los hechos" debido a que Jesús siempre está en movimiento. Éste hace énfasis en la humanidad y el sufrimiento de Jesús, y lo describe como el Mesías no reconocido. Estaba dirigido a los miembros no judíos de la Iglesia que vivían en Roma.

Es probable que Lucas, un médico no judío, haya escrito este evangelio que resalta la importancia del Espíritu Santo en la vida de Jesús, alrededor del año 85 D.C. En los relatos sobre los milagros muestra la compasión, misericordia y preocupación de Jesús por los pecadores. Ésta es la primera parte de un trabajo de dos; la segunda parte son los Hechos de los Apóstoles (la historia del comienzo de la Iglesia). Aparentemente fue escrito para cristianos no judíos y, por cierto, adinerados. Su mensaje parece ser la universalidad del cristianismo y muestra a mujeres y a pobres en papeles importantes.

El de Mateo, escrito aproximadamente en el año 90 D.C. por judíos convertidos al cristianismo, resalta a Jesús como la realización de la promesa hecha por Dios en las Sagradas Escrituras hebreas. Muestra el papel de Jesús como maestro y predicador, y habla de las responsabilidades de los seguidores de Jesús.

Probablemente, el evangelio de Juan fue escrito por seguidores de este amado discípulo de Jesús alrededor del año 95 D.C. Éste refleja una sofisticación teológica y se le considera más poético y más espiritual que los demás relatos. Presenta a Jesús como "el Verbo de Dios", y resalta la presencia de Dios como cuerpo y sangre entre nosotros: su encarnación. Impulsa al lector hacia la fe, haciendo énfasis en que la fe proviene de Dios y en que está más presente cuando el creyente no tiene una evidencia manifiesta de Dios. Juan crea imágenes poéticas y memorables de Jesús como la de la vid y la del buen pastor.

El canon: ¿cómo sabemos cuáles textos son sagrados?

El canon de la Biblia se refiere a la lista definitiva de los libros que se consideran revelaciones divinas, y que están incluidos en el texto. Se seleccionaron libros ligeramente diferentes en el canon católico que en el protestante. Los católicos tienen 46 libros en el Antiguo Testamento y los protestantes tienen 39. Ambas denominaciones aceptan 27 libros en el Nuevo Testamento, lo que da un total de 73 y 66 libros, respectivamente.

¿Cómo se juntaron los escritos de los discípulos para formar el canon del Nuevo Testamento, la colección de libros que la Iglesia reconoce como genuinos y como Sagradas Escrituras inspiradas por Dios? Los jerarcas de la Iglesia, guiados por la autoridad del Espíritu, determinaron qué libros son inspiración de Dios. El proceso de canonización se llevó mucho tiempo. Existían muchos evangelios y epístolas cuestionables. Un examen cuidadoso, devoto y reflexivo, demostró cuáles libros eran genuinos y cuáles eran falsos. En el Concilio de Roma, en el año 382, el papa Dámaso estableció los libros del canon actual. En esa época, el canon se cerró y ya no se incluyó ningún otro libro. He aquí los libros canónicos:

El Antiguo Testamento

- **El Pentateuco.** Génesis, Éxodo, Levítico, Números y Deuteronomio.
- **Los libros históricos.** Josué, Jueces, Rut, I y II de Samuel, I y II de los Reyes, I y II de las Crónicas, Esdras, Nehemías, Tobías, Judit, Ester, y I y II de los Macabeos.
- **Los libros de la sabiduría.** Job, Salmos, Proverbios, Eclesiastés, Cantar de los Cantares, Sabiduría, Eclesiástico (también conocido como Sirácides).
- **Los profetas.** Isaías, Jeremías, Lamentaciones, Baruc, Ezequiel, Daniel, Oseas, Joel, Amós, Abdías, Jonás, Miqueas, Nahum, Habacuc, Sofonías, Ageo, Zacarías y Malaquías.

El Nuevo Testamento (entre paréntesis: número total de capítulos/número total de versículos de cada libro)

- **Los evangelios**. Según Mateo (28/1,071); según Marcos (16/678); según Lucas (24/1,151) y según Juan (21/878).
- **Hechos de los Apóstoles** (28/1,008).
- **Trece epístolas atribuidas a Pablo**. Escritas a comunidades e individuos específicos en las siguientes ciudades: a los Romanos (16/433); I a los Corintios (16/437) y II a los Corintios (13/257); a los Gálatas (6/149); a los Efesios (6/155); a los Filipenses (4/104); a los Colosenses (4/95); I a los Tesalonicenses (5/89) y II a los Tesalonicenses (3/47).
- **Cartas a jefes cristianos específicos** (las primeras tres son conocidas como epístolas pastorales): I a Timoteo (6/113) y II a Timoteo (4/83); a Tito ((3/46); a Filemón (1/25).
- **Un sermón bíblico**, en el que ni el autor ni la audiencia están explícitamente mencionados: a los Hebreos (13/303).
- **Siete epístolas** que se atribuyen a los primeros apóstoles, y que están escritas a audiencias más generales: la Epístola de Santiago (5/108); la I de Pedro (5/105) y la II de Pedro (3/61); la I de Juan (5/105), la II de Juan (1/13) y la III de Juan (1/14); la de San Judas (1/25).
- **El Apocalipsis** en el libro de la Revelación (22/404).

Creencias católicas con respecto a la Biblia

Los católicos mantienen las siguientes creencias con respecto a la Biblia:

- La Biblia contiene tanto las escrituras hebreas como las cristianas, como un solo libro.
- Las Sagradas Escrituras son la palabra inspirada de Dios. Dios es el autor, ya que Él inspiró a sus autores humanos.
- La Iglesia Católica acepta como inspirados los 46 libros del Antiguo Testamento y los 27 libros del Nuevo Testamento.
- Los cuatro evangelios ocupan un lugar importante en la Biblia, ya que se enfocan en Jesús.
- La unión de los dos testamentos revela todo el plan de Dios.

No existen los textos originales de las Sagradas Escrituras. Los primeros manuscritos se escribieron en pergaminos y posteriormente fueron copiados por monjes. Cuando el latín se convirtió en el lenguaje comúnmente utilizado, los manuscritos se tradujeron de los textos griegos al latín.

A partir del Concilio Vaticano II, los católicos disponen de nuevas traducciones de la Biblia y se ha impulsado el estudio de las Sagradas Escrituras. Se realizan investigaciones que contribuyen al cuerpo del conocimiento en torno a estos textos sagrados. Actualmente, se publican Biblias con la colaboración de eruditos judíos, católicos y protestantes. En lugar de implicar una separación, la Biblia se ha convertido en un punto de encuentro entre las distintas religiones.

¿Qué lugar ocupa la Biblia para los católicos?

Los católicos encuentran constantemente estímulo y fortaleza en las Sagradas Escrituras. Los cuatro evangelios ocupan un lugar único en la Iglesia, y se leen cada vez que se celebra la misa.

La Iglesia Católica entiende que Dios se comunica en las Sagradas Escrituras de un modo humano. Para interpretar correctamente las Sagradas Escrituras, usted debe escuchar lo que sus autores quisieron decir y lo que Dios quiso revelar a través de sus palabras. Para hacerlo, usted debe conocer algo de la cultura, el estilo literario y las épocas en que se escribieron.

La Iglesia distingue entre dos interpretaciones de las Sagradas Escrituras: la literaria y la espiritual. El significado literario (o erudito) se descubre a través de las reglas válidas de interpretación. El significado espiritual viene a través de la comprensión de los niveles alegóricos, morales y simbólicos de los relatos escriturísticos.

Se entiende que las Sagradas Escrituras tengan significados paralelos (alegóricos): así, el cruce del Mar Rojo pudo ser una señal de la victoria de Cristo y también del Bautismo cristiano. También se interpretan con un sentido moral, si se considera que nos conducen hacia las buenas acciones. Por último, el nivel simbólico revela un significado espiritual o místico.

La Iglesia Católica enseña que la interpretación de las Sagradas Escrituras corresponde finalmente a la Iglesia. Ésta cree que es tarea de los eruditos escrituristas trabajar para conocer y explicar cada vez mejor el significado de las Sagradas Escrituras.

Ahora que usted ya tiene las bases para comprender la Biblia como la fuente de la fe de los católicos, continuemos y conozcamos a quien se debe el verdadero surgimiento del catolicismo: Jesús.

Capítulo 7

El nacimiento y el espíritu de una nueva religión

La Iglesia Católica, tan estable y poderosa como puede parecer hoy en día, tuvo un comienzo difícil, y su historia, larga y fascinante, ha tenido muchos altibajos. Este capítulo se enfoca en Jesús y muestra cómo su mensaje se convirtió en religión, cómo se organizó esta religión y cómo sobrevivió a la persecución. Ahora le llevaremos al punto en donde se volvió una religión establecida y en la fuerza clave de la civilización occidental.

¿Cómo sabemos lo que sabemos sobre Jesús?

Los discípulos de Jesús recopilaron las referencias históricas de Jesús y sus enseñanzas, pero dichas referencias no se escribieron formalmente sino hasta una o dos generaciones después de su muerte. Estos escritos fueron las interpretaciones de sus discípulos con respecto a las enseñanzas y experiencias que vivieron con Él.

Muy pocas cosas se conocen sobre la verdadera historia de Jesús. Nosotros sabemos que alguien como Él vivió y predicó en Galilea, una región al norte de Israel, y en Jerusalén. Alguien como Él fue crucificado en Israel, probablemente por una combinación de cargos: blasfemia en contra de los líderes religiosos judíos y traición en contra de las autoridades romanas. El resto de lo que se conoce sobre Él proviene de las narraciones que contaron sus discípulos, y del significado que ellos le dieron a dichos relatos.

La fuente de Galilea

¿Quién fue Jesús? Jesús fue un predicador y maestro judío que vivió y enseñó en Galilea. Pero, "Jesús el Cristo" es más una descripción que un nombre. Jesús es la versión latina del griego *Iesous*, que a su vez es una forma del nombre hebreo *Y'shua*.

Cristo no es un nombre, sino un título que proviene de la palabra griega *Christos*, la cual significa "el consagrado", traducida de la palabra hebrea *mashiah* (mesías). Mesías es un término que se aplica a un personaje de gran importancia, elegido o "consagrado" por Dios. Como indica su propio nombre, Jesús vivió en las civilizaciones judía, griega y romana.

A diferencia de Jerusalén, Galilea no era un centro cultural o religioso particularmente importante para los judíos. De hecho, a los judíos que vivían alejados del templo en Jerusalén se les consideraba ignorantes y relajados en cuestiones religiosas. En la sociedad de aquel entonces, los que no eran judíos despreciaban a los judíos, y hasta los judíos de Jerusalén despreciaban a los judíos galileos como Jesús.

Sin embargo, a su propia manera, Galilea era una región natural para el surgimiento de una nueva religión. Era un lugar donde se cruzaban naturalmente las rutas internacionales de viaje, y la gente de muchas naciones se reunía ahí: fenicios, sirios, árabes, griegos, asiáticos, así como judíos. Estos contactos internacionales significaban que las ideas fluían allí desde los cuatro extremos del mundo conocido. Su distancia de Jerusalén, donde prevalecían la ley y enseñanza judías, le proporcionó la libertad de pensamiento que no hubiera tenido cerca del templo. Su gente sabía relativamente poco sobre la ley judía, pero se guiaba por el sentido común y la prudencia. El pueblo practicaba una fe judía que era más sencilla y espontánea que la de la gente culta de Jerusalén, y estas cualidades influyeron mucho en las enseñanzas de Jesús.

Jesús el judío

Jesús mismo era un poco diferente. Debido a que creció en contacto con una variedad de gente y culturas, posteriormente invitó a esa diversidad a su propio círculo. Él rompió las reglas culturales y de clases al introducir a sus filas a pescadores, recolectores de impuestos y mujeres.

Pero no hay que equivocarse: Jesús nació, vivió y murió como judío. Su comunidad, los judíos, se relacionaba con Dios en dos formas: observando la ley y visitando el templo. Jesús y sus discípulos provienen de esta intensa forma de vivir la fe judía y su relación con Dios.

¿Qué es lo que a la gente le parece tan interesante de Jesús y sus enseñanzas? Jesús afirmaba tener una relación muy especial con Dios, la cual decía poder compartir con todos. Esta nueva forma de conexión se apreciaba en la forma tan íntima de dirigirse a Dios: *Abba* ("mi querido padre"). Su relación con Dios era sencilla y directa y, lo más importante, estaba al alcance de todos. Los discípulos de Jesús consideraban que compartían esta intimidad especial o presencia de Dios, exactamente como Jesús lo hacía.

El amor de Dios que experimentó Jesús fue tan convincente que dedicó toda su vida en la tierra a llevar a otros lo que llamó "el Reino de Dios". Primero, sus predicaciones se enfocaban en los males de su sociedad: pobreza, hambre, enfermedad e injusticia. Segundo, demostró la voluntad de estar con la gente. Vivió y caminó entre ella. No parecía exigirle nada a la gente y le hablaba de lo mucho que Dios la amaba. La gente comenzó a percatarse de esto y comenzó a seguirlo fielmente.

Las historias importantes de los cristianos

Todas las religiones tienen sus grandes sagas. Las importantes para los judíos son: Adán y Eva y el relato de la creación, Abraham y el pacto, y Moisés y la Ley. Los cristianos también tienen sus propias versiones que revelan algo especial y profundo de los sucesos históricos. Tienen tres grandes historias sobre Jesús: su nacimiento, su muerte y resurrección, y su constante presencia en la comunidad que vive después de Él.

El cumpleaños de Jesús: la Navidad

La historia narra que Jesús nació en Belén y que fue el hijo de María y José, una joven pareja de Galilea, aclarando desde el principio que algo verdaderamente importante iba a ocurrir. La noche que nació Jesús los ángeles comenzaron a cantar. Algunos pastores los escucharon y fueron al lugar donde se encontraba el bebé. Ellos se inclinaron, en señal de reverencia, porque instintivamente supieron que estaban ante "el grande". La noticia de su nacimiento viajó rápidamente por todos lados. Reyes y sabios de tierras lejanas vieron una estrella en el cielo oriental y fueron a buscarlo.

El padre de Jesús, José, se ganaba la vida con las manos, trabajando de carpintero. Se supone que Jesús creció trabajando en el taller de su padre y que no recibió educación formal.

Sin embargo, cuenta la historia que cuando visitó el templo en Jerusalén a la edad de 12 años, impresionó a los eruditos con su conocimiento y comprensión de la ley judía. No se sabe nada de él hasta que empezó su vida pública de predicador, a la edad de 30 años. La mayoría de las actividades de su vida pública ocurrieron alrededor de Galilea y en el camino a Jerusalén. Su vida terminó a la edad de 33 años.

Su misión, muerte y resurrección

Desde el inicio de su vida pública, Jesús asombró a todos los que estuvieron en contacto con él. Para los líderes judíos, él era un advenedizo inculto, un patán pueblerino de Galilea. Sin embargo, asombraba a todos con su conocimiento y sabiduría. Su actitud de acoger a aquellos que la sociedad había rechazado fue un desafío para los dirigentes judíos de aquella época. Los judíos han sufrido mucho y han sobrevivido como una cultura y religión, asegurándose de permanecer puros y auténticos ante la Ley. Jesús invitó a todos a entablar una relación con Dios y puso sus enseñanzas al alcance de todos los que las quisieran. Él tenía un mensaje de liberación, y vivía con esta actitud, la cual era afectuosa, humilde y compasiva.

Las historias narran que hizo *milagros*. Su primer milagro ocurrió en la celebración de una boda en Caná, al convertir el agua en vino para evitar la vergüenza de su anfitrión, quien se estaba quedando sin vino para sus invitados. Sus discípulos, algunos de ellos pescadores, decían que tenía el poder de calmar al mar, de caminar sobre el agua y de saber en dónde debían tender sus redes para atrapar la mayor cantidad de peces. Se dice que convirtió una pequeña cantidad de peces y pan en suficiente comida para alimentar a 5,000 personas que se habían reunido para escucharlo hablar. Curó personas de diferentes padecimientos físicos e incluso resucitó a algunas. Después de tres años de predicar y enseñar en Galilea, Jesús salió de los alrededores del mundo judío y se dirigió hacia Jerusalén.

Jerusalén era el símbolo del poder de los judíos. Todo ahí tenía un significado religioso. Era la ciudad santa, el sitio del Templo, y el punto de referencia de la identidad y pertenencia judías. También era elitista y el centro del poder que oprimía y excluía a mucha de su gente. Jesús llevó su mensaje a Jerusalén, el cual atacó el concepto mismo de elitismo, para confrontar a los poderosos del lugar. Con su filosofía sencilla y sus acciones disconformes, los obligó a jugar. Las autoridades lo hicieron arrestar, acusándolo de sedición, ya que había cuestionado la autoridad romana, y de blasfemia, pues afirmaba ser el Hijo de Dios. Cuando dijo esto, afirmó tener una relación especial con Dios y que todos también la teníamos. Todos somos hijos de Dios.

El juicio contra Jesús fue rápido y se le sentenció a morir según un método romano de ejecución llamado crucifixión. La mayoría de sus discípulos lo abandonaron a la hora de su muerte; sólo un puñado permaneció con él. Después de su muerte, su cuerpo fue colocado en una cueva. Tres días después, cuando algunas mujeres cercanas a él fueron a preparar su cuerpo para el sepelio, encontraron la tumba vacía. Un ángel se les apareció y les dijo que Jesús había resucitado. Durante las siguientes seis semanas, hubo muchas apariciones suyas, y después se le vio ascendiendo hacia los cielos. Ése fue el fin del Jesús histórico.

Pentecostés: el cumpleaños de la Iglesia

Cincuenta días después de la muerte de Jesús, sus discípulos se reunieron en la habitación en la que acostumbraban comer con Él. Jesús les había dicho que esperaran ahí, ya que les enviaría su espíritu para que estuviera con ellos.

Una repentina tormenta comenzó a azotar las ventanas y todo se oscureció. La habitación comenzó a resplandecer. Lenguas de fuego aparecieron sobre la cabeza de cada apóstol. Éstos dijeron haber sentido la inspiración de salir y proclamar todas las cosas que habían visto y oído. Dijeron haber sentido una fuerza especial. Jerusalén se llenó con miles de personas que se reunían para las ceremonias religiosas. Para su asombro, todos podían entender a los apóstoles, cada quien en su propio idioma.

En una acción muy osada, los discípulos de Jesús decidieron contarle al mundo sus relatos sobre Él. Dado que había sido ejecutado recientemente, contar dichas historias era bastante arriesgado. Sin embargo, comenzaron diciendo que Jesús había resucitado y que había caminado entre ellos, y que Él era el Mesías, el Hijo de Dios. La historia cuenta que 3,000 personas se bautizaron para convertirse a la doctrina de Jesús. Los discípulos de Jesús se animaron por esta respuesta y decidieron reunirse para proseguir activamente con las enseñanzas de Jesús. Como pronto veremos, aunque los discípulos habían experimentado un cambio, la sociedad en la que comenzaron a predicar no lo había hecho.

Los discípulos de Jesucristo llegaron a creer que Él era humano y al mismo tiempo el divino Hijo de Dios; creían que había cumplido con la promesa que Dios hiciera al pueblo judío; creían que era el Mesías enviado para ayudarlos y para cumplir con la promesa de la Ley. Los discípulos creían que Él había cumplido con la Ley a través de sus enseñanzas, en las que hacía énfasis en la misericordia y el perdón.

El ministerio popular de Jesús, el cual cuestionó las reglas sociales y religiosas de la época, acogió a los pecadores y marginados sociales. Su mensaje, sencillo y directo, promovía el amor, la tolerancia y la fe en Dios. Su mensaje más importante parecía ser: "Toda la gente, en especial la pobre y la rechazada, está invitada a entrar al reino de mi Padre". Este mensaje, que era espiritual por su naturaleza y político por sus efectos, comenzó a preocupar tanto a los jerarcas judíos como a las autoridades romanas.

Además, las enseñanzas nada tradicionales de Jesús sobre la igualdad, constituían una forma distinta de concebir a Dios y comprender el significado de ser humano. Casi todas las sociedades parecen tener una forma de aceptar y rechazar a otros, definiendo quién está "dentro" del grupo y quién está "fuera" de él. La mayoría de los grupos humanos tienen clasificaciones que determinan quién es un triunfador y quién es un fracasado, lo que significa ser bueno o malo, normal y anormal. Jesús cuestionó muchas de las suposiciones culturales de su tiempo. Su mensaje más importante era sobre la unidad. Él enseñó que todos somos uno en el Padre.

¿Fue Jesús el primer católico?

La gran pregunta sobre el catolicismo que quizá usted se haga es si realmente fue fundado por Jesús. Como todas las grandes preguntas, no existe una respuesta sencilla para ésta en particular. Pero podemos encontrar algunas claves, hurgando en lo que sus discípulos dijeron acerca de esos primeros tiempos.

De manera superficial, el ministerio de Jesús parecía un error. No liberó a su pueblo de la opresión romana. Mucha de la gente que lo había seguido perdió el interés y continuó con su vida casi de la misma forma en que lo había hecho antes de que Él apareciera. Sin embargo, unos cuantos tuvieron la inspiración para continuar con su obra, ya que se dieron cuenta de que sus enseñanzas sobre el reino significaban construirlo dentro del individuo y restaurar la dignidad humana. Jesús se dirigía a los derrotados, diciéndoles que eran hijos de Dios. Sus discípulos formaron pequeños grupos para mantener su obra y su memoria vivas. Casi 2,000 años después, el trabajo continúa.

Las principales creencias

He aquí las principales ideas de Jesús:

- La Ley del Antiguo Testamento se basa en el perdón y en el amor.
- El reino de Dios está dentro de cada uno y al alcance de todos.
- Todos pueden tener una relación personal con Dios.
- La clase social, la educación y la economía tienen muy poco que ver con el amor de Dios.

El mensaje principal de Jesús fue, y continúa siendo, que Dios está al alcance de todos. Los discípulos de Jesús creían que la presencia real de Dios, que habían experimentado con Jesús, continuaba incluso después de su partida.

El llamado

Los seguidores de Jesús no formalizaron inmediatamente una iglesia. Ellos vivían en comunidades y se reunían, la mayoría de las veces, en casas. En su época, simplemente eran llamados discípulos. Sólo después serían llamados *cristianos*. Su misión era llevar a otros "el Reino de Dios", de la misma forma en que Jesús lo había llevado hacia ellos. En los primeros escritos se utilizan los siguientes términos para referirse a sus seguidores: familia, asamblea de Dios, nueva creación y cuerpo de Cristo.

Usted conoció a Pablo en el capítulo anterior. Pablo, uno de los primeros convertidos y un misionero destacado, difundió la doctrina de Jesús a través del mundo mediterráneo. Estableció comunidades desde Siria hasta Turquía, en Grecia y en Roma. La más perdurable influencia de Pablo se percibe en sus escritos a las comunidades, los cuales, como hemos visto, son los más extensos del Nuevo Testamento.

Las tareas espirituales a las que se dedicaron los discípulos fueron la celebración, la doctrina y el servicio:

- **La celebración**. Jesús celebraba su relación con el Padre. Él lo hacía reuniéndose con la gente común, compartiendo la comida y disfrutando en camaradería. Sus seguidores recordaban que esos momentos habían sido muy especiales y querían que estos recuerdos fueran parte de la comunidad.
- **La doctrina**. Jesús enseñó quién es Dios y lo amoroso y bueno que es. Tal vez su doctrina se percibe mejor en la oración que enseñó a sus discípulos: el "Padre Nuestro", la cual también se conoce como la Oración del Señor:

  Padre Nuestro, que estás en el cielo,
  santificado sea tu nombre,
  venga a nosotros tu reino;
  hágase tu voluntad,
  aquí en la Tierra como en el cielo.
  Danos hoy nuestro pan de cada día,
  Perdona nuestras ofensas
  como también nosotros perdonamos a los que nos ofenden,
  no nos dejes caer en la tentación
  y líbranos del mal. Amén.

  Jesús afirmó que Dios es un amigo y está al alcance de todos. Sus discípulos reunieron sus enseñanzas y las continuaron.
- **Servicio**. Jesús sirvió a la gente, interesándose por sus necesidades físicas y espirituales. Curó a los enfermos, sanó al sordo y al ciego, y alimentó al hambriento. Sus discípulos querían continuar con estos importantes ministerios.

Al principio, los discípulos de Jesús creían que, si podían esperar algunos años, Él regresaría para llevarlos con el Padre. Durante la ceremonia para orar, había una parte en el ritual en que una persona salía para observar en las nubes si Él venía. Cuando dicha persona reportaba que no venía, la ceremonia continuaba. Con el tiempo, comprendieron que no regresaría en la forma en que ellos esperaban, pero que siempre estaba con ellos en espíritu.

Podemos responder a la pregunta de si Jesús fundó la Iglesia Católica, diciendo que no había una Iglesia Católica institucionalizada en la época de Jesús, ni la hubo hasta muchos años después. Los primeros discípulos de Jesús eran considerados miembros de una secta del judaísmo. Ellos decían haber tenido una nueva experiencia con respecto a la presencia de Dios, como nunca antes. Sabiendo que Jesús era tan poderoso, se agruparon para mantener viva su presencia. Cuando se convencieron de que Él no regresaría en aquel momento, comenzaron a organizar una institución para mantener viva su memoria.

Los católicos se separan de los judíos

Durante muchos años, los judíos se resistieron a la creciente opresión romana y padecieron mucho en sus manos. En el año 70 D.C., los romanos aplastaron una rebelión judía, la cual causó la destrucción de gran parte de Jerusalén, incluyendo el Templo.

Durante los años siguientes, los jefes judíos se reunieron para reorganizarse. Parte de esta reorganización consistió en expulsar algunas sectas del judaísmo, consideradas heréticas. Cuando los judíos cerraron sus filas, los discípulos de Jesús fueron excluidos del círculo, lo cual los impulsó a surgir con una identidad y una autoridad separadas del judaísmo. Ya marginados, los discípulos de Cristo se separaron más de la religión judía como resultado de esta serie de acontecimientos. A partir de ese momento, las religiones se separaron.

Los mártires

Al principio, poca gente se convirtió a la nueva religión. Muchos no eran judíos. La nueva religión era atractiva principalmente para los pobres, las mujeres, los no ciudadanos, los marginados sociales y para los esclavos. El mensaje era que no necesitaban dinero o educación para pertenecer al reino. La idea de que ningún hombre o mujer podía ser esclavo en el mundo de Dios era atractiva. Les gustaba la idea de Jesús como un hombre común, un mártir con un mensaje. Les gustaban sus promesas de un mejor mañana y un refugio contra el dolor y el sufrimiento. El nuevo Dios tenía un atractivo mucho mayor que los distantes dioses de la mitología griega y romana, quienes no brindaban a la gente una verdadera guía de moralidad. Los primeros convertidos formaron comunidades y daban todos los recursos que tenían a cambio de seguridad. Las comunidades proveían de refugio, comida y cuidados a los viejos y a las viudas.

Las autoridades romanas vieron la expansión del cristianismo como una amenaza al Estado. Cada vez más, las líneas entre los emperadores y los dioses que adoraban se desvanecían. Los gobernantes romanos empezaron a considerarse a sí mismos seres divinos que requerían se les rindiera pleitesía. Los cristianos se convertían en separatistas y, cada vez con mayor frecuencia, se rehusaban a quemar incienso frente a la estatua del emperador. Cada vez más, los cristianos se volvían objeto de burla y de violencia.

Técnicamente, el cristianismo era una religión prohibida, aunque las autoridades no siempre ejercían la ley en su contra. Sin embargo, siempre que surgían actos de rebeldía civil en contra de los romanos, sin importar quién fuera responsable, se culpaba a los cristianos, y el castigo era severo. En ocasiones, los cristianos eran llevados a las arenas para enfrentarlos con *gladiadores* o con animales salvajes, lo cual con frecuencia desembocaba en su muerte. Los cristianos también padecieron otras formas de ejecución (por ejemplo, la crucifixión). Una y otra vez, la primera iglesia padeció persecuciones durante 300 años.

A los cristianos se les ofrecía frecuentemente la oportunidad de retractarse, lo que significaba que tenían que ofrecer incienso a los dioses romanos. Si no lo hacían, eran ejecutados. Muchos optaron por retractarse; sin embargo, muchos otros eligieron la muerte, convirtiéndose así en *mártires*. Ellos fueron los santos de la Iglesia primitiva.

Los griegos y romanos no creían en el sepelio; en su lugar, cremaban a sus muertos. A los judíos y a los cristianos se les permitía sepultar a sus muertos, pero tenían que hacerlo fuera de los límites de la ciudad. Las catacumbas se construyeron como cementerios para los primeros cristianos. Éstas eran enormes bóvedas subterráneas y túneles alrededor de Roma y otras ciudades. Además de ocuparlas como cementerios, los cristianos las usaban para esconderse cuando eran perseguidos. Posteriormente, las catacumbas se volvieron altares para los santos y los mártires.

El martirio por las propias creencias fue una de las primeras características del cristianismo. Se cree que San Esteban fue el primer mártir. Varios de los discípulos más cercanos a Cristo fueron ejecutados debido a su fe. Las narraciones de valentía de los primeros cristianos dieron fuerza a la joven religión. Extrañamente, esto fue lo que motivó muchas más conversiones, ya que la gente se sentía curiosamente atraída por la nueva religión por la que muchos estaban dispuestos a morir voluntariamente.

La formación de las estructuras

La siguiente tarea a la que se enfrentó la Iglesia en desarrollo fue diseñar una estructura que pudiera mantener unidos a sus miembros. Las metas de los fundadores de la Iglesia eran continuar con el trabajo y mantener consistentes las enseñanzas. Las comunidades de una región determinada se agruparon bajo la guía de los *obispos*. Las líneas de autoridad y la jerarquía de los cargos que se establecieron entonces continúan hasta la fecha. Los seguidores creían que Jesús había seleccionado a Pedro para dirigirlos. Él fue a Roma, donde, a la larga, la Iglesia estableció su institución. Más tarde, a su posición como obispo de Roma se le dio el título de papa. Los católicos afirman que existe una línea de sucesión directa entre el Papa y Pedro.

Aunque el Imperio Romano aún estaba en el poder cuando se inició el catolicismo, ya había comenzado su declive como potencia mundial. Muchos factores contribuyeron a su caída: las invasiones de tribus guerreras, el excesivo costo de mantener a la milicia y la creciente decadencia de los aristócratas. Como los impuestos continuaron incrementándose de manera alarmante, mucha gente se desilusionó del Estado y se refugió en la religión. En contraste, el estilo de vida más austero de la Iglesia y su código moral eran más atractivos, así como los servicios sociales que ésta ofrecía. Las comunidades cristianas brindaban cuidados a las viudas, huérfanos y ancianos. Conforme Roma declinaba, la Iglesia crecía.

Los padres y madres del desierto

Durante los primeros años de crecimiento de la Iglesia, en el desierto cercano a Jerusalén se desarrolló un movimiento llamado padres y madres del desierto. Rechazando la vida diaria, con sus muchas distracciones y preocupaciones mundanas y terrenales, y buscando seguir su recién encontrada fe, muchos de los miembros de la nueva Iglesia establecieron comunidades en el desierto, donde meditaban y oraban.

Antonio, el hombre que inició este movimiento, vivió en el año 251 D.C. y fue hijo de una pareja de cristianos. Cuando joven, la palabra de Cristo lo inspiró para ceder todas sus pertenencias a los pobres e irse hacia el desierto. Por muchos años vivió como ermitaño, dedicándose a la oración y a la meditación, y empezó a atraer a cientos de seguidores, a quienes guiaba en su vida espiritual.

Con este movimiento comenzó dentro de la Iglesia una importante tradición de vida monacal y de contemplación. Esta tradición crecería y se desarrollaría durante los siglos siguientes, para convertirse en el alma de la vida católica. Muchos de los primeros pensadores cristianos que vivieron en estas comunidades definieron y aclararon las enseñanzas de la Iglesia, y sus obras aún forman parte de la vida católica. Sus observaciones y escritos fueron decisivos para establecer la espiritualidad de la Iglesia.

En el siguiente capítulo analizaremos cómo la Iglesia actual mantiene vivo el mensaje de Jesús, y cómo conserva presente su espíritu a través de las ceremonias, rituales y celebraciones.

Capítulo 8

Probar, tocar y oler a Dios

El lado espiritual del catolicismo no comienza en la parte racional de la mente. La fe de los católicos no es algo que se pueda demostrar. Ni siquiera se pregunta *por qué*, y mucho menos se responde.

La fe es una experiencia religiosa. A través de la fe, los católicos se abren a lo trascendente. Las explicaciones racionales de la fe siguen a la experiencia pero nunca la plasman por completo. Las experiencias continúan ocurriendo en el "mundo real", pero, con frecuencia, las explicaciones racionales son insuficientes. De hecho, las experiencias son dinámicas y las explicaciones son estáticas.

La religión católica involucra al sentimiento, al pensamiento y al ser. Antes que nada, es una experiencia. Entonces se vuelve un pensamiento (o una doctrina o una creencia), y por último, el catolicismo se convierte en una respuesta o una acción. El ritual católico estimula la imaginación a través de los sentidos. Los sentidos nos conectan con nuestros sentimientos. La estimulación de la imaginación y los sentidos nos lleva a la conciencia del espíritu. La conciencia es la voz de Dios. Este capítulo analiza este proceso.

Una experiencia totalmente corporal

¿Cómo conciben los católicos a Dios? En su mayoría, dicha concepción llega a través de los sentidos: al tocar, probar, oler, ver y escuchar. Los sentidos son la puerta de entrada de Dios hacia la mente e imaginación humanas. Por esta razón, los católicos hacen un mayor énfasis en el ritual que en el aprendizaje. Si no se estimula la imaginación, no tienen sentido las bases filosóficas e intelectuales. Las campanas, los rosarios y las velas utilizados en los rituales católicos no son sólo decorativos; son básicos para la espiritualidad y para un catolicismo efectivo.

Una de las fortalezas de la tradición católica es que los católicos son gente convencida de que todos son capaces de sentir a Dios. Pueden tocar a Dios, sentirlo, probarlo, llevarlo dentro de sí mismos a través del olor del incienso y verlo en los colores de las vestimentas. Al entrar en la iglesia sumergen los dedos en agua. Durante la misa, el incienso llena la nariz. El sacerdote viste de diferentes colores: de púrpura en el Adviento y en la Cuaresma, de blanco en las misas en las que se celebran la Resurrección, la Pascua y la Navidad, y de verde los demás domingos. Estos vibrantes colores tocan los ojos. Los católicos llaman a estas cosas (agua bendita, incienso, rosarios y vestimentas) *sacramentales* o pequeños sacramentos.

La campana: un llamado al ritual

La Iglesia Católica se llena con el sonido de las campanas echadas al vuelo. Las campanas llaman a los creyentes al culto. Captan nuestra atención, despiertan el oído y lo ponen a punto para escuchar lo que Dios tiene que decir. El repicar de las campanas siempre ha marcado las experiencias del culto católico. Las campanas de la iglesia repican para anunciar la misa. Cuando el sacerdote entra al santuario, suena otra campana para anunciar su llegada; los fieles se levantan para recibirlo. Los monaguillos hacen sonar las campanas cuando el sacerdote consagra el pan y el vino. Las campanas recuerdan a los católicos hacer una pausa y reflexionar sobre los grandes misterios de la presencia de Dios.

En las primeras horas de la mañana, cuando comienza el día, las campanas tocan el Ángelus, una oración especial que se reza tres veces al día. Las campanas vuelven a tocar esta oración a las doce para marcar el mediodía y a las seis para señalar el final de la jornada.

Rosarios: tocar la palabra de Dios

Cuando los católicos tocan el rosario, lo que tocan es a Dios. Más allá de las oraciones específicas asociadas con el rosario, éste en sí mismo transmite un significado espiritual a través del contacto.

Velas: el fuego del cambio

Otro ingrediente importante en las ceremonias católicas es el fuego, por lo que las velas son necesarias en cualquier misa católica. En una mañana cualquiera, debe haber sólo dos velas pequeñas ardiendo, pero en un gran día de celebración, debe haber cuando menos 12. Lo primero que un católico ve cuando entra a la iglesia es la lámpara del santuario ardiendo en el altar. Una lámpara de santuario es una tradición solemne para la Iglesia Católica. Como muestra la siguiente figura, su eterna flama señala la presencia sacramental de Jesús en el tabernáculo.

Antes de abandonar la iglesia, la mayoría de los católicos coloca unas cuantas monedas en un pedestal sobre el que hay de 20 a 40 velas pequeñas, tal y como muestra la figura. Entonces, encienden una vela y dicen una plegaria por una intención específica o por un ser amado. La vela arde muchas horas como recordatorio de las oraciones ofrecidas. También le dice a Dios: "Si yo pudiera quedarme más tiempo, lo haría, pero tengo que irme ahora, así que, en mi lugar, dejaré esta pequeña vela encendida".

Durante la Vigilia Pascual, el momento más dramático ocurre fuera de la iglesia cuando el sacerdote anuncia que Cristo ha resucitado, mientras enciende el cirio pascual en una hoguera llamada el "fuego nuevo". El cirio pascual se lleva al interior de la iglesia, la cual se encuentra en completa oscuridad, y la flama se transmite vela por vela a todos los que han asistido a presenciar la resurreción de Cristo. De inmediato, la iglesia se llena de una nueva luz.

El fuego acompaña a los católicos al principio y al final de su vida en la Iglesia. A lo largo del año, las velas bautismales se encienden con el cirio pascual. Cuando una persona muere, se deja encendida una luz de vigilia, parecida a la lámpara de santuario, a un lado del ataúd.

La lámpara del santuario señala la presencia sacramental de Jesús en el tabernáculo. Catedral de la Encarnación, Nashville, Tennessee.

(Cortesía del decano H.L. Caskey)

Un pedestal con velas de vigilia. Iglesia católica de Cristo Rey, Nashville, Tennessee.

(Cortesía del decano H.L. Caskey)

Los hemisferios izquierdo y derecho del cerebro de los católicos

Una de las teorías sobre el funcionamiento del cerebro humano postula que registramos las experiencias en el hemisferio derecho del cerebro, mientras que el pensamiento lógico ocurre en el hemisferio izquierdo. Desde el inicio del catolicismo hasta mediados del siglo XX, la religión estuvo muy "del lado derecho". Esto es, llena de rituales y ceremonias excesivamente cargadas de colores, sonidos, olores y movimientos. Estos rituales surgieron de las raíces tribales del catolicismo, en Europa central y septentrional.

Sin embargo, además de ser conocidos por sus tradiciones, los católicos también lo son por utilizar bastante el "lado izquierdo", y permanecen a la vanguardia de la erudición religiosa. No existe mejor ejemplo de un producto del hemisferio izquierdo del cerebro, proveniente del catolicismo, que el tratado de Tomás de Aquino sobre la naturaleza de Dios, llamado *Suma Teológica*. Gran parte de la teología católica se basa en la filosofía griega.

La Suma Teológica es el trabajo más importante de la teología católica. Todas las universidades y seminarios católicos importantes la enseñan, y los teólogos y filósofos de todas las religiones la estudian. De los numerosos trabajos de Santo Tomás, estos cinco volúmenes presentan un tratamiento sistemático de diferentes cuestiones teológicas, que van desde Dios, la Trinidad y la naturaleza de Cristo, hasta la naturaleza y psicología humanas y la naturaleza y misión de la Iglesia.

A través de los años ha habido historias de gente atraída por el aspecto pensante del cerebro católico, gente que razonaba su camino hacia Dios. Un número igual de personas se sintieron atraídas por el aspecto sentimental del catolicismo; estos fueron poetas y artistas que adoptaron el misterio. El catolicismo actual cuenta con una nueva síntesis de mente y cuerpo, e intelecto y sensualidad, cuando se trata de percibir a Dios.

Con frecuencia, un católico vive una vida dual: asiste a una iglesia llena de colores exóticos, con una abrumadora magnificencia y con un penetrante aroma, mientras vive en el mundo diario de la mente. Uno de los principales problemas al que se enfrentan los católicos de culturas contemporáneas, como en Estados Unidos, es que se ven forzados a utilizar casi exclusivamente el hemisferio izquierdo del cerebro para ser parte de la sociedad moderna.

La cuestión sensitiva: apertura del espíritu católico

La relación de los católicos con Dios es física y utilizan los sentidos en sus rituales para conectarse con los recuerdos sagrados. Por ejemplo, es probable que usted tenga buenos recuerdos asociados con su abuela y el olor del pastel de manzana que horneaba en la cocina. Ahora, cuando usted huele un pastel de manzana, se conecta con las emociones y sentimientos de amor y seguridad que sentía en la cocina. Todo su cuerpo lo siente. A través del olor del pastel, usted se conecta físicamente con su abuela. Las conexiones con los seres amados pueden provenir de cosas que usted ve y que le hacen recordarlos, cosas que usted escucha, o incluso, cosas que usted prueba. Hacemos conexiones a través de los sentidos; la conexión es física. Los católicos se conectan con lo sagrado a través de las experiencias sensitivas de sus rituales y por medio de éstas sienten la conexión física con Dios.

Dios nos susurra al oído

El ritual cambia nuestro estado de conciencia y nos pone en un estado de ensueño. Este estado de ensueño es parte importante de la experiencia religiosa católica, ya que Dios nos habla a través de los sueños. La Biblia tiene registros de casos en los que la gente escuchaba a Dios en sus sueños. El problema ahora, como siempre, es saber escuchar la voz de Dios. El ritual católico afina esta comunicación a través del sueño.

La Biblia contiene algunas comunicaciones importantes que ocurrieron a través de los sueños, como la historia de José, el hijo de Jacob, quien soñó que él reinaría sobre sus hermanos (Génesis 37, 5). El libro de Mateo cuenta el importante sueño de otro José, en el que se le advierte del plan de Herodes para matar a todos los bebés varones después del nacimiento de Jesús (Mateo 2, 13). La Biblia está llena de sueños importantes.

En el ritual se produce una profunda calma y se incrementa la conciencia interna. En este tranquilo espacio interior podemos escuchar la voz de Dios. Ésta llega como una inspiración, como un deseo, como "conocimiento". Por ejemplo, en algún momento, usted puede sentir la repentina necesidad de llamarle a algún amigo enfermo. Este pensamiento es la manera en que Dios se dirige a usted para que haga algo.

Hágale caso a su conciencia

Para los católicos, el fin último de la religión es el amor. Creen que la voluntad de Dios es que se comporten en el mundo, y con sus habitantes, con amor. Por naturaleza, el catolicismo es relacional.

Para los católicos, tomar una decisión no es un simple acto racional. Esto también implica un efecto emocional. Cuando a la hora de tomar decisiones, se hace a un lado la parte sentimental del cerebro, se pierde la empatía (el amor por otros) y el instinto (la voz interna de Dios). Si usted no tiene el sentido innato del bien y del mal, su conciencia está dañada.

Los católicos tienen reglas, como los Diez Mandamientos y la doctrina de la Iglesia, que les indican cómo comportarse. Pero la conciencia es importante para comparar lo que sabemos intuitivamente con lo que hemos aprendido; por esto, la Iglesia siempre hace hincapié en que, al tomar una decisión moral, "hagamos caso a nuestra conciencia". Para hacerlo, usted debe tener acceso a la parte de la mente donde residen los sentimientos. De nuevo, el desarrollo de rituales y ceremonias en el catolicismo facilita este acceso.

Ahora lo ve, ahora no lo ve: la presencia de Dios

Todas las religiones tienen que batallar con la cuestión de la presencia de Dios ante sus criaturas. Los términos clásicos utilizados para hablar sobre este asunto son: *trascendencia* e *inmanencia*. La trascendencia se refiere a qué tan lejos se encuentra Dios de su creación. La inmanencia se refiere a qué tan cerca se encuentra Dios de su creación. Todas las religiones clásicas tienen posiciones fundamentales sobre este asunto. El cristianismo va más allá que cualquier otra religión, con su insistencia en que Jesús es tanto humano como divino. Dentro del cristianismo mismo, los protestantes, miembros de otras denominaciones dentro del cristianismo, y los católicos, pueden cracterizarse por su diferente posición con respecto a la cercanía de Dios con la creación. La parte final de esta obra contiene una amplia explicación sobre las diferencias entre católicos y protestantes.

Los protestantes veneran con las manos hacia adelante/los católicos lo hacen con las manos hacia atrás

¿Los católicos tienen un tipo especial de sensibilidad religiosa? Esto es, ¿existe alguna forma en particular en que los católicos se comunican con Dios, que contraste con la forma en que lo hacen otras religiones?

Esta pregunta no se refiere a cuál forma es mejor, sólo a si existen formas diferentes y características de relacionarse con Dios. Específicamente, ¿los católicos tienen un estilo de cristianismo diferente al de los protestantes?

En términos generales, podríamos decir que el catolicismo se basa más en el lado derecho del cerebro que el protestantismo. Esta tendencia hacia el lado derecho se aprecia en algunas formas muy concretas. Si usted entra en una iglesia protestante y mira hacia el centro de atención, en la mayoría observará una cruz. En una iglesia católica, sus ojos se enfocarán en el crucifijo, como se muestra en la siguiente figura. Una cruz es un crucifijo sin el cuerpo de Cristo. La diferencia es el carácter sacramental católico. La experiencia católica de Dios es, primero, una conexión sensitiva con Él, de hecho, con la creación. Segundo, es su naturaleza divina o trascendente. Cuando usted contempla la cruz, piensa en la crucifixión. Cuando contempla un crucifijo, siente la crucifixión a través de su reacción emocional.

Catedral de la Encarnación, Nashville, Tennessee.

(Cortesía del decano H.L. Caskey)

Tal vez, el mejor ejemplo de la vitalidad de la imaginería católica sea la veneración por María, que probablemente es el punto en que los protestantes y los católicos más difieren. A través de María, los católicos perciben la cara femenina de Dios. Ella es una madre, amorosa, relacional y, más que nada, de carne y hueso. Entonces, cuando usted entra en una iglesia católica y ve a Jesús clavado en la cruz, experimenta un poderoso estímulo sensitivo, un sentimiento que provoca una reacción. Él es el hijo de María, nuestro hermano. Es una persona real, no sólo una idea de Dios. Para los católicos, el mundo es un símbolo (un sacramento) de Dios. Dios está en el mundo, y está a nuestro alcance a través de Jesús. A los protestantes les preocupa la idolatría, la superstición y la magia, un temor real de identificar a Dios demasiado cerca de la naturaleza. Por tanto, hacen énfasis en las diferencias de Dios con el mundo.

El sabueso del paraíso

Otra diferencia entre católicos y protestantes se aprecia en lo que se conoce como la teología del "principio protestante". Éste se refiere a que los protestantes insisten en que, cuando se hable de Dios, primero se debe decir lo que no es. Los escritos protestantes hacen énfasis en las diferencias entre Dios y los objetos, los sucesos, las experiencias y las personas del mundo natural. Por su parte, el "principio católico" es de analogías. Cuando los católicos hablan de Dios, tienden a hacerlo diciendo lo parecido que es Dios a los objetos, los sucesos, las experiencias y las personas del mundo natural. Un famoso poema para los católicos es el de Francis Thompson: "El sabueso del paraíso". En este poema el autor declara sin reparos que Dios es el sabueso del paraíso que nos persigue por los caminos de la vida hasta hacernos suyos. El protestantismo se originó en la época de la imprenta y tiende a utilizar palabras y conceptos como la primera lengua para describir a Dios; las imágenes son el primer lenguaje de los católicos.

El comentario constante de Dios: la taza de té de los católicos

Los sacramentos, rituales y ceremonias católicos forman lo que se conoce como imaginación católica. La imaginación religiosa es la capacidad de observar los sucesos de la vida a través de un cristal religioso o espiritual. Una imaginación religiosa bien desarrollada es una manera de percibir y analizar el mundo como Reino de Dios.

¿Cómo conocemos a alguien? Lo hacemos a través de nuestros sentidos. Lo vemos, lo escuchamos, lo olemos y lo tocamos. Sentimos lo que es estar cerca de alguien. Los sentidos son la evidencia física de que algo está presente, y es con los sentidos con lo que los católicos conocemos a Dios. Los católicos activan sus sentidos a través de los rituales y ceremonias, y crean un diálogo con Dios que ocurre a un nivel físico. Ellos sienten la presencia de Dios; por lo tanto, Dios está presente. En otras palabras, cuanto más despiertos estén los sentidos, mayor es el contacto con Dios, y ese contacto es la espiritualidad. Para los católicos, la espiritualidad tiene por objeto desarrollar la conciencia.

Hemos dado un vistazo a los rituales que permiten a los católicos sentir la presencia de Dios, y a continuación veremos que Jesús es la máxima experiencia sensitiva de Dios.

Capítulo 9

Jesús, el sacramento original

La Iglesia Católica empezó con una nueva experiencia de Dios, que se producía a través del contacto de los sentidos con el hombre llamado Jesús, quien trajo una experiencia diferente de Dios, una experiencia en extremo íntima. Hablaba de Él como de un familiar y le decía *Abba*, lo que significa "papá". Nos enseñó que nosotros también podemos tener esa intimidad con Dios.

Las primeras comunidades cristianas entendían a Jesús como la conexión en carne y hueso con un Dios misterioso y esquivo. La dimensión superficial de Jesús, de carne y hueso, revelaba la dimensión interna y oculta de la presencia de Dios. Para los católicos, Jesús es el "sacramento de Dios". Un sacramento es la forma en que los católicos se relacionan con la dimensión oculta de la creación. Jesús es el sacramento de Dios y la Iglesia se define a sí misma como sacramento de Jesús. En este capítulo analizaremos esta idea.

¿Qué es exactamente un sacramento?

En la Iglesia Católica, el término *sacramento* tiene varios significados, lo cual puede causar algo de confusión a quienes no conocen la religión. Por ejemplo, la Iglesia llama a Jesucristo "sacramento de Dios" y a la propia Iglesia, "sacramento de Cristo". La Iglesia especifica siete rituales como sacramentos, siendo el principal de ellos la Eucaristía, que también se le llama la comunión. Y, por último, los rosarios, las estatuas, el agua bendita, las velas, el incienso y otros objetos que son llamados sacramentales o "pequeños sacramentos".

De aquí para allá

En un sacramento están presentes tres elementos: se dicen palabras específicas, se hacen promesas y se usan marcas o símbolos, como el agua, el aceite, el pan y el vino. Este tercer elemento, el símbolo, encierra el misterio del sacramento, el sentido de la dimensión oculta y su incognoscible cualidad. Los sacramentos funcionan en un plano simbólico. La palabra *símbolo* procede del griego *symbolon* que significa "juntar, hacer coincidir". Los símbolos llenan la brecha entre la experiencia concreta y el significado, el cual va más allá de la experiencia. En el sacramento, la marca o símbolo establece la conexión física entre la persona y el significado espiritual del suceso.

Como símbolos, los sacramentos son mediadores entre las dimensiones visibles e invisibles, internas y externas de la realidad. Jesús es el mediador que relaciona al hombre con Dios. La Iglesia es el cuerpo que media entre nosotros y Jesús. Los sacramentos son la forma en que la Iglesia realiza dicha conexión.

Jesús, el lado sensible de Dios

Antes de Jesús, Dios era intangible y su nombre no podía ser ni pronunciado. Los hebreos tenían la prohibición de pronunciar el nombre de Dios y lo llamaban Yahvé, que significa "Yo soy el que es", lo cual no es tanto un nombre sino una descripción. Los católicos entienden a Jesús como aquél que vino en carne y hueso para cerrar la brecha entre el cielo y la Tierra. Su presencia física confirmó la conexión física de Dios con un pueblo. Jesús es la palabra de Dios, que existe hecha hombre. Mediante su encarnación, Jesús se volvió el don de Dios. Jesús es el recordatorio tangible de la presencia constante de Dios en el mundo y de la conexión misma de Dios con la historia humana.

Los católicos creen que Jesús le dio un nuevo giro a Dios a través de sus actos y enseñanzas. Cambió los límites sociales y así modificó la forma en que convive la gente. Invitó a las mujeres a este círculo interno y anduvo en "malas compañías": los pobres, los incultos y otros que los jerarcas religiosos tradicionales no consideraban aptos para entender cuestiones religiosas. Les enseñó a sus seguidores que la presencia de Dios está en el interior de cada persona. Su mensaje fue que Dios no está separado de su creación y que sus criaturas no están separadas unas de otras.

Los católicos creen que Jesús no sólo fue un personaje histórico, sino también que perdura su mensaje acerca de Dios. Consideran que la conexión establecida por Jesús entre Dios y el hombre persiste en los sacramentos y rituales de la Iglesia y que, a través de éstos, Dios está presente y es más tangible.

La Iglesia, el lado sensible de Jesús

Cuando Jesús resucitado se apareció a sus seguidores después de su muerte, lo hizo en forma transformada, en estado de espíritu, pero visible para los fieles. Ellos pudieron verlo, escucharlo e incluso tocarlo. Después de esto les impartió su Espíritu Santo para que estuviera en el corazón y la mente de la comunidad que había formado. Esta comunidad de seguidores se convirtió en la Iglesia. Los católicos creen que la Iglesia (los seguidores de Jesús) forma el "cuerpo" que ahora contiene su espíritu y se llaman a sí mismos el nuevo cuerpo de Cristo. Cuando la Iglesia se reúne, en especial para compartir la comida ritual de pan y vino como lo hiciera alguna vez con Jesús, el espíritu de Dios está presente.

El pan de los milagros

Una historia bíblica muy importante para la Iglesia es la Última Cena de Jesús con sus discípulos, celebrada en Jerusalén la noche anterior a su muerte. En un segundo piso, donde se reunieron para celebrar la Pascua judía, Jesús tomó el pan, lo bendijo, lo repartió entre sus discípulos y dijo: "Éste es mi cuerpo". Después hizo lo mismo con una copa de vino. Desde ese día, los católicos repiten continuamente este acto, con la fe en que Dios se vuelve real a través del ritual de comer el pan y beber el vino. Para los católicos, este cuerpo de Jesús literalmente es su verdadero cuerpo y sangre bajo la apariencia del pan y del vino.

En la cultura de los tiempos de Jesús, compartir una comida era signo de verdadera intimidad de la comunidad. Era un acto basado en la paz, la confianza y el nutrimento. Durante la Última Cena, Jesús conectó el don divino del nutrimento, en la forma del pan y del vino, con su propio cuerpo y sangre. A la luz de su muerte, que muy pronto ocurriría, habla de sí mismo como de un sacrificio. La palabra sacrificio viene del latín y significa "hacer sagrado algo". Así estaba llevando a término su tiempo en la tierra, pero permitiendo a sus seguidores que continuaran compartiendo la intimidad que habían tenido juntos y la intimidad con Dios que Él les había llevado a todos. Esto lo hizo pidiéndoles que repitieran ese ritual en su memoria. Así como partió el pan, su cuerpo sería roto; y así como vertió el vino, su sangre sería derramada. Al relacionar su sufrimiento físico con los elementos tangibles del pan y del vino, Jesús creó un sacramento.

La Iglesia como sacramento

La experiencia de la Última Cena fue tan poderosa para los apóstoles que se les quedó grabada en la memoria. Cada vez que se revive este ritual se vuelve a experimentar su recuerdo. Como el ritual perdura a través de los siglos, hace que Dios esté presente para las generaciones futuras.

El hecho de compartir ritualmente el pan y el vino se llama sacramento de la Eucaristía; éste celebra la intimidad entre la Iglesia y Cristo así como la comunión al interior de la Iglesia misma. La Última Cena se convirtió en el ritual que los discípulos celebraron juntos en las comidas, después de la resurrección, a solicitud del propio Jesús, quien les dijo: "Haced esto en memoria mía". La Iglesia Católica se convierte en sacramento ya que sigue celebrando este ritual.

El Reino de Dios está adentro

Somos seres espirituales en una forma humana. Somos espirituales junto con el resto de la creación. La religión no se refiere a ser más espirituales, sino más bien de ser más conscientes de nuestra naturaleza espiritual. Jesús hizo de esta idea la enseñanza central de su evangelio al decir: "El Reino de Dios está adentro de ustedes". Nuestra misión, si la aceptamos, es volvernos más conscientes de la naturaleza divina del hombre y de abrazar amorosamente la forma humana en la que se expresa. Esto es lo que se llama conciencia sacramental.

Conforme el individuo se va haciendo cada vez más consciente del carácter sagrado de toda la creación, va desapareciendo su imaginaria separación entre sí mismo y Dios. La persona se vuelve agudamente consciente de la interconexión entre toda la vida y de la presencia oculta de Dios en todas las cosas. La Iglesia diría que una persona con esta conciencia se convierte en un sacramento viviente.

Para los católicos, el objetivo principal de la encarnación de Jesucristo no es verlo diferente a ellos, sino reconocer su semejanza en sí mismos y en los demás. Como Dios que asume forma humana para estar con su gente, también les muestra que tiene naturaleza divina. Yendo en contra del dualismo de los tiempos en que vivió, e incluso de los tiempos actuales, Jesús demostró que lo sacro y lo mundano no están separados y que Dios existe en todas las formas vivientes.

Los ejercicios espirituales de San Ignacio de Loyola: un viaje a la imaginación de los sentidos

Los ejercicios espirituales tienen una larga historia en la tradición de la Iglesia y constituyen un acercamiento disciplinado y sistemático al desarrollo espiritual. Se encuentra en las tradiciones de los ermitaños del desierto, de los monasterios y la vida enclaustrada de la Edad Media. Esta práctica es una parte muy importante de la vida católica en la actualidad.

El concepto principal de los ejercicios espirituales de San Ignacio de Loyola es "permitir que el Creador interactúe con su criatura". San Ignacio estableció la forma tradicional de estos ejercicios en 1556 y en la actualidad son más populares que nunca entre los católicos y miembros de otras denominaciones.

Quienes toman parte en estos ejercicios espirituales asisten a un centro de retiro, lejos de su casa, y guardan silencio durante cuatro semanas, a veces menos. La intención de estos retiros es romper con los "apegos desordenados" para que las decisiones puedan tomarse en forma clara y sin estorbos. Bajo la dirección de un *director espiritual*, a los participantes se les guía en el proceso de meditación y se les exhorta a "jugar" con Dios y Jesús en su imaginación. El director lleva a los participantes a una jornada interna de imaginación, basada en los relatos bíblicos.

Por ejemplo, si usted estuviera buscando respuestas a una pregunta en su vida, llevaría consigo esta pregunta a su jornada espiritual y le pediría consejo a Jesús. En su meditación, podría hablar con Jesús en el camino a Emaús. El director podría hacer las siguientes preguntas: ¿Cómo ves el campo? ¿Qué temperatura hay? ¿Cómo sientes el camino en los pies? ¿Qué ropa llevas puesta? ¿Qué colores ves? ¿Quién está contigo además de Jesús? ¿Qué sientes de estar allí con Jesús?

Conforme las preguntas van implicando a los sentidos, la imaginación se activa y la persona se introduce más a fondo en su mundo interior. Se le instruye que imagine que le pide consejo a Jesús acerca de la situación con la que tiene problemas, y también la respuesta que Él le daría. A través de este proceso, dentro de nosotros mismos podemos encontrar el espíritu divino y lograr una profunda percepción espiritual.

San Ignacio creía que Dios nos habla a través de nuestra imaginación. El director espiritual actúa de guía, no brinda consejos sino que ayuda a la gente a entrar en su mundo interno, donde reside el espíritu de Dios y donde puede encontrar todo tipo de respuestas.

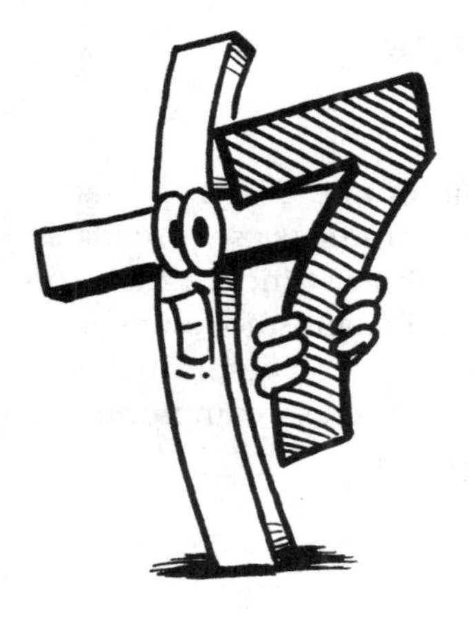

Capítulo 10

Siete sacramentos para los sentidos

Los siete sacramentos constituyen el marco de la vida católica. Los niños los aprenden como se aprenden los días de la semana. Los sacramentos marcan las transiciones en la vida, dándole al individuo significado y poder espiritual. La vida de la comunidad católica se vive a través de los sacramentos: éstos unen a los católicos.

Los sacramentos están en el corazón de la religión católica. Son tanto espirituales como físicos. Cada sacramento tiene una forma específica: emplea ciertas palabras, va acompañado de una acción prescrita e implica la aplicación simbólica de un elemento. (En los sacramentos se usan los elementos físicos de fuego, agua, aceite, pan y vino para producir un significado espiritual.) Los católicos celebran siete acontecimientos espirituales significativos, que están divididos en tres grupos.

El primer grupo de sacramentos está formado por los de iniciación cristiana:

- Bautismo
- Confirmación
- Eucaristía

El segundo grupo es el de los sacramentos al servicio de la comunidad:

- Matrimonio
- Orden

El tercer grupo está formado por los sacramentos de sanación:

- Penitencia y reconciliación
- Unción de los enfermos

El Bautismo no es sólo verter agua en la cabeza

Junto con la Confirmación y la Eucaristía, el Bautismo es uno de los tres sacramentos de iniciación cristiana y es con el que el católico comienza su jornada en la fe. El bautizo es una ceremonia en la que se pone nombre al niño. La tradición católica es llamar al niño con el nombre de algún santo. El Bautismo también introduce al niño en la comunidad católica en la que vivirá y crecerá espiritualmente. Con el sacramento del Bautismo, la comunidad católica se compromete a guiar y acompañar en la jornada a la persona bautizada.

Agua en la cabeza

En el bautizo de un niño vemos a la joven pareja que presenta a su hijo en la *pila bautismal*, junto con familiares, amigos y el sacerdote. Después de dirigir un saludo a los asistentes, el sacerdote se dirige al niño y le hace la señal de la cruz, lo que los católicos llaman el sello de Cristo. El sacerdote lee un pasaje de las Sagradas Escrituras proclamando la palabra de Dios. Unge con aceite la frente, los labios, la garganta y el pecho del niño, como protección contra daños espirituales.

Después el sacerdote bendice el agua bautismal. El momento supremo se produce cuando vierte el agua en la cabeza del niño. Esto lo hace con tres acciones distintas, al tiempo que dice: "(el nombre del niño), yo te bautizo en el nombre del Padre, del Hijo y del Espíritu Santo". Luego, el sacerdote toma aceite perfumado para ungir al niño como signo de la iluminación del Espíritu Santo.

Los padrinos sostienen una vela especial a nombre del niño, la cual se enciende del cirio pascual, en el altar principal de la iglesia. Los padrinos son amigos o familiares de los padres del bautizado. A ellos se les elige para apoyar al candidato en su ingreso en la Iglesia. En el caso del bautizo infantil, ellos hablan a nombre del niño. Profesan la fe del niño, respondiendo a una letanía de creencias y rezando la oración de Jesús, el Padre Nuestro. El sacerdote concluye el ritual con una solemne bendición y felicita a los padres.

Un elemento muy importante en el sacramento del Bautismo es el agua: el sacerdote vierte agua en la frente del niño, o bien, se sumerge a la persona en una pileta. El agua significa el medio de nacimiento, el mar sobre el cual sopla Dios y del cual surge toda la vida, como es agua salada la que rodea al niño en el seno materno. En la creación, Dios produce las cosas a partir del mar.

La unción con aceite perfumado significa la sabiduría que proviene de ser parte de una comunidad que profesa a Jesús como Señor.

Pila bautismal y pileta. Aquí vemos una pila bautismal en primer plano. Detrás de ésta hay una pileta poco profunda para las inmersiones. Observe el cirio pascual.

Catedral de la Encarnación, Nashville, Tennessee

(Cortesía del decano H.L. Caskey)

¿Quién puede bautizar?

Aunque en la iglesia la ceremonia del bautizo la realizan el sacerdote o el diácono, en una situación de urgencia cualquier persona puede bautizar. Cualquier persona (sea o no católica) puede verter el agua y pronunciar las palabras. El único requisito es cumplir los deseos de la persona que está siendo bautizada. La Iglesia reconoce la validez del bautizo de cristianos de otras denominaciones y no bautiza de nuevo a un convertido. Prácticamente todas las religiones cristianas bautizan en forma muy similar.

La Iglesia enseña que los niños que mueren antes de ser bautizados se encuentran al amoroso cuidado de Dios. Anteriormente se decía que los bebés que morían sin ser bautizados iban al "limbo", el cual era un "lugar alegre de descanso", pero no el cielo. Pero ahora la Iglesia es más clara en cuanto a que el Bautismo de los niños está basado en la intención de los padres.

Los orígenes del Bautismo

El prototipo de este rito de iniciación ocurrió cuando San Juan Bautista bautizó a Jesús en las aguas del río Jordán. De acuerdo con la Biblia, los cielos se abrieron y aquellos que estaban presentes vieron al espíritu de Dios descender sobre Jesús en forma de una paloma. Una voz desde los cielos proclamó: "Éste es mi hijo querido, en quien tengo puestas todas mis complacencias" (Mateo 3, 6-17). Este suceso reconoce dos cosas importantes. Primero, que el Espíritu Santo está presente en el Bautismo y, segundo, que por medio del Bautismo se reconoce a la persona como hijo de Dios.

San Pablo entendía el Bautismo como una forma de ahogarse o morirse para renacer como nuevo ser. Los católicos creen que el Bautismo borra todos los pecados.

En los primeros siglos de la Iglesia, el bautizo de adultos era la forma común del rito. Ingresar en una comunidad que no era romana, griega ni judía, significaba un cambio radical en la vida. Cuando la religión se volvió parte del Imperio Romano, tanto el número de personas que se convertían al cristianismo, como la forma en que se convertían tribus enteras, hicieron que se perdiera el énfasis en la instrucción. En unas cuantas generaciones, el bautizo infantil ya era la norma.

Pero la fe continúa creciendo después del bautizo. Los católicos que asisten a misa en Pascua renuevan sus promesas bautismales.

La Confirmación

Un recuerdo típico de los católicos de hace algunos decenios era tener 12 años de edad y estar parado frente al obispo, temblando de miedo y esperando la bofetada en la cara que iba con la Confirmación. Aunque esta "cachetada" en realidad era un toque simbólico, significaba que la persona ya era un adulto que se enfrentaba a los problemas de la vida. Recibir la bofetada era la señal de que el joven católico estaba listo y dispuesto para hacer frente a los problemas espirituales que se le presentarían en la vida.

Aunque la bofetada ritual ya no es parte de este sacramento, la Confirmación aumenta y profundiza el proceso iniciado con el Bautismo y aporta fuerza espiritual. Ya que la mayoría de los católicos son bautizados de bebés, la Confirmación es el momento en el que toman la decisión consciente de aceptar la fe de la Iglesia Católica. Además de fortalecer el compromiso, la Confirmación refuerza el lazo entre el individuo y la comunidad. En la Confirmación, la persona despierta a la presencia del Espíritu Santo y se une más estrechamente con Cristo.

Aceite y palabras

El rito de la Confirmación se celebra cuando el candidato toma la decisión consciente de aceptar su fe. Le da a la persona la oportunidad de ser la presencia de Cristo y de llevar esta presencia a los demás. El ritual de la Confirmación confirma que el espíritu de Dios está despierto y vive dentro de la persona.

El candidato debe tener la edad suficiente para entender aquello a lo que se está comprometiendo. Para ser confirmada, la persona debe haber estudiado su religión y tener el sentido de pertenecer a la Iglesia y, por tanto, a la comunidad. En muchos casos, los candidatos muestran este sentido de pertenencia tomando parte en alguna obra de servicio público organizada por la Iglesia. Además, el candidato elige a un padrino que lo ayuda a prepararse, además de que le ofrece orientación a lo largo de toda la vida. En algunos casos, uno de los padrinos de bautizo asume este papel.

La ceremonia de Confirmación es casi tan mística y solemne como la del sacramento del Bautismo. Hay dos elementos esenciales de la ceremonia:

1. La renovación de las promesas bautismales
2. La profesión de fe de los candidatos

Quienes van a ser confirmados están de pie frente a la congregación y el obispo, que por lo general es quien administra este sacramento, extiende las manos frente al grupo y dice una oración. Desde tiempos de los apóstoles, cuando el obispo extiende las manos sobre un grupo significa el despertar del Espíritu Santo.

Después, quienes están siendo confirmados eligen un nuevo nombre, que se agrega a su nombre de pila. El obispo pronuncia este nuevo nombre al ungir la frente de cada candidato con el crisma (aceite bendito), para después imponerle las manos al tiempo que dice: "Sé sellado con el don del Espíritu Santo". El aceite que administra el obispo representa abundancia y alegría. Ser sellado con el aceite significa quedar marcado como pertenencia de Cristo; significa que la persona sellada se compromete a alinear su voluntad con la de Dios. El mismo nombre *cristiano* significa "ungido" y es por ello que el rito de Confirmación es esencialmente un ritual de aceite, más que de agua, como en el Bautismo. Para concluir este rito, el obispo ofrece el signo de la paz, que es un apretón de manos, con lo que afirma la unión con la comunidad.

Los siete dones

Los católicos creen que la Confirmación despierta ciertos atributos espirituales, llamados los siete dones del Espíritu Santo:

- Sabiduría
- Inteligencia
- Consejo
- Fortaleza
- Ciencia
- Piedad
- Temor de Dios

La Confirmación refuerza la voluntad y la alinea con la voluntad de Dios. Invita a la persona a la acción "correcta" y le da los medios para discernir cuál es la acción adecuada. Los católicos creen que todos los miembros están invitados a participar en el sacerdocio de Cristo, en el que son llamados a profesar pública y oficialmente en determinadas ocasiones de su vida, así como a mediar la fe de la Iglesia Católica. La Confirmación es el sacramento que abre esta función "sacerdotal".

La Eucaristía no es sólo un trozo de pan

En la Iglesia Católica se usa el término Eucaristía en dos sentidos: para referirse a la celebración de la misa y como denominación del sacramento de la Eucaristía, también llamado santa comunión. En esta sección hablaremos de la Eucaristía como sacramento.

La santa comunión es la repetición ritual de la Última Cena, en la que Jesucristo les prometió a sus discípulos su constante presencia. En esta última comida juntos, Jesús bendijo el pan y el vino y dijo: "Éste es mi cuerpo; ésta es mi sangre. Haced esto en memoria mía". El sacerdote repite estas palabras al consagrar el pan y el vino.

Por lo general, los católicos reciben por primera vez el sacramento de la Eucaristía aproximadamente a los siete años de edad, en el ritual llamado Primera Comunión. Este ritual es una parte central de la vida espiritual católica. A diferencia de los dos primeros sacramentos, el Bautismo y la Confirmación, que se reciben sólo una vez, el católico puede recibir la comunión cada vez que asista a misa.

Si usted fuera a una celebración de Primera Comunión, en algunas iglesias vería a las niñas con vestidos blancos, velos hasta el hombro, y medias y zapatos blancos. Los niños irían vestidos de traje, con camisa blanca y corbata. Todos entran en la iglesia formados en procesión para sentarse en los primeros bancos de la iglesia. Este emocionante momento de la vida del niño católico equivale a ser invitado a sentarse con "los grandes" en las cenas de Acción de Gracias o de Navidad. Los niños empiezan a participar en uno de los ritos más importantes de la Iglesia Católica, la comunión.

La comunión se ofrece en todas las misas y en ella se usa pan preparado especialmente, llamado hostia, y vino verdadero, llamado de consagrar. Después de que el sacerdote pronuncia las palabras de consagración, el pan y el vino se transforman en el cuerpo y la sangre de Cristo y se reparten entre los fieles. El sacerdote distribuye el sacramento, con la ayuda de los *Ministros de la Eucaristía*. Los fieles pasan al frente y reciben la hostia de la comunión. Por lo general, al regresar a su lugar, el católico se arrodilla y entonces medita u ofrece oraciones de agradecimiento, hasta concluir el rito. En el caso de enfermos y personas que no pueden salir de su casa, el sacerdote y sus ministros llevan la comunión al hospital o a la casa, donde se dice una oración y se comparte la acción de gracias.

La Eucaristía es la acción de gracias del católico

Eucaristía es un término que viene del griego y significa "acción de gracias". Se refiere a la costumbre hebrea de dar gracias durante la comida por la creación, la redención y la santificación de Dios. Además, para los católicos la Eucaristía es el símbolo del amoroso cuidado de Dios. Jesús le ofrece vida a su pueblo a través del pan y del vino. Los católicos creen en la presencia de Jesucristo en la forma del pan y del vino, que se consumen en el sacramento de la Eucaristía. Para ellos, de esta manera Cristo se mantiene presente y al alcance de su Iglesia.

La preparación para la Primera Comunión se centra en la enseñanza sobre la Última Cena. Debido a que el nuevo comulgante recibe el sacramento de la Penitencia y de la Reconciliación (confesión) antes de la Comunión, la preparación para la Primera Comunión por lo general también incluye la enseñanza sobre la confesión. (Pronto hablaremos en detalle acerca de la confesión.) Éste es el momento en la vida del niño en el que empieza a asumir la responsabilidad moral.

A los católicos se les invita a recibir la comunión cada vez que asisten a misa, pero por lo menos deben recibirla una vez al año. Está reservada para quienes mantienen una relación plena con la Iglesia Católica, así que los invitados no católicos no deben participar de la Eucaristía.

Provisiones para el camino

Unidos con Cristo en la Eucaristía, los miembros de la congregación están unidos entre sí y forman un solo cuerpo. Ya que es un alimento tanto físico como espiritual, la comunión sirve de recordatorio de la práctica de caridad hacia los menos afortunados y predica la compasión por los pobres.

Hay más de dos en un matrimonio

En un matrimonio católico están implicadas tres partes: el esposo, la esposa y Jesucristo. El matrimonio no es sólo una relación permanente entre dos personas, también es una alianza de amor, basada en la Alianza entre Dios y su pueblo. Los votos matrimoniales van precedidos de una cuidadosa preparación y de oraciones; para los católicos, el matrimonio es para toda la vida, con muy contadas excepciones.

¡Sí acepto!

El matrimonio católico por lo general se realiza en la "Misa nupcial". Por lo general, en los asientos se encuentran folletos que ayudan a seguir la ceremonia. El cortejo nupcial entra en la iglesia en forma muy solemne y se acomoda en la parte delantera de la iglesia, cerca del altar. Después se inicia la celebración de la misa y el intercambio de votos. La pareja elige con anticipación las oraciones y las lecturas de las Sagradas Escrituras que se realizarán en la misa.

La expresión de consentimiento mutuo de los cónyuges es el elemento indispensable del sacramento del Matrimonio. Este consentimiento consiste en la expresión oral por medio de la cual cada uno acepta entregarse al otro: "Te tomo como esposa", "Te tomo como esposo". Este consentimiento se completa en que los dos se convierten en una misma carne. El sacerdote o el diácono reciben el consentimiento de los cónyuges a nombre de la Iglesia e imparte su bendición. El padrino y la madrina representan la relación de este matrimonio con la comunidad eclesiástica.

Una alianza, como un matrimonio, es algo más que un acuerdo civil; también es de naturaleza religiosa y las alianzas religiosas no pueden romperse. Los católicos creen que Dios entra en la alianza con la pareja, lo cual significa que ésta recibirá el apoyo y la percepción espiritual para mantener ese matrimonio en tanto los cónyuges mantengan la alianza. En otras palabras, Dios le da a la pareja la garantía espiritual de estar presente en ellos y a ayudarlos a crecer, tanto como pareja como en forma individual, a lo largo de toda su vida.

Una relación de alianza

Un matrimonio católico es una relación de alianza con Dios. La pareja se asocia con Dios en la creación; esto significa que uno de los objetivos básicos del matrimonio es tener hijos. El lazo matrimonial es un acuerdo espiritual, establecido por el mismo Dios. Requiere el libre consentimiento de la pareja, que es sellado por Dios. A diferencia de los otros seis sacramentos, los novios son los ministros principales de este rito y el sacerdote o el diácono sólo lo atestiguan a nombre de la Iglesia. En otras palabras, es la pareja la que celebra el matrimonio. Los novios católicos que entran en el matrimonio sacramental proclaman su amor mutuo, así como Cristo ama a la Iglesia.

El matrimonio católico implica una totalidad de experiencias. El cuerpo, la mente y el alma de los cónyuges se unen en uno solo. Es la unión del espíritu y la voluntad con el sentimiento y la pasión.

Para siempre es mucho tiempo

El matrimonio católico no puede disolverse. Ya que el consentimiento es tan importante, existe una preparación obligatoria para el matrimonio, denominada sesiones precanánicas. Estas sesiones de grupo, que por lo general son seis, consisten en oraciones y quizá en un retiro de fin de semana, en el que se abordan los aspectos religiosos y espirituales de la relación marital. Estas sesiones también son prácticas y se hacen ejercicios de comunicación y se habla de finanzas, sexualidad humana e higiene. Aunque el párroco coordina estas sesiones, cuenta con la ayuda de legos.

En el caso de los matrimonios mixtos, en los que uno de los cónyuges es católico y el otro no, se requieren más enseñanzas y preparación. El propósito es encontrar la forma en que la gente exprese plenamente su amor y su fe, para que pueda establecerse la unidad.

El divorcio es la disolución civil del matrimonio. La Iglesia no reconoce el divorcio entre dos personas bautizadas de ninguna denominación. Sólo reconoce la separación: en los casos en que es imposible que la pareja viva en armonía, la Iglesia permite la separación física. Sin embargo, el hombre y la mujer separados no están en libertad de volver a contraer otra unión.

Recordemos que el elemento clave del sacramento es el consentimiento. Si por alguna razón puede demostrarse que el consentimiento se dio bajo coerción, el matrimonio no es válido. En caso de que los cónyuges refuten la validez de su consentimiento, la Iglesia podría declarar nulo el matrimonio, lo que significa que la unión nunca fue válida. Este proceso de anulación es prolongado y se lleva a cabo en un tribunal eclesiástico.

Los dos extremos del matrimonio

Desde un principio, el núcleo de la Iglesia fue la "Iglesia doméstica". Es decir, la Iglesia estaba formada en gran medida por creyentes que eran parte de una familia. Por lo general, las personas no se convertían a la nueva religión como individuos, sino que lo hacían por familias enteras. El Concilio Vaticano II restableció la expresión "Iglesia doméstica" y la aplicó a la familia católica. Es en la familia donde se enseña la fe a los niños y el matrimonio representa la primera escuela de vida cristiana.

Desde tiempos de Agustín hasta el Concilio Vaticano II, las enseñanzas de la Iglesia específicamente han proclamado que "el objetivo básico del matrimonio es la procreación y crianza de los hijos; su objetivo secundario tiene que ver con la satisfacción sexual". El Concilio Vaticano II reiteró estos principios pero le dio una perspectiva diferente a la enseñanza al señalar que no habría implícita ninguna jerarquía en esos objetivos. Esto significa que tanto tener hijos como el goce sexual constituyen la intención básica del matrimonio.

El Orden no es sólo aceite en los dedos

El Orden es el sacramento mediante el cual un hombre se compromete para toda su vida a servir a la comunidad de la fe y, al hacerlo así, se vuelve símbolo de la presencia de Dios. Con este compromiso, la Iglesia le confiere la responsabilidad y el poder de celebrar la misa, de perdonar los pecados, de dar bendiciones, administrar otros sacramentos y ayudar en la vida espiritual del pueblo al que sirve.

El Concilio Vaticano II estableció que todos los católicos participan del sacerdocio de Cristo. Al mismo tiempo, reconoció que las personas ordenadas deben cumplir ciertas obligaciones de servicio en mayor grado que las personas no ordenadas. En la historia de la ordenación están entretejidas dos responsabilidades básicas. Primero, el sacerdote se hace cargo de las necesidades espirituales del pueblo. Segundo, cuida de la Iglesia institucional, lo que significa sus reglas y reglamentos.

Aunque el Orden es un sacramento que se recibe una sola vez, hay tres niveles y tres ordenaciones: diácono, sacerdote y obispo.

- El **diácono** ayuda al obispo y por lo general trabaja en asistencia social en la parroquia asignada. Realizan varios ministerios sacramentales, en especial el Matrimonio y el Bautismo.
- Los **sacerdotes** celebran la Eucaristía. Son nombrados como curas o pastores de parroquias.
- Los **obispos** celebran el sacramento del Orden y designan a los sacerdotes y diáconos de las parroquias. Están a cargo de todas las parroquias que constituyen su diócesis.

En los primeros siglos de la Iglesia sólo había obispos. Estos dignatarios realizaban tanto el ministerio pastoral cotidiano con los fieles, como cualquier otra responsabilidad institucional. Los obispos contaban con la ayuda de dos grupos: el concejo de presbíteros (posteriormente llamados sacerdotes) y los diáconos, que lo ayudaban en la liturgia y en las obras asistenciales. Con el tiempo, los presbíteros se fueron haciendo cargo de los trabajos prácticos mientras los obispos se dedicaban a la administración. La Iglesia reconoció el sacramento del Orden en el siglo XII. Desde el Concilio Vaticano II, la Iglesia Católica aclaró que este sacramento cubre los tres niveles: obispos, sacerdotes y diáconos.

La ceremonia

Los obispos son los únicos que pueden administrar el sacramento del Orden. Para los católicos, la *ordenación* se remonta en línea directa a los apóstoles; esta línea se llama *sucesión apostólica*. Para ordenar a un nuevo obispo se requieren tres obispos: uno oficia y los otros dos son testigos.

El ritual del Orden sigue esencialmente la misma forma en sus tres niveles. El obispo administra el sacramento en una misa especial, cuyas lecturas se dedican a la vocación ministerial. Se realiza en domingo, en la catedral de la diócesis, con la mayor cantidad posible de fieles.

Los ritos empiezan con la presentación de los candidatos y la llamada al frente de aquellos que se van a ordenar. Hay una "instrucción" por parte del obispo, quien les recuerda lo que se espera de ellos cuando reciban el cargo. Después hace una serie de preguntas para examinar la capacidad de la persona que quiere ser ordenada. Este interrogatorio es simbólico, claro, pues la preparación para este sacramento es muy extensa. Se recita la Letanía de los Santos y después el obispo impone las manos en aquellos que serán ordenados. Dicha acción es el signo visible de este sacramento.

Quienes son ordenados como obispos son ungidos con aceite consagrado, reciben el libro de los evangelios, un anillo, un bonete especial llamado mitra y un bastón llamado báculo. Los sacerdotes reciben una patena, que es un platillo de metal en el que se coloca la hostia de la comunión durante la misa, y un cáliz, que contiene el vino de la comunión. También les ungen los dedos con aceite consagrado, pues el sacerdote maneja la hostia consagrada. Los diáconos reciben un libro de los evangelios.

Unos cuantos hombres buenos

El término que se aplica a la decisión de entrar en el sacerdocio es *vocación*, palabra que viene del latín y significa llamado, con lo que se quiere decir que es Dios quien llama. La primera cualidad del sacerdote es su apertura y su capacidad de escuchar la voluntad o el llamado de Dios. Ya que el sacerdocio es un servicio de la Iglesia, las exigencias son altas. Requiere cualidades especiales de carácter en la persona llamada, como santidad, cercanía a Dios y desprendimiento.

El celibato es obligatorio para los sacerdotes y los obispos. Ser célibe significa que no pueden contraer matrimonio ni tener relaciones sexuales. El celibato de los sacerdotes se instituyó gradualmente a lo largo del primer milenio. Hay una excepción a esta regla en el rito oriental para los sacerdotes. Además, los clérigos casados de otras denominaciones que busquen ser ordenados en el catolicismo son aceptados como sacerdotes y deben mantener su matrimonio. Los diáconos también pueden casarse.

La ordenación se considera para toda la vida, por lo que hay un largo proceso de discernimiento antes de que alguien sea admitido en las etapas finales. El proceso de tomar la decisión es mutuo: disposición personal de los jerarcas de la Iglesia y evaluación de la adecuación del candidato. Los estudios pueden ser hasta de cuatro o cinco años después de la universidad. El seminario es una escuela de postgrado que tiene dos propósitos: uno es la enseñanza académica y el otro es la formación espiritual del candidato. El hombre no sólo debe demostrar su capacidad intelectual sino también su espiritualidad y disposición de servicio.

La Iglesia reserva la ordenación para los hombres, aunque también las mujeres pueden sentir el llamado al servicio público en la Iglesia. La mujer puede tomar varios caminos para el servicio o el ministerio en la Iglesia. Por lo general, las mujeres ingresan en las órdenes religiosas y, a través de éstas, sirven como maestras y trabajadoras asistenciales.

La penitencia no es sólo un leve castigo

Los católicos de más de 50 años podrán recordar que, de chicos, tenían que ir el sábado por la tarde a la iglesia para el acto de la confesión. Imagínese esta escena, un día de vacaciones en 1955. Usted y sus amigos están en lo más candente de un juego de fútbol cuando suena la voz de su madre por toda la cancha, para recordarle que es hora de ir a confesarse. Usted se lava apresuradamente la cara, se pasa el peine por el cabello y sale corriendo a la iglesia. Al abrir la enorme puerta delantera de la iglesia, el aire fresco se combina con la oscuridad interior para producir una sensación de calma... quizá de una perturbadora calma. La tarea a la que usted ahora se enfrenta es arrodillarse y recordar los acontecimientos de la semana transcurrida en los que pecó contra Dios o dejó de cumplir su voluntad. Entra en el confesionario y ruega: "Bendígame, padre, porque he pecado..." En un susurro confiesa sus pecados y concluye con el acto de contrición. Recibe las gentiles amonestaciones del párroco, junto con la penitencia que por lo general consistía en repetir varias oraciones: el Ave María, el Padre Nuestro y el Gloria. Después el sacerdote lo dejaba ir, libre de culpa, para regresar a su juego de fútbol y para "no volver a pecar".

El acto de contrición es el arrepentimiento, el rechazo del pecado cometido y la resolución de no volver a pecar.

Durante años, los católicos observaron este rito semanal de examinarse la conciencia, clasificando sus pecados según su importancia, y entrando en el confesionario para decírselos en forma anónima al párroco, que se sentaba al otro lado de una pequeña ventana con celosía. En la actualidad, la mayoría de los católicos no observa este rito semanal de confesión, pero el sacramento sigue siendo parte importante de la práctica eclesiástica. En esta sección veremos cómo es en la actualidad.

La confesión es buena para el alma

El sacramento de la Penitencia y de la Reconciliación se llamaba anteriormente "confesión" o "arrepentimiento". Este sacramento consta de dos partes: la persona confiesa sus pecados y el sacerdote se los perdona en nombre de Cristo. La persona que va a confesarse hace lo siguiente:

- Confiesa sus pecados al sacerdote.
- Expresa verdadero dolor por haberlos cometido.
- Se hace el firme propósito de enmendar su conducta.
- Realiza el acto de contrición.

A su vez, el sacerdote hace lo siguiente:

- Extiende el perdón de Cristo a través de la Iglesia.
- Determina la reparación (satisfacción) o penitencia.

El pecado mortal es una acción continua y persistente y una disposición negativa fundamental contra la voluntad de Dios. El pecado mortal tiene consecuencias graves. Los pecados veniales son ofensas menores y sus consecuencias son menos graves. La reconciliación significa "volver a reunirse" y cura la ruptura del pecado.

Examen de conciencia

El examen de conciencia, en el que la persona revisa sus pecados antes de confesarlos al sacerdote, tiene varios niveles. En un nivel, el individuo repasa los mandamientos, haciendo una lista mental de sus errores y pecados. Pero en un acercamiento más exhaustivo, uno va a un nivel más profundo y se hace preguntas como las siguientes:

- ¿Hubiera podido responder en forma más amorosa (en una situación dada)?
- ¿Qué hábito o tendencia tengo necesidad de cambiar?
- ¿En qué he contribuido a que haya problemas en mi mundo?
- ¿Dónde estoy teniendo problemas en mi vida espiritual?
- ¿Dónde necesito sanar?

Al examinar su conciencia de este modo, el católico se hace consciente de que necesita la gracia de Dios, ya que identifica hábitos de pensamiento o de conducta que lo limitan en su crecimiento espiritual.

La caja negra

Para los propios católicos, el rito de confesión parece misterioso y extraño. Empieza con un saludo del sacerdote a lo que el confesante responde: "Bendígame, padre, porque he pecado" y el tiempo transcurrido desde su última confesión. Después la persona dice sus pecados y el sacerdote hace preguntas para ayudarle a aclararse sus pecados.

Una vez que la persona, también llamada penitente, ha dicho todos sus pecados, el sacerdote le pregunta si está arrepentida. El penitente hace el acto de contrición y el sacerdote le impone la penitencia, dice: "Tus pecados te son perdonados; vete y no peques más", e imparte la bendición. Para ser perdonado por Dios, el penitente debe cumplir su penitencia y hacer el propósito de enmienda.

Anteriormente era común recibir este sacramento en el confesionario, como el tradicional que se muestra en la siguiente ilustración. El sacerdote se sentaba en la cabina del centro, a cuyos lados había una ventanita con celosía que daba a las otras dos cabinas. Cuando el penitente de la derecha se estaba confesando, la ventanita de la izquierda estaba cerrada para que nadie más pudiera escucharlo. No había luz, siempre se hablaba en voz baja y había una total sensación de anonimato.

En la actualidad, los católicos tienen la opción de confesarse cara a cara, en una sala de reconciliación. De este modo, la persona se sienta junto al sacerdote y se confiesa en una forma más coloquial.

Además de la confesión privada, las parroquias organizan servicios comunitarios de penitencia, para hacer énfasis en el carácter comunal del pecado. En los servicios comunitarios se hace énfasis en aclarar las consecuencias sociales de todo tipo de pecados. En estas ceremonias hay lecturas bíblicas y se reflexiona acerca de la respuesta católica a problemas sociales. Al finalizar estos servicios, las personas tienen la oportunidad de ir a confesarse en forma individual.

Confesionario tradicional de la iglesia católica de Cristo Rey, Nashville, Tennessee.

(Cortesía del decano H.L. Caskey)

El sigilo sacramental

La reconciliación celebra el perdón y la acción curativa de Cristo. A través de este sacramento, los pecadores se reconcilian con Dios y con su comunidad. La reconciliación fortalece la introspección y la responsabilidad moral. La Iglesia Católica enseña que los individuos son responsables de sus acciones desde la edad de discernimiento, que es entre los 7 y los 12 años, cuando el niño adquiere la noción del bien y del mal. A partir de esa edad, los católicos deben recibir el sacramento de la Eucaristía y el de la Reconciliación por lo menos una vez al año. La Iglesia enseña que todos los pecados son perdonables. El sacerdote está obligado, bajo penas muy severas, a guardar en absoluto secreto todo lo que escucha en la confesión. Esta regla no admite excepciones y se llama *sigilo sacramental.*

Culpa: el don que dejamos atrás

En el sacramento de la Penitencia y de la Reconciliación se reconoce que el pecado crea un bloqueo entre el católico y Dios. El efecto de la reconciliación es restablecer la íntima amistad de la persona con Dios. Esto por lo general va seguido de una sensación de paz y serenidad, el reforzamiento del espíritu y de alegría. El perdón absuelve la culpa. El penitente continúa su camino, desembarazado del pasado y participa plenamente en la vida católica.

Confesionario contemporáneo, con la opción de confesarse cara a cara en las dos sillas que se ven al fondo, o en la forma tradicional, en el reclinatorio y la pantalla del frente.

Catedral de la Encarnación, Nashville, Tennessee.

(Cortesía del decano H.L. Caskey)

La Unción de los enfermos no es un simple adiós

Antes del Concilio Vaticano II, el sacramento de la Unción de los enfermos se llamaba "extremaunción". Se han contado muchas historias de algún católico que, al despertar de un profundo sueño durante una enfermedad grave, se encontraba a un sacerdote administrándole la extremaunción o los viáticos, como también se llamaban. Ya que los viáticos eran el equivalente espiritual de llamar a una ambulancia, o peor aún, ese encuentro le decía al creyente que seguramente no se iba a recuperar. Y es fácil imaginar el efecto que esto podía tener. Aun en la actualidad, cuando un sacerdote va a visitar a un católico enfermo, por lo general se le saluda diciéndole: "No necesitaba venir hoy; me estoy sintiendo muy bien".

El viático es el nombre con el que se designan tres sacramentos que se administran a una persona en peligro de muerte, muy gravemente enferma o débil y anciana. El viático consiste en los sacramentos de la Penitencia y de la Reconciliación, la Eucaristía y la Unción de los enfermos. El nombre anterior de este último era *extremaunción* y por lo general sólo se administraba cuando la persona estaba al borde de la muerte. El nuevo nombre, Unción de los enfermos, deja en claro que este sacramento está relacionado con la curación.

Las reglas anteriores reservaban este sacramento para los católicos que estaban al borde de la muerte y sólo se les administraba una vez. Después de las reformas del rito se ha extendido su uso como ayuda curativa para los enfermos graves y los ancianos débiles; ahora se puede recibir varias veces. Ofrece la sanación de Dios a quienes tienen enfermedades físicas graves y quienes necesitan sanación interna. En la actualidad se les puede ofrecer a los católicos que sufren de adicciones y enfermedades mentales o emocionales. Los católicos también reciben la unción antes de someterse a una operación de cirugía mayor.

El sacerdote coloca las manos sobre el enfermo y reza en silencio. Después le unge la frente con aceite consagrado (aceite consagrado por el obispo el Jueves Santo) y dice: "A través de esta santa unción, que el Señor en su amor y misericordia te ayude con la gracia del Espíritu Santo". Después le unge las manos y dice: "Que el Señor, que salva del pecado, te salve a ti y te levante". Este acto puede ir precedido de la Reconciliación y seguido de la Eucaristía.

Este sacramento honra la presencia curativa de Cristo, tanto en lo físico como en lo espiritual. Tiene poderes fortificantes y curativos y aporta plenitud y bienestar a quien lo recibe. Este sacramento otorga los siguientes dones:

- Cura en la forma de reforzamiento, paz y valor para superar las dificultades que acompañan a las enfermedades graves y a la edad avanzada.
- El don de darle un significado espiritual a los problemas físicos y de salud.
- Preparación y fortalecimiento para la jornada final.
- Perdón de los pecados.

Así como los sacramentos de iniciación (Bautizo y Confirmación) dan inicio a la jornada católica mediante la unción, el último sacramento señala el fin de la jornada vital y ofrece un fortalecimiento a través de la unción.

Transformación para la comunidad

Antes de la reforma de este sacramento en el Concilio Vaticano II, la extremaunción era un asunto muy privado entre el sacerdote y el moribundo. En la actualidad, sin embargo, con la conciencia de los efectos de la enfermedad y de la muerte en la familia y la comunidad, los amigos y familiares son invitados a participar en este rito.

Durante los primeros 800 años del catolicismo, los fieles llevaban a su casa el aceite de consagrar para ungir a sus familiares enfermos. Hasta el Concilio Vaticano II, la unción quedó reservada para el ministerio del sacerdocio y se mantuvo sólo para "el lecho de muerte". Pero esta restricción no tomaba en cuenta la curación física y espiritual que se logra con el sacramento. Se hizo común que ciertos domingos del año la ceremonia de unción fuera parte de la misa. En dichas ceremonias, las personas necesitadas de curaciones especiales pasaban al frente para ser ungidas. Los demás miembros de la parroquia atestiguaban, oraban y apoyaban la curación de las personas.

En tal ambiente puede ocurrir una intensa transformación, cuando gran número de personas rezan por quienes están enfermos. El acto abre al participante a un cambio de conciencia y produce un profundo sentido de comunidad y conciencia de la propia jornada espiritual.

Como podemos imaginar, los siete sacramentos son esenciales para la vida del católico devoto. En el próximo capítulo hablaremos de la Virgen María, quien ha sido llamada "el sacramento del pueblo".

Capítulo 11

¿Quién es María?

Es imposible imaginar el catolicismo sin la Virgen María. Su lugar en la Iglesia no tiene rival. Así como Jesús es el sacramento de Dios y la Iglesia es el sacramento de Jesús, María es el sacramento del pueblo. Desde los primeros años hasta el presente, la Virgen María ha sido homenajeada con oraciones, música, cantos, procesiones, devociones y misas especiales en todo el mundo. Las catedrales y basílicas más importantes del mundo se construyen en su honor. El campo está lleno de pequeñas capillas donde los peregrinos celebran vigilias en su nombre. Todo esto es testimonio del amor que el pueblo siente por ella. La Virgen María es la embajadora plenipotenciaria del pueblo. Está profunda y estrechamente entretejida en la trama católica. En este capítulo explicaremos la importancia de la Virgen María para la Iglesia Católica.

¿Los católicos adoran a María?

Hay dos preguntas básicas respecto de la Virgen María y su lugar en la Iglesia Católica. La primera es quién es María. La segunda es si los católicos la adoran. Empecemos con la segunda pregunta.

No, los católicos no adoran a la Virgen María. Son devotos de ella, la veneran y la honran como Madre de Jesús, pero no la adoran. Los católicos sólo adoran a Dios en las tres personas de la Santísima Trinidad: Padre, Hijo y Espíritu Santo. María es reverenciada por su relación con Dios a través de Jesús. A través del tiempo, ella ha sido llamada Madre de Cristo, Madre de Dios, la nueva Eva, virgen madre, Mediadora, Corredentora, Reina de los Cielos y Madre de la Iglesia. Tiene muchos títulos, desempeña muchos papeles y es un personaje poderoso en la vida espiritual católica, pero los católicos no la consideran divina, por lo que no es adorada como Dios. Entonces la pregunta que surge es la siguiente: si los católicos no adoran a María, ¿cuál es el lugar que ocupa en la Iglesia?

María es la favorita del pueblo

¿Quién es María? Se ha escrito mucho acerca de ella y, sin embargo, esta pregunta sigue confundiendo a los teólogos y académicos actuales, como lo ha hecho desde hace siglos. Quizá para la gente común sea más fácil comprender su misterio que para los letrados. Pues María habla y se le aparece al pueblo común y éste la entiende en forma intuitiva. Por todo el mundo se han levantado en su honor desde pequeñas capillas hasta enormes catedrales, además de que se le dedican imágenes, oraciones y poesías. Cientos de miles de peregrinos se dirigen cada año a los lugares donde se ha aparecido y muchos de ellos aseguran que allí ocurren milagros. La relación de la Virgen María con el pueblo en muchos casos es un problema para el católico intelectual y analítico, pero no se le puede descartar por medio de razonamientos.

Mediadora y corredentora

Mediadora es una palabra que viene del latín y significa "alguien que va en medio". En el cristianismo, Cristo es el mediador entre la humanidad y Dios; Jesús es el redentor. Él vino para redimir a la raza humana de los efectos del pecado de Adán y Eva, de su desobediencia de la orden de Dios de no comer el fruto de un árbol determinado del jardín del Edén. Debido a su pecado se cerraron las puertas del cielo y se rompió la relación entre Dios y su pueblo. Los católicos, al igual que todos los cristianos, creen que toda la humanidad comparte las consecuencias de la desobediencia de Adán y Eva en el jardín del Edén.

- María colaboró con Dios al aceptar, con pleno conocimiento y disposición, la solicitud de Dios para que diera a luz a Jesús.
- María dio a luz a Jesús, con lo que trajo al pueblo la gracia redentora.
- Como madre que presenció la muerte de su hijo, ella participó activamente en el sacrificio redentor de Jesucristo.

La Iglesia le ha dado el título de mediadora a la Virgen María desde hace siglos, cuando se refiere a su papel como colaboradora con Dios para traer a Jesús al mundo. En el Oriente se le aplicó desde el siglo V y, en Occidente, desde el IX. Sin embargo, su papel en la *redención* está sujeto a debate. La pregunta clave que rodea este punto es si lo que soportó María al traer a Jesús al mundo y ser parte de su sufrimiento, muerte y resurrección, la convierte en mediadora y corredentora junto con su divino hijo.

El reconocimiento tan especial de María en la Iglesia como Madre de Dios siempre le ha valido un destacado lugar en la vida espiritual católica. En tiempos recientes se estableció una comisión para examinar su situación en este sentido. A la fecha no se ha anunciado ninguna declaración oficial, aunque en muchos de sus escritos, el papa la llama mediadora.

María, la mujer misteriosa

María, la mujer a la que llaman Madre de Dios, está profunda y misteriosamente relacionada con la historia católica. No se escribió nada acerca de ella hasta 30 años después de la muerte de Cristo. Quizá por esta misma brevedad y superficialidad de las referencias bíblicas, la Virgen María ha crecido en el corazón y la mente del pueblo. Es un misterio y, como tal, deja mucho a la imaginación.

En todos los periodos de la historia encontramos imágenes de María y, a través de estas imágenes, podemos ver reflejos de fe religiosa. Empero, en ninguna parte parece haber una imagen completa: ni en las Sagradas Escrituras, ni en la teología ni en los escritos populares. Para entender a María y la posición que ocupa en la Iglesia Católica es útil examinar estas fuentes, así como las creencias que existían en las culturas precristianas del norte de África, de Grecia, Roma y Turquía. También es necesario ver la influencia que tuvieron estas creencias en la forma en que se concibió y definió el papel de María en la Iglesia.

Virgen y madre sin problemas

El título de Madre Virgen se originó en Oriente en los primeros años del Nuevo Testamento. Aunque ahora parece una contradicción hablar de una madre que es virgen, este título se le aplicó a María desde una cultura precristiana. En el mundo precristiano, el nacimiento de una virgen por lo general indicaba la divinidad de la persona. En otras palabras, los dioses nacían de vírgenes y esto ocurría con bastante regularidad en las religiones paganas. Nacer de una virgen era importante para que se supiera que Jesús era Hijo de Dios, pues le indicaba a la gente que el niño había sido concebido por origen divino y no mundano, y además resonaba con las tradiciones de otras religiones. El nacimiento de una virgen le decía a la gente que estaba ocurriendo un milagro.

En el mundo antiguo, el término *virginidad* estaba asociado con la autonomía y no tenía connotaciones físicas ni morales. Significaba libertad de elegir. Incluso en épocas posteriores, Isabel I, la reina virgen de Inglaterra, no fue virgen en el sentido moderno del término, sino una mujer de poder que no podía ser sometida ni poseída. La virginidad era una cualidad mental y emocional. El estado virginal de María representaba su completa autonomía y ella dijo sí a la solicitud de Dios, con lo que hizo posible la Encarnación (el nacimiento de Dios en Jesús). En esta acepción del término, el constante estado virginal de María no era un ejercicio de imaginación para la cultura en la que surgieron esos relatos.

"Ahora y en la hora de nuestra muerte..."

Hay otros dos papeles importantes que desempeña María para los católicos: como Madre y como Reina de los Cielos. A ella se le dio el título de Reina de los Cielos para demostrar su poder sobre la muerte. Para lo católicos, ella desafió a la muerte pues fue subida al cielo en cuerpo y alma; así, su cuerpo no se deterioró en la tumba como el de cualquier mortal, sino que se preservó. Esta creencia se resume en la Asunción de la Virgen María a los cielos. Los católicos creen que María domina a la muerte como Reina de los Cielos.

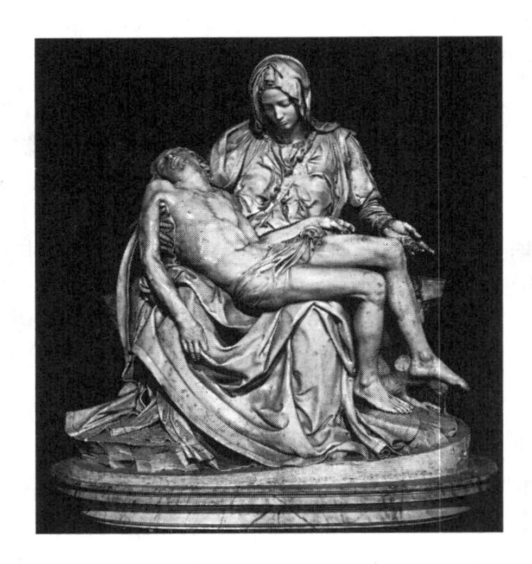

La Piedad *de Miguel Ángel.*

(Cortesía de Alinari/Art Resource, Nueva York)

María es "la madre de misericordia, dulzura y esperanza". El papel de María como mediadora junto con Su Hijo, Jesús, les da fuerza a los vivos, pero su mayor función es en el concepto de la muerte y la redención. De acuerdo con el catolicismo, ya que María es humana, tiene la relación más estrecha con Cristo, quien no le puede negar sus peticiones. María es la misericordiosa, la que no juzga sino simplemente ama. En la última frase del Ave María, la súplica "ruega por nosotros, los pecadores, ahora y en la hora de nuestra muerte", expresa la creencia popular en la misericordia de María y su particular relación con la muerte y el cielo. El católico se dirige a ella para que abogue por él ante la justicia divina. En el cielo, María le da a Dios un rostro humano, como hiciera en la tierra. María conoce la forma de llegar al corazón de Dios. A través de ella, Dios se vuelve tangible como "Dios de misericordia".

La historia incompleta de María

Entonces, ¿quién es María? El Nuevo Testamento contiene muy poca información acerca de sus orígenes, su familia, su nacimiento y la forma en que conoció a José. Éste era un carpintero que estaba comprometido con María. Cuando descubrió que ella estaba embarazada, le preocupó su reputación pues podría ser tratada como adúltera. Pero entonces se le apareció un ángel y le dijo que el niño había sido concebido por obra de Dios. Él se casó con ella y se convirtió en su protector. ¿Era José un hombre de edad avanzada? No se le menciona después de la infancia de Jesús y, por tanto, no se sabe lo que le sucedió. ¿Estaba José con María en las bodas de Caná?

¿Qué edad tenía María al momento de la Anunciación, cuando el ángel se le apareció y le pidió que fuera la madre del Hijo de Dios? ¿Ocurrió la Anunciación en el intervalo acostumbrado entre el compromiso y el matrimonio? ¿Cómo es que una sencilla muchacha judía como María estaba tan familiarizada con las Escrituras hebreas, como manifiesta en Lucas 1, 46-55? (Cuando María repite las palabras del profeta Isaías y dice: "Mi alma glorifica al Señor".) ¿Tuvo hermanos Jesús? Nos quedamos con muchas preguntas sin respuesta.

Los padres de María, Ana y Joaquín, eran viejos y posiblemente ya habían pasado la edad normal de tener hijos. Se dice que el nombre de María se deriva del hebreo y significa mirra y también "portador de luz". San Jerónimo la llamó *Stella Maris*, lo que significa "estrella del mar" y que se convirtió en uno de sus títulos. Otras fuentes relacionan el nombre de María con Marah, el lugar de aguas amargas que se menciona en el relato del éxodo. En esta interpretación, su nombre significaría terca e incluso rebelde. Por lo visto, incluso el nombre de María es un misterio.

El concilio de Éfeso

A pesar de lo poco que se dice de Ella en las Sagradas Escrituras, la leyenda de María siguió creciendo, especialmente en los alrededores de la ciudad de Éfeso, Turquía, donde la diosa madre Artemisa gozaba de particular veneración. La leyenda decía que Artemisa, como representación de la gran madre, vivía en los bosques de la Arcadia, cerca de Éfeso. Después las leyendas cristianas colocaron a María en esa misma zona, viviendo en sus años de ancianidad en Éfeso. Fue también en Éfeso donde San Pablo se encontró a la multitud que gritaba "¡Es grande Artemisa de Éfeso!", cuando trataba de predicar.

El concilio de Éfeso se realizó el año de 431 D.C. en esa ciudad de Turquía. Fue convocado por la Iglesia para dirimir la controversia en torno de María y aclarar las doctrinas respecto de la naturaleza dual de Jesucristo. La pregunta esencial fue: ¿tuvo Cristo dos naturalezas, una humana y otra divina? ¿O tuvo una sola que era al mismo tiempo humana y divina?

Estos temas planteaban una cuestión muy importante respecto de la Virgen María. ¿Fue ella la Madre de Dios o sólo de Jesús? Si María era llamada Madre de Jesús, lo que es distinto de ser Madre de Dios, se separaría la naturaleza de Jesús en dos diferentes: una humana y otra divina. La cuestión era un difícil dilema para la Iglesia, pues ésta quería preservar su fe en la naturaleza tanto humana como divina de Jesucristo.

El concilio se decidió por la doctrina de que Jesús tuvo una sola naturaleza y era tanto verdaderamente Dios como verdaderamente hombre. Designó a María como Madre de Dios, lo cual la elevó a un lugar central en la redención. Ya no era simplemente la colaboradora en el plan de Dios, sino que su disposición de cooperar hizo posible la redención del hombre.

Theotokos: Madre de Dios

A María se le dio el nombre eclesiástico oficial de *Theotokos*, la Madre de Dios, con lo que se legitimó la creciente difusión de liturgias, himnos, oraciones y leyendas procedentes del mundo oriental. Esta decisión nutrió la teología y las creencias sobre María. Se dijo que había sido llevada en cuerpo y alma por Dios para reinar en los cielos, suceso al que se denomina Asunción. La Iglesia declaró que esta creencia era cierta y la convirtió en creencia esencial o dogma de la Iglesia.

La Virgen María evoca profundos sentimientos en la gente. El florecimiento cultural del Medievo permitió que la gente se enamorara de sus imágenes y proclamara su reinado como Reina de los Cielos. Lo que siglos atrás había sido un elemento central en el arte de oriente se convirtió en el centro de atención del arte occidental. La Madonna y su divino hijo cautivaron la imaginación cultural. María se volvió madre de toda la humanidad. Escritores y pensadores de todos los tiempos, como Tomás de Aquino, construyeron el marco intelectual y teológico que le permitió ser celebrada en la Iglesia. Y vaya que fue celebrada: fue representada en estatuas, pinturas, emplomados y en la arquitectura, lo que contribuyó a crear una enorme comunidad de devotos de María. Ella representa lo que muchos sentían que estaba faltando: el lado femenino de Dios.

Apariciones aquí, allá y en todas partes

La Iglesia Católica define aparición como la presencia de un ser en estado sobrenatural, que normalmente estaría más allá de los sentidos físicos. Entonces, en términos generales, la *aparición* se refiere siempre a la presencia de alguien que ya ha muerto. Las apariciones de Jesús, de María y de los ángeles son parte de la cultura católica. Ha habido numerosas visiones o apariciones de la Virgen María en todo el mundo y algunas de las más célebres han sido las de Lourdes en Francia, las de Fátima en Portugal y las del Tepeyac en México.

Después de una amplia investigación, la Iglesia puede determinar si una aparición es auténtica. Cuando se declara auténtica una aparición, dicha declaración no obliga a todos los católicos a creer en la aparición. Más bien significa que la Iglesia considera que no hay daño en creer en ella. Es decir, tales declaraciones de autenticidad no constituyen un *artículo de fe*. Los artículos de fe son las enseñanzas en que deben creer los católicos y están basadas en las creencias oficiales de la Iglesia. Son creencias fundamentales como la Trinidad, la Inmaculada Concepción y la Encarnación. Una vez que se ha declarado un artículo de fe, éste se vuelve parte de la fe unificadora de la Iglesia. Las apariciones se consideran fuentes de gracia y útiles para la adoración a Dios.

Las aguas curativas de Lourdes

Lourdes es un pueblo del sureste de Francia donde la Virgen María se le apareció a Bernadette Soubirous en varias ocasiones, del 11 de febrero al 25 de marzo de 1858. En ese periodo, la pequeña Bernadette dijo haber visto 18 apariciones de una dama muy hermosa. La dama guió a la niña para descubrir un flujo de agua, donde le indicó que bebiera y se bañara. Después le dijo que tendría efectos curativos. Entonces la dama le pidió a Bernadette que se le levantara una iglesia en las cercanías. En su última aparición, le dijo: "Yo soy la Inmaculada Concepción". Cuatro años antes, el papa había proclamado como artículo de fe la doctrina de la Inmaculada Concepción, que se refiere a la concepción de María en el seno de su madre, libre del pecado original.

Fátima para la paz mundial

Fátima es un pequeño pueblo del centro de Portugal donde, en 1915, tres niños tuvieron la visión de una figura velada. A lo largo el siguiente año, en tres ocasiones vieron a un ángel que les dijo que era el ángel de la paz. El divino mensajero los exhortó a rezarle al corazón de Jesús y María. Después de la aparición del ángel, los niños empezaron a ver a una señora.

La dama se les apareció de pie en una nube, sobre una conífera, cerca de una pequeña cueva. En sus visitas a los niños, les hablaba con mucha intimidad. En la sexta y última visita, se identificó como la Virgen del Rosario e hizo énfasis en la importancia de rezar el rosario todos los días, como devoción al Inmaculado Corazón de María, para producir la paz en todo el mundo. "Si la gente no se dedica a la oración", les dijo, "estallarán más guerras." Pidió también que Rusia se consagrara al Inmaculado Corazón. Cuatro meses después de su advertencia estalló la Revolución Rusa. Muchos papas han visitado la capilla que se levantó en Fátima.

En Fátima, la Virgen prometió un signo de la autenticidad de lo que estaba diciendo. A pesar de que las autoridades locales se esforzaron por desacreditar a los niños, el rumor de las apariciones se esparció y así, el 13 de octubre, frente a una multitud de 50 mil personas, la Virgen hizo bailar al sol en el cielo. El astro se salió de su órbita y a los ojos de la multitud pareció hundirse en la tierra.

Nuestra Señora de Guadalupe: Patrona de América

La Virgen de Guadalupe se le apareció en 1531, en las afueras de la Ciudad de México, a un indígena campesino de nombre Juan Diego. Su imagen quedó estampada en la tilma (manto) y se encuentra expuesta en la basílica que se construyó en su honor. Fue nombrada Patrona de América. Científicos del MIT han examinado la imagen de la tilma y confirmaron un fenómeno interesante, que es parte del milagro. En los ojos de la imagen puede verse el reflejo de las personas presentes durante la primera aparición. El manto, fabricado de yute, ha permanecido en condiciones excepcionales. Los expertos señalan que una tela similar normalmente ya se habría desintegrado para estas fechas. La Basílica de Guadalupe es un sitio de peregrinaje muy popular y atrae fieles de todo el mundo.

Las fiestas y devociones de María

A lo largo del año litúrgico hay 16 fiestas consagradas a la Santísima Virgen. Además de esos días festivos se le dedican a la Virgen los meses de mayo y de octubre, así como numerosas devociones. En esta sección veremos siete de sus fiestas principales.

La Inmaculada Concepción de María, el 8 de diciembre; el nacimiento de María, el 8 de septiembre

Mucha gente cree equivocadamente que el término *Inmaculada Concepción* se refiere a que María concibió a Jesús sin pecar, pero en realidad indica la exclusiva condición de María de haber sido concebida libre del pecado original. Demuestra que desde su concepción, ella ocupaba un lugar prominente en el plan de Dios para redimir al hombre. Dios dispuso su inmaculada concepción como homenaje a ella y para preparar la llegada del Salvador a través de ella. La fiesta de la Inmaculada Concepción se convirtió en día de precepto en 1854. En España, los católicos celebran este día decorando la casa con flores y banderas y encendiendo velas en las ventanas la noche anterior a la fiesta.

El cumpleaños de la Virgen María cae nueve meses después y en ese día se le celebra como don de Dios para la humanidad. Las fiestas tradicionales, que existían antes de esta fecha y que ahora están asociadas con la Natividad de María, son las celebraciones de acción de gracias, el inicio del verano indio y de la temporada otoñal de siembra. En muchas iglesias católicas se bendicen las cosechas.

La Anunciación, el 25 de marzo, y la Visitación, el 31 de mayo

Cerca del equinoccio de primavera, la Anunciación marca la celebración de la concepción de Jesús en el vientre de María. Ocurre nueve meses antes de la fiesta de Navidad, el nacimiento de Cristo.

En la Europa medieval, la Anunciación se celebraba con cabalgatas y procesiones. Un niño, vestido de ángel y representando a María, colgaba de una cuerda. Conforme el niño iba descendiendo, las mujeres arrojaban dulces en los bancos de la iglesia para los niños. Se decía que el arcángel Gabriel traía del cielo estos dulces. En Rusia se bendecían grandes obleas de trigo para después repartirlas al término de la misa. La gente guardaba trozos de estas obleas para enterrarlos en los campos y asegurar una buena cosecha, por la relación que había entre la fertilidad de María y la fertilidad de la tierra.

La fiesta de la Visitación celebra la visita de María a su prima Isabel, inmediatamente después de la Anunciación. Se cuenta que el bebé que estaba en el seno de Isabel, que llegaría a ser Juan el Bautista, se movió al reconocer al Mesías en el vientre de María.

María, Madre de Dios, el 1 de enero

María, Madre de Dios es una fiesta instituida en Jerusalén ya a mediados del siglo IV. Fue llamada la Presentación del Niño Jesús en el templo y se celebra el 1 de enero, pues se seguía la ley judía de presentar en el templo a los niños al octavo día de su nacimiento. Esta fiesta se centra en la obediencia de María y Jesús a la ley mosaica. En un tiempo, esta fiesta se pasó al 2 de febrero y coincidió con la fiesta pagana de las luces. Este día de fiesta también es llamado la Solemnidad de María.

La Asunción, el 15 de agosto

La Asunción es una de las fiestas de María más antiguas y es una fecha importante en el año litúrgico. Se celebra que María fue llevada al cielo en cuerpo y alma para ser coronada como Reina de los Cielos. Las procesiones litúrgicas empezaron ya en el año 701 D.C.. En algunas ciudades europeas, la jornada de María a los cielos se simboliza cargando su estatua por las calles. También se realiza una procesión con enormes velas encendidas en la iglesia, llamada en Italia *candelieri*.

La bendición de las hierbas es una tradición medieval de la fiesta de la Asunción y fue llamada "día de las Hierbas de Nuestra Señora". Esa fecha se bendicen las hierbas para reforzar sus propiedades curativas. Se le ofrecen a la Virgen las primeras uvas y se bendicen también los botes pesqueros. En Inglaterra e Irlanda, una antigua tradición recomienda un baño ritual ese día para conservar la buena salud.

Nuestra Señora de Guadalupe, Madre de América, el 12 de diciembre

La Virgen de Guadalupe es la santa Patrona de América y es la clave para entender el catolicismo en el Nuevo Mundo. El 12 de diciembre, la Virgen María es celebrada como Patrona de América. Ella es Madre de todos y, como alguna vez fue pobre, tiene especial inclinación por los pobres. Este día se festeja su aparición ante Juan Diego en el cerro del Tepeyac, cerca de la Ciudad de México, en 1531.

María, como símbolo de madre universal, es un recordatorio de la relación común de todas las personas. Ella ofreció a su hijo, Jesús, para romper las viejas estructuras y categorías de casta, clase, religión, raza y género, recordándonos constantemente que todos somos hijos del mismo Dios.

Los altares de mayo

En un salón de escuela católica durante el mes de mayo aún es posible encontrar un altar de mayo. Hace algunos años, era seguro encontrarlo allí. Los altares de mayo se levantaban en los salones de clase y en las casas, como parte de las devociones a María durante el mes de mayo. En estos altares figuraba en forma destacada una estatua o imagen de la Virgen, por lo general contra un fondo de tela y rodeada de flores frescas. Era deber de los estudiantes mantener flores frescas a María todo el mes. Además había una vela encendida frente a su imagen. Otra antigua devoción de mayo era la ceremonia de coronación, en la que se coronaba de flores una estatua de María.

María es una de las figuras por la que los católicos son más conocidos. En este capítulo, usted ha tenido la oportunidad de aprender mucho acerca de la Virgen María y de las devociones en su honor. En la siguiente parte veremos otras devociones, sacramentales y oraciones de los católicos. Así que si alguna vez se ha preguntado qué significa el agua bendita, las estatuas, el misticismo, los cantos y muchas otras cosas católicas, ésta es su oportunidad de averiguarlo.

Capítulo 12

Alimentos para la imaginación

Como ya hemos explicado, los católicos se relacionan con Jesús y con Dios a través de los sentidos y de la imaginación. En efecto, la imaginación católica está llena de imágenes que permiten entender el mundo desde un punto de vista espiritual y responden al mundo en oración. En este capítulo analizaremos los sacramentales, esos "pequeños" sacramentos que contribuyen a desarrollar la *imaginación católica* y hacen que la vida cotidiana sea más espiritual. Los sacramentales nos relacionan con la naturaleza inmanente de Dios, esto es, su tangibilidad, así como con su naturaleza trascendente, que está más allá de este mundo.

Los sacramentales: pequeños sacramentos

Si usted entra en una iglesia católica verá un crucifijo, que es la cruz con la figura de Cristo. También notará muchos colores, texturas, olores y claroscuros en la iglesia. Encontrará coloridos vitrales que, por lo general, representan escenas de la vida de Jesucristo, de los santos, a los ángeles o alguna obra moderna de arte. En la iglesia en sí podremos encontrar tres o cuatro capillas, además del altar central o mayor, con estatuas e imágenes de San José, la Virgen María y otros personajes.

La Anunciación, en un vitral de la iglesia católica de Cristo Rey en Nashville, Tennessee.

(Cortesía del decano H.L. Caskey)

Al igual que las fotografías de los antepasados que admiramos, las imágenes y estatuas santas nos conectan con el recuerdo que tenemos de quienes están representados. Nos relacionan con aquello que significaba esa persona, en especial con los valores que encarnaba. Casi todo mundo tiene un objeto que perteneció a un abuelo, un familiar o un amigo, para quien dicho objeto fue sagrado. Cuando vemos o usamos alguno de estos objetos, recordamos las anécdotas que lo acompañan.

Por ejemplo, quizá usted tenga una vajilla o un juego de cubiertos que hayan pertenecido a su madre. Cuando usted pone la mesa, recuerda la influencia que ella ejerció en su vida y los valores que ella representaba. Al hacerlo así, para usted cobra vida el espíritu de ella. Es como si ella pudiera alcanzarle a través del tiempo y del espacio y estar de nuevo a su lado. Tales platos funcionan de un modo sacramental, ya que le conectan con las nociones que eran sagradas para aquella persona.

La diferencia entre los sacramentales de la Iglesia y los personales, es que los primeros se relacionan con Dios y sus santos, más que con los recuerdos familiares de alguna persona. Conectan al creyente con la vida y los tiempos de Jesucristo.

¿Por qué los católicos tienen a Jesús en la cruz?

Quizá el sacramental más utilizado por los católicos sea el crucifijo. Para los católicos el crucifijo es un sacramental porque los conecta con la historia de Jesús y con los valores que Él enseñó. Aunque la mayoría de las demás religiones cristianas no usan el término sacramental, todas usan el símbolo de la cruz, aunque la cruz que podemos ver en el mundo protestante es diferente del crucifijo católico. El crucifijo es una *cruz* sobre la que aparece el cuerpo de Cristo crucificado.

Los católicos prefieren el crucifijo a la cruz simple, ya que los ayuda a sentirse más relacionados con Jeús como hombre. Para muchos no católicos, la imagen de Cristo crucificado parece brutal, pero para el católico hace que cobre vida la historia de la vida, muerte y resurrección de Jesús. Además, los católicos sienten que la cruz sin Cristo representa más una idea que un acontecimiento de la vida real ocurrido a un hombre que también era el Hijo de Dios.

Es larga la historia de la cruz y el crucifijo. A principios del siglo IV, antes de una batalla, el augusto romano Constantino soñó con una cruz y escuchó las palabras "con este signo vencerás". Constantino mandó poner el signo de la cruz en los escudos de sus tropas y ganó las batallas por las que llegó a ser emperador de Roma en el año 312 D.C. Al año siguiente promulgó el edicto de Milán con el que legalizó el cristianismo.

Desde entonces, la cruz ha sido el símbolo universal del catolicismo y hay unas 400 variedades de cruces. En algún momento de la Edad Media, el cuerpo de Jesús fue acoplado en la cruz y esta imagen se conoció como crucifijo. El crucifijo es uno de los símbolos de la religión católica más fácilmente reconocible. Los católicos colocan el crucifijo ostensiblemente en el altar en las iglesias y en sus hogares, además de traerlo en collares.

Crucifijo expuesto en el lugar más destacado detrás del altar, en la iglesia católica de Cristo Rey en Nashville, Tennessee.

(Cortesía del decano H.L. Caskey)

Cuatro estilos de cruz.

(Bob O'Gorman y Mary Faulkner)

Objetos católicos: estampas y estatuas sagradas

Las estatuas se encuentran en todas partes del mundo católico: en las iglesias, los hogares, en los jardines e incluso montadas en el tablero del auto. En los altares laterales de las iglesias católicas se observan estatuas de la Virgen María, San José, del santo patrono de la parroquia y de otros santos, de los cuales San Miguel Arcángel, San Antonio y Santa Teresa son especialmente populares. Una de las figuras preferidas en muchas iglesias es la del Santo Niño de Praga. Es una estatua de Jesús niño, representado como niño rey. Se acostumbra adornar la estatua con ropajes muy elaborados.

Las estatuas de las iglesias varían en tamaño, desde medio metro hasta tres o cinco metros de altura. Pueden ser obras de arte muy modernas o representaciones tradicionales que no han cambiado desde la Edad Media. A partir del Concilio Vaticano II se le ha restado importancia a tener estatuas en las iglesias, pero en general sigue siendo una tradición a la que la gente no quiere renunciar.

Otro sacramental muy difundido son las estampas. En el pasado, los estudiantes de las escuelas católicas recibían estampas como premio por obtener la mejor calificación en un examen. Las estampas son más o menos del tamaño de los naipes de la baraja. De un lado está la imagen de un santo; del otro lado hay una oración. Las estampas pueden ilustrar momentos de la vida de Jesús, de la Virgen María, de los santos o de los ángeles. De bella presentación, las estampas se prestan para formar colecciones y, de hecho, los jóvenes solían coleccionarlas —como hacen actualmente con las tarjetas de béisbol—, usándolas como marcadores en sus libros de oraciones e intercambiándolas en la iglesia (hasta que eran sorprendidos).

Quizá el uso más común de las estampas sea en las funerarias. Cuando usted firma el libro de visitas, se le ofrece una estampa, con una imagen de un lado y un salmo o plegaria en el otro, con el nombre y las fechas del difunto. Estas estampas se guardan en el libro de oraciones o en casa, en la biblia familiar, como recordatorio de que hay que rezar por el difunto.

Otro grupo de sacramentales importante son las medallas, de diversos tamaños, con la efigie de Jesucristo, la Virgen María o de algún santo, y que se usan colgadas de una cadena alrededor del cuello. Al igual que otros objetos, las medallas deben ser bendecidas para ser consideradas santas. Las medallas son buenos regalos en fiestas religiosas y cumpleaños. Por lo general se selecciona una que muestre al santo patrono de la persona. El propósito de usar una medalla es invocar la ayuda y protección del santo representado.

Las coronas de Adviento

Las coronas de Adviento son sacramentales que aparecen en la vida católica tanto en la casa como en la iglesia en la época de Adviento, durante las cuatro semanas anteriores a la Navidad. La corona de Adviento se forma con ramas frescas de pino y cuatro velas colocadas a igual distancia en el círculo. Tres de estas velas son de color morado y la otra es rosada. Estas cuatro velas representan los cuatro siglos que el pueblo esperó el nacimiento de Cristo.

En la iglesia, el sacerdote enciende una vela cada semana y dice una plegaria especial, para preparar a los fieles para la llegada de Jesús. La tercera semana se enciende la vela rosada. Su objetivo es levantar los ánimos durante las cuatro largas y oscuras semanas antes de la Navidad. La cuarta semana se encienden las cuatro velas y los corazones saben que la Navidad está por llegar.

Corona de Adviento en la iglesia católica de Cristo Rey de Nashville, Tennessee.

(Cortesía del decano H.L. Caskey)

En las iglesias se usan coronas grandes y, en ocasiones, éstas se encuentran suspendidas del techo frente al altar. En la casa, los católicos colocan una corona en la mesa, donde sirve para la devoción familiar. Se acostumbra que uno de los padres lleve a cabo la bendición de la corona antes de usarla. Antes de la comida, un miembro de la familia enciende una vela y dice una oración. Las coronas de Adviento enseñan el significado espiritual de la estación y le dan a los niños, ansiosos de que llegue la Navidad, algo que hacer mientras esperan el gran día.

La señal de la cruz

Uno de los gestos más evidentes que identifican a los católicos es la señal de la cruz, es decir, el santiguamiento. En efecto, una de las primeras cosas que los padres católicos le enseñan a sus hijos es a santiguarse. De hecho, es raro ver un partido de futbol en el que alguien no se santigüe antes de tirar un penal.

La señal de la cruz se hace con los dedos de la mano derecha abierta:

- Se toca la frente al decir: "En el nombre del Padre";
- se toca el pecho (a la altura del corazón) al decir: "del Hijo";
- se toca el hombro izquierdo al decir: "y del Espíritu";
- se toca el hombro derecho al decir: "Santo";
- se besa la cruz formada por los dedos pulgar e índice (o simplemente se juntan ambas manos) al decir: "Amén".

Muchas plegarias se inician y terminan con la señal de la cruz. El sacerdote también realiza este movimiento al dar su bendición a la gente. La señal de la cruz expresa una de las verdades básicas de la fe católica: la existencia del Padre, del Hijo y del Espíritu Santo.

Bendiciones para todo

Bendecimos al Señor por lo que ha hecho por nosotros y a cambio recibimos las bendiciones de Dios. Los católicos reciben la bendición del sacerdote pero éste también bendice objetos. ¿Qué puede bendecirse? Nombre usted cualquier ser viviente u objeto —caballos, perros, gatos, lanchas, autos, bicicletas, cosechas, campos, jardines— y probablemente haya una bendición con su respectiva leyenda. Difícilmente hay algo que no pueda ser bendecido.

En muchas parroquias se invita a los fieles a llevar sus mascotas a ser bendecidas el 4 de octubre, día de San Francisco. Los relatos sobre el amor de San Francisco por la naturaleza y por todos los animales, han conquistado el corazón y la imaginación de personas de todos los credos religiosos. En las comunidades agrícolas, los sacerdotes bendicen los campos, los tractores y otros equipos; en los pueblos pesqueros se bendicen los botes; en cualquier comunidad se bendicen las casas y los autos.

La bendición no es una práctica exclusiva del catolicismo. Probablemente en la mayoría de las religiones se le pide a la divinidad que ponga especial atención en algo determinado. Las bendiciones son una forma de reconocer que la gente depende de Dios y de confirmar su creencia en que Dios se interesa en sus actividades diarias. La bendición conecta estrechamente a la gente con la omnipresencia de Dios.

Cuando un sacerdote bendice algo, por lo general usa agua bendita, que es agua que ha sido bendecida y reservada para usos sagrados. El sacerdote rocía a la persona o al objeto y hace la señal de la cruz en la cabeza del individuo al que está bendiciendo. Si está bendiciendo un objeto o a una multitud, la señal de la cruz la hace en el aire con la mano y dice algo como lo siguiente: "Que Dios te bendiga y te proteja, en el nombre del Padre, del Hijo y del Espíritu Santo, Amén".

El sacerdote debe bendecir los objetos antes de que éstos puedan ser usados en forma sacramental. El acto de bendecirlos reserva esos objetos para usos espirituales. A partir de entonces, quienes los usen deben tratarlos con respeto. La bendición cambia la conciencia acerca del objeto; cambia el concepto que tengamos de él y el trato que le demos. Las cruces, los rosarios, las medallas y otros objetos católicos, son simples objetos mientras el sacerdote no los bendiga.

Manos, rodillas, cabezas y sombreros

Otro gesto sacramental se basa en la tradición de unir las manos, con los dedos hacia arriba, en la conocida posición de plegaria. Esta posición de las manos simboliza que quien está orando se encuentra concentrado en Dios. Algunos dicen que esta práctica originó la forma de las torres de las iglesias. Por supuesto, la plegaria es aceptable en cualquier posición, en cualquier momento.

Como se explicó en el primer capítulo, los católicos hacen una genuflexión ante el altar, para mostrar su respeto por la presencia de Dios. Por lo general lo hacen también antes de tomar asiento en la iglesia. Y hacen una genuflexión al pasar frente al altar en cualquier momento.

Arrodillarse es otra de las prácticas católicas y los visitantes suelen hacer comentarios sobre este arrodillarse y levantarse en la misa católica. También se acostumbra bajar la cabeza, quitarse el sombrero o santiguarse al pasar frente a una iglesia. Por lo general, la cabeza se inclina al nombre de Jesucristo.

Los elementos sagrados: tierra, aire, fuego y agua

Como ya se explicó antes, muchos rituales católicos tienen su raíz en los elementos de aire, tierra, fuego y agua. Los elementos conectan al católico con su mundo físico y le recuerdan que Dios está presente aquí y ahora, en el mundo cotidiano. El uso sacramental de los elementos santifica la relación del católico con la Tierra, con los demás católicos y con el Creador.

Hojas de palma y cenizas

Las hojas de palma son sacramentales que se usan una vez al año, el Domingo de Ramos, el anterior a la Pascua. Ese día, Jesús entró triunfalmente en Jerusalén y la multitud agitaba palmas y las ponía en su camino como signo de honor. De igual manera, la iglesia distribuye palmas que son sostenidas durante la lectura de ese pasaje del evangelio el Domingo de Ramos. La tradición es tejer adornos con la palma y colocarlos junto a una imagen sagrada o un crucifijo en la casa.

El Miércoles de Ceniza indica el inicio de la Cuaresma, periodo de seis semanas antes de la Pascua. La celebración del Miércoles de Ceniza se inicia con la misa, y la asistencia a este evento es mayor que en cualquier otro día del año. La gente viene a participar en una de las prácticas favoritas de la Iglesia: tomar ceniza, la cual le es ungida en la frente.

Los sacerdotes preparan las cenizas para esta ceremonia quemando las hojas de palma del año anterior. Ya sea antes o después de la misa, la gente se alinea frente al altar. El sacerdote hunde el pulgar en un pequeño recipiente de vidrio que contiene las cenizas, y después frota la frente de cada persona, marcando una cruz y dando el recordatorio bíblico: "Recuerda que polvo eres y en polvo te convertirás" (Génesis 3, 19).

El escritor católico Garry Wills habla del valor terrenal de esta ceremonia y afirma que es un momento en que el católico se enfrenta a la muerte. "Algunos sentimientos no son comunicables. Uno no puede explicarle a los demás, ni siquiera a sí mismo, cómo es que las cenizas frotadas en la frente pueden ser un bálsamo para la mente. El rechinido de las cenizas trituradas marca el cuerpo para la muerte y, empero, hace que este presagio de la tumba en cierta forma sea reconfortante." A lo largo del día, las actividades poco a poco eliminan las cenizas de la frente, pero siempre queda una brizna como recordatorio de la ceremonia.

El agua bendita

Cuando un fiel entra a la iglesia, instintivamente estira el brazo derecho para sumergir los dedos en la pila de agua bendita, que por lo general se encuentra empotrada en la pared detrás de la puerta. El católico entonces se bendice con el agua bendita haciendo la señal de la cruz. El agua bendita es agua que ha sido bendecida en una ceremonia especial, dentro de los rituales de la Vigilia Pascual y se usa a lo largo de todo el año.

Santiguarse con el agua bendita es un símbolo de la renovación del Bautismo católico. En el sacramento del Bautismo, el sacerdote vierte agua sobre la frente y hace la señal de la cruz. Santiguarse con agua bendita al entrar en la iglesia es un ritual de limpieza que, en forma simbólica, nos lava del mundo externo e indica que estamos entrando en un lugar sagrado.

Los santos óleos

Los santos óleos es aceite que se bendice y se reserva para ser usado al administrar varios de los siete sacramentos. Tradicionalmentne, el aceite se usa como bálsamo curativo, como agente de limpieza y como reforzador. En la Iglesia se usa en el Bautismo, la Confirmación, la Ordenación y la Unción de los enfermos.

El uso del aceite para ungir a los fieles ahora se ha vuelto más común en la Iglesia que antes, ya que se han popularizado las ceremonias de sanación. En muchas parroquias se reserva un domingo al mes para que los creyentes vayan a recibir oraciones y a ser ungidos, como ayuda para su curación física o emocional. También es posible que en la parroquia se celebre una ceremonia especial de consagración de alguien que esté por irse de voluntario a las misiones, por un año más o menos. Esa persona recibe la bendición y es ungida con aceite.

La sagrada rueda del tiempo

La Iglesia sigue el tiempo de acuerdo con el nacimiento y la resurrección de Jesús, mediante el denominado calendario litúrgico. Este calendario establece la pauta de las fiestas y las temporadas que ocurren cada año. Gravita en torno de las dos celebraciones principales de la vida de Cristo: su nacimiento, en Navidad, y su resurrección en Pascua.

- Con el **Adviento** se inicia el año litúrgico, el primer domingo de Adviento, y dura hasta el 24 de diciembre.
- La **Navidad** empieza con la vigilia de la Nochebuena, el 24 de diciembre, y dura hasta el domingo posterior a la fiesta de la *Epifanía*, que se celebra el 6 de enero.
- El **tiempo ordinario** se inicia después del domingo siguiente al 6 de enero, y dura hasta el día anterior al Miércoles de Ceniza.
- La **Cuaresma** se inicia el Miércoles de Ceniza y dura hasta la misa del Jueves Santo de la Última Cena.

- El **Triduo Pascual** se inicia con la misa del Jueves Santo y dura hasta el Domingo de Pascua.
- El **tiempo de Pascua** empieza el Jueves Santo y dura 50 días hasta la fiesta de Pentecostés. La Pascua se celebra el domingo siguiente a la primera luna llena después del 21 de marzo, el equinoccio de primavera. Este sistema de determinar la fecha de la Pascua viene de la forma en que los judíos establecían la fiesta de la *Pesáh*.
- El **tiempo ordinario** vuelve a iniciarse el día después de Pentecostés y termina el día anterior al Adviento. El tiempo ordinario designa el tiempo entre las dos temporadas principales, la de Navidad y la de Pascua.

Además del ciclo dominical aquí mostrado, hay otros dos ciclos de festividades en el calendario eclesiástico. El segundo ciclo está formado por el santoral, la celebración de uno o más santos que se hace cada día del año. El tercer ciclo está formado por las fiestas de la Santísima Virgen. Este ciclo no es oficial pero sí muy popular. Consiste en los meses de mayo y de octubre, que están dedicados a celebraciones especiales de la Virgen María. Además, hay más de 15 fiestas en su honor a lo largo del año, empezando con la Inmaculada Concepción, el 8 de diciembre, hasta la fiesta de la Asunción, el 15 de agosto.

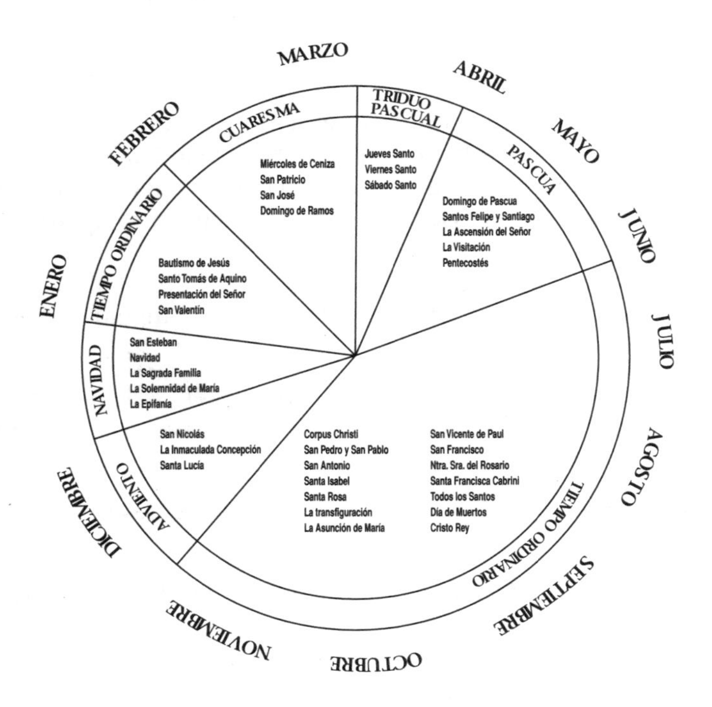

El calendario litúrgico de la iglesia, mostrado en forma de rueda anual.

(Bob O'Gorman y Mary Faulkner)

Celebración de los tiempos

Los católicos celebran cada tiempo leyendo los textos bíblicos apropiados a la festividad. En la misa siempre hay una lectura del Antiguo Testamento, de una Epístola y de un Evangelio. Las lecturas siguen una rotación de tres años. Los evangelios son los de Marcos, Mateo y Lucas, respectivamente. El color de las vestimentas del sacerdote y de las diversas decoraciones de la iglesia también va de acuerdo con el tiempo litúrgico. Por supuesto, la música de la misa también cambia con los tiempos.

Capítulo 13

Oraciones y música católicas: poesía tangible

La oración eleva la mente y el corazón, alejándolos de los problemas cotidianos, y abre el alma para recibir a Dios. La oración no es sólo una acción, ni tampoco sólo palabras. Es todo eso y más. Conforme nos vamos haciendo conscientes de la presencia de Dios en nosotros mismos y en todas las cosas, nuestra vida entera se vuelve una oración. La oración nos abre al nivel más profundo de nuestro ser: el alma.

La oración es como poesía ofrecida a Dios. Se vuelve tangible cuando está conectada con ciertos objetos, tales como el rosario, o con música sacra, como es el canto gregoriano. Los dedos repasan las cuentas del rosario mientras la mente evoca imágenes de los misterios de la vida de Jesucristo. El oído despierta al sonido del canto de los salmos. La mente se aquieta, entra en estado contemplativo y es tocada por Dios. Hay muchas formas de oración y en este capítulo analizaremos tres de ellas.

La oración personal

Desde el principio de los tiempos, la gente ha experimentado un ansia, una necesidad profundamente instintiva, por encontrarle sentido a la vida. Esta sensación crea la idea de que hay algo con lo que anhelamos hacer contacto. Este reconocimiento ya es una oración en sí mismo. Podríamos empezar por definir la oración como la atención que damos a esta necesidad básica.

La oración personal representa una relación íntima y directa con Dios y constituye los cimientos de la espiritualidad. Aunque la Iglesia tiene muchos rituales y celebraciones comunitarios, siendo la misa el principal de todos, a los católicos se les exhorta a fomentar sus oraciones personales.

La definición católica estándar de oración distingue cuatro tipos:

- La **plegaria** es, con mucho, el tipo más común. En la plegaria le pedimos a Dios que nos ayude en nuestras necesidades de la vida; busca la intervención divina.
- Con la oración de **gratitud** agradecemos a Dios por sus bendiciones y dones, tanto aquellos por los que pedimos como los que no esperábamos.
- Con la **adoración** expresamos nuestra devoción, nuestro amor y el reconocimiento de que el creyente católico depende absolutamente de Dios.
- Con la oración de **contrición** pedimos perdón, reconocemos nuestras faltas y expresamos nuestro pesar por ellas.

Las formas de oración personal son las siguientes:

- La **recitación**, como el rosario, las letanías, el Vía Crucis y otras oraciones memorizadas.
- Las **lecturas espirituales**, como pasajes de la Biblia, en especial del libro de los Salmos.
- El **recogimiento**, que consiste en tomarse unos momentos a lo largo del día para recordar la presencia de Dios en nosotros mismos y en los demás.
- La **contemplación**, que puede consistir en pasar un tiempo calmado en reflexiones internas.
- Llevar un **diario** en el que escribamos nuestros pasajes predilectos de otros libros y registremos nuestras interpretaciones y reflexiones acerca de ellos.

Ninguna forma de orar es mejor que otra y no hay una forma que sea la correcta. Las oraciones católicas tradicionales son de diferentes tipos y de diferentes formas. La oración es personal e íntima. No importa cómo lo haga uno; la única preocupación importante es que uno lo haga.

El rosario

De todas las oraciones católicas, el rosario es la devoción más popular. La palabra rosario significa "guirnalda de rosas", pues la rosa es una de las flores con las que se simboliza a la Virgen María y el rezo del rosario está íntimamente ligado con ella. Hay un relato que dice que la Santísima Virgen le ha revelado a varias personas que, cada vez que alguien reza un Ave María, le ofrece una hermosa rosa. Cuando rezamos el rosario, estas oraciones se convierten en una guirnalda de rosas.

El rosario también es la sarta de cuentas que usan los católicos para contar las oraciones que forman el rosario. Estas cuentas pueden estar hechas de madera, vidrio o gemas, pero también pueden ser simples nudos en una cuerda. Los rosarios varían desde los más sencillos hasta los de aspecto más elegante. Pero todos son objetos comunes mientras no los bendiga un sacerdote. En ese momento se vuelven sagrados y deben ser tratados con respeto.

Si usted preguntara qué práctica sacramental representa más al catolicismo, con toda seguridad la respuesta sería el rosario. Una imagen conocida para personas de cualquier religión es la de los católicos arrodillados en la iglesia, los labios moviéndose en silenciosa oración, mientras con los dedos repasan las cuentas. Otra imagen es la de las monjas con sus hábitos tradicionales, con un rosario en la cintura, tan grande que casi llega al suelo. También encontramos rosarios colgados del espejo retrovisor en los autos de los católicos. Y sabremos que una persona es católica si, al final de su vida, le enredan un rosario entre las manos al meterlo en el ataúd y lo entierran con él.

Como ritual, el rezo del rosario implica dos elementos: la oración en silencio y en voz alta. La oración en silencio consiste en una meditación acerca de los misterios de la vida y muerte de Jesucristo y de su madre, la Virgen María. La oración en voz alta consiste en rezar las oraciones correspondientes, que se indican en la siguiente sección. Estos dos elementos juntos crean una meditación concentrada que ayuda a sosegar la mente.

Los orígenes del rosario

Se cree comúnmente que Santo Domingo (1170-1221), fundador de la orden de los dominicos, tuvo una visión de la Santísima Virgen, en la que ella le pidió que fomentara entre la gente el rezo del rosario en su honor, como una forma de invocar su ayuda. El rezo del rosario era parte de las prácticas espirituales monásticas muchos siglos antes de Santo Domingo. Además, la costumbre de contar oraciones repetidas mediante una sarta de cuentas, nudos en una cuerda e incluso guijarros en un cuenco, era común entre budistas, musulmanes y otras religiones no cristianas.

Los monjes cristianos usaban cuentas para contar los 150 salmos que cantaban en latín como parte de su vida de oración. Ya que algunos monjes, como la mayoría de la gente común, no sabían leer latín, se improvisó un sustituto de los 150 salmos. Empezaron a usar cuentas para rezar 150 padrenuestros, divididos en grupos de 50. Con el tiempo se integró la oración del Ave María a esta forma de oración. En ese tiempo, el rosario era llamado Salmodia de Nuestra Señora y constaba de las 150 avemarías que reemplazaron a los 150 salmos.

Cómo rezar el rosario

De las muchas versiones del rosario, la más popular es la dominica. En su forma completa, el rosario consta de 15 decenas. Cada *decena* es un grupo de diez cuentas y se dice una oración con cada cuenta. El rosario común sólo tiene cinco decenas. La siguiente ilustración muestra la imagen de un rosario.

Como ya dijimos, el rosario se basa en la repetición y en la meditación; es una práctica espiritual. Ésta es la forma en que se reza:

1. Sosteniendo el crucifijo, haga la señal de la cruz y rece el Credo de los Apóstoles.
2. Rece un Padre Nuestro en la primera cuenta grande.
3. En cada una de las siguientes tres cuentas menores rece un Ave María, pidiendo que se le fortalezcan la fe, la esperanza y la caridad.
4. En la siguiente cuenta grande rece un Gloria y después un Padre Nuestro.
5. Recuerde el primer misterio del rosario y rece un Padre Nuestro en la siguiente cuenta grande.
6. Rece un Ave María en cada una de las siguientes diez cuentas pequeñas, al tiempo que reflexiona en el misterio. Esto constituye una decena.
7. Cada decena subsecuente se reza del mismo modo, recordando el misterio correspondiente, rezando un Padre Nuestro, diez Ave María y un Gloria, y reflexionando en el misterio siguiente.
8. El rosario por lo general se concluye con la Salve.

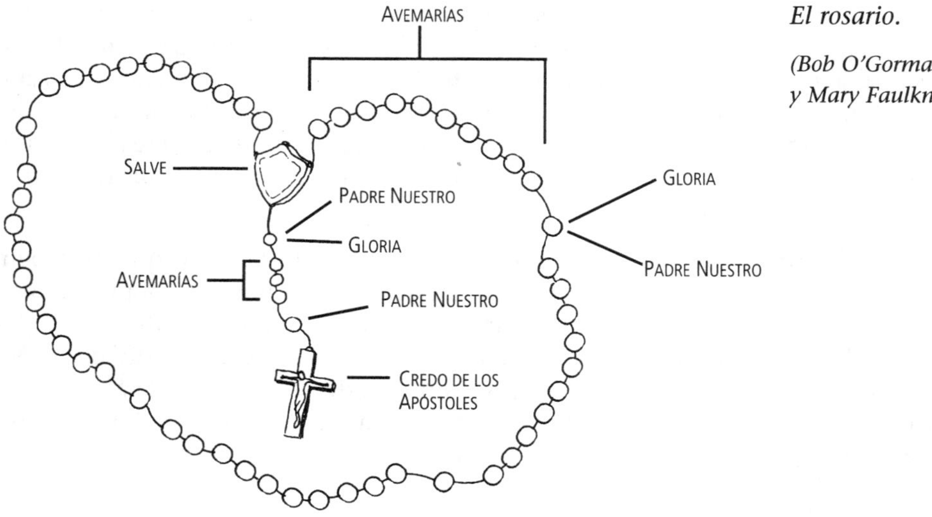

El rosario.

(Bob O'Gorman y Mary Faulkner)

Las oraciones del rosario

Las siguientes son las oraciones que forman el rosario.

- **Padre Nuestro.** Padre Nuestro, que estás en el cielo, santificado sea tu nombre; venga a nosotros tu Reino; hágase tu Voluntad, así en la tierra como en el cielo. Danos hoy nuestro pan de cada día; perdona nuestras ofensas como también nosotros perdonamos a los que nos ofenden; no nos dejes caer en tentación y líbranos del mal. Amén.
- **Ave María.** Dios te salve María, llena eres de gracia, el Señor es contigo, bendita tú eres entre todas las mujeres, y bendito es el fruto de tu vientre, Jesús. Santa María Madre de Dios, ruega por nosotros los pecadores, ahora y en la hora de nuestra muerte. Amén.
- **Gloria.** Gloria al Padre, al Hijo y al Espíritu Santo. Como era en el principio, es ahora y siempre por los siglos de los siglos. Amén.
- **El Credo de los Apóstoles.** Creo en Dios Padre Todopoderoso, creador del cielo y de la tierra, y en Jesucristo su único Hijo, Nuestro Señor, que fue concebido por obra y gracia del Espíritu Santo; nació de Santa María Virgen, padeció bajo el poder de Poncio Pilato, fue crucificado, muerto y sepultado, descendió a los infiernos, al tercer día resucitó de entre los muertos; subió a los cielos, y está sentado a la derecha de Dios Padre Todopoderoso; desde allí ha de venir a juzgar a vivos y muertos. Creo en el Espíritu Santo, en la Santa Iglesia Católica, en la comunión de los santos, en el perdón de los pecados, en la resurrección de la carne, y en la vida eterna. Amén.
- **La Salve.** Dios te salve, Reina y Madre, Madre de misericordia, vida, dulzura y esperanza nuestra. Dios te salve, a ti clamamos los desterrados hijos de Eva. A ti suplicamos gimiendo y llorando en este valle de lágrimas. Ea, pues, Señora abogada nuestra. Vuelve a nosotros esos tus ojos misericordiosos, y después de este destierro muéstranos a Jesús, fruto bendito de tu vientre. ¡Oh clemente! ¡Oh piadosa! ¡Oh dulce siempre Virgen María!

Los quince misterios del rosario

En la religión católica se usa mucho la palabra *misterio*. Ésta se refiere a creencias importantes acerca de Dios, Jesucristo y la Virgen María que, siendo parte de la religión, no pueden sustanciarse fuera de la creencia religiosa. Otra forma de decirlo es que son expresiones importantes de la fe del pueblo. Los quince misterios del rosario se encuentran en tres grupos de cinco y representan acontecimientos gozosos, dolorosos y gloriosos de la vida de Jesús y de la Santísima Virgen.

Como ya se dijo, el rosario es una práctica espiritual basada en la oración y la meditación. La repetición de las oraciones sosiega la mente y la prepara para la contemplación de los momentos de la vida de Jesucristo. Las cuentas apaciguan los dedos inquietos o nerviosos, dándoles algo que hacer. Éstos son los misterios en que los católicos meditan al rezar el rosario; son los momentos comunes de la religión.

Misterios gozosos

1. La Anunciación
2. La Visitación
3. La Natividad
4. La Presentación
5. El Niño Jesús es encontrado en el templo

Misterios dolorosos

1. La agonía en el huerto
2. La flagelación
3. La coronación de espinas
4. La carga de la cruz
5. La crucifixión

Misterios gloriosos

1. La Resurreción
2. La Ascensión
3. El Descenso del Espíritu Santo
4. La Asunción de la Virgen
5. La Coronación de la Santísima Virgen María

¿Cuándo se reza el rosario?

El rosario es tanto una oración individual como una devoción de grupo. La Iglesia exhorta a las familias a que recen el rosario como práctica devocional familiar a lo largo de todo el año pero en especial durante los meses de mayo y octubre. Éstos son los meses dedicados a la Virgen María y en muchas iglesias se realizan devociones diarias para rezar el rosario.

Además de rezar el rosario, las cuentas mismas son un artículo devocional muy estimado. Los católicos suelen llevarlo en el monedero o en la bolsa, lo tienen junto a la cama o lo cuelgan de alguna imagen sagrada. Los sacerdotes bendicen los rosarios en un ritual en el que éstos se vuelven sacramentales y dejan de ser simples sartas de cuentas. Muchos católicos le dan especial importancia a los rosarios que han sido bendecidos por su obispo o por el papa.

Monasterios, misticismo y oración contemplativa

La *oración contemplativa* es la práctica de la tradición de la Iglesia, llamada *misticismo*. El misticismo y la oración contemplativa se desarrollaron como parte de la vida monástica. Claro, también en muchas otras tradiciones religiosas existen la contemplación, el misticismo e incluso los monasterios.

En la Iglesia Católica, la práctica contemplativa se inició en los primeros años, cuando muchos recién convertidos se iban al desierto para alejarse del mundo y sus complicaciones (por no hablar de las persecuciones) y orar y meditar sin interrupción. Esta práctica ha existido en todas las épocas de la Iglesia Católica: San Agustín en el siglo V, Santa Hildegarda de Bingen en la Edad Media, el místico inglés del siglo XVI, Julián de Norwich, un poco después Santa Teresa de Ávila y San Juan de la Cruz y, en los tiempos modernos, Thomas Merton. La tradición mística de la contemplación sigue vigente hoy en día en monasterios de todo el mundo.

La vida monástica que se lleva en los conventos fue uno de los ámbitos de la Iglesia en los que las mujeres tuvieron igualdad de oportunidades. Fue la primera oportunidad que tuvieron de desempeñar un papel activo en la Iglesia y en la sociedad desde los primeros años del cristianismo, con el liderazgo de Jesucristo, cuando había mujeres que participaban plenamente en su círculo interno. Los conventos se volvieron centros de aprendizaje, oración y buenas obras.

El monaquismo

El concepto básico del monaquismo es la reclusión o retiro del mundo y de la sociedad. El objeto es alcanzar una vida cuyo ideal sea diferente al de la cultura dominante. Los religiosos se apartan del mundo para presevar aquellos valores que están amenazados por la cultura. El monaquismo se encuentra en todos los sistemas religiosos que han alcanzado un alto nivel de desarrollo ético y por lo general está basado en la abnegación, el compromiso con rezos específicos, el ayuno y el trabajo duro. Detrás de todas estas prácticas está el profundo compromiso de preservar un conjunto de ideales.

El monaquismo cristiano empezó desde los primeros años de la Iglesia. Los cristianos sentían la necesidad de establecer un fuerte compromiso unos con otros y de crear una estructura segura en la cual funcionar. De este modo tomaron *votos* respecto a la vida en común. La vida de los primeros monjes era de extrema privación y penurias. En el siglo VI, la vida monástica quedó bajo la influencia de San Benito y se atemperó el énfasis en la abnegación.

La liturgia de las horas

Por todo el mundo, gente de todas las religiones reza las 24 horas del día, los siete días de la semana, todo el año. Este fenómeno humano representa el reconocimiento de la relación sagrada entre Dios y la creación. La forma que adoptan estas oraciones en la Iglesia Católica se llama Liturgia de las Horas.

La Liturgia de las Horas reconoce los poderes inherentes de la naturaleza contenidos en las horas del día y las estaciones del año. Los documentos más antiguos de la humanidad señalan que los momentos sagrados del amanecer, el mediodía, el atardecer y la noche, son momentos de ofrecer oraciones y cantar himnos. Los judíos adaptaron estas prácticas de sus vecinos y tomaron el libro de los salmos como fuente de sus oraciones cotidianas. Los primeros católicos siguieron esta antigua tradición, como una forma de cumplir el mandato bíblico de "orar constantemente". Los grandes momentos del cristianismo siguen el mapa de los momentos sagrados de la antigüedad: la mañana es el momento de la Resurrección, la media mañana corresponde a Pentecostés, el mediodía es el tiempo de la Crucifixión, la media tarde es la hora de la muerte de Cristo y la tarde es la Última Cena.

Esta liturgia, junto con la celebración diaria de la misa, es parte de las oraciones oficiales de la Iglesia, lo cual significa que la Iglesia las dice todos los días. Se supone que los jerarcas de la Iglesia deben decir la Liturgia de las Horas todos los días. En los monasterios y conventos, esta oración se canta en forma comunitaria de acuerdo con las horas designadas.

La Liturgia de las Horas está formada de himnos, salmos, textos de la Sagrada Escritura y oraciones. Las siete horas tradicionales y su carácter espiritual son las siguientes:

- La **vigilia** (o **maitines**) es el momento de observancia de la noche. Esta oración se celebra a media noche, cuando uno está envuelto en la oscuridad y en el silencio de la oración y meditación, esperando la llegada de la mañana.
- Las **laudes** son las oraciones del amanecer, con las que se da gracias a Dios por la primera luz, como en el principio de la creación, y por la luz de la resurrección de Cristo. En estas oraciones se expresan la alegría y el optimismo por un nuevo comienzo y la conciencia de la inocencia.
- Las **tercias** se rezan a media mañana; estas oraciones invocan fuerzas cuando se empieza el trabajo y el día se hace más fuerte. Esta hora es recordatorio de Pentecostés y de la llegada del Espíritu Santo, que reforzó a los apóstoles.
- Las **sextas** se rezan a mediodía, cuando el sol arde directamente sobre las cabezas. Uno se ha desgastado y es casi imposible la conciencia de Dios. Esta oración es una llamada a la perseverancia y un recordatorio de que la crucifixión de Cristo empezó a esta hora.

- Las **nonas** se rezan a media tarde e invocan más perseverancia y fuerza para continuar la jornada cuando uno ya pasó su mejor hora y debe seguir adelante. El sol está bajando. Al reconocer en esta hora la muerte de Cristo, uno toca su propia finitud.
- Las **vísperas** se celebran al final del día. La luz vespertina baña al mundo con tonos dorados y lo transfigura. Uno puede ver más allá de los afanes cotidianos. Ésta es la hora de la sabiduría, del descanso y de dar gracias después del trabajo del día.
- Las **completas** son las últimas oraciones antes de retirarse por la noche. Preludian el fin de la vida y conducen a la oscuridad de la noche y a la oscuridad de los misterios de Dios. Estas oraciones son un delicado ejercicio cotidiano en el arte de morir.

Misticismo: la fuerza femenina de la Iglesia

La palabra misticismo viene de la misma raíz que misterio y puede entenderse como la práctica de la meditación. Se le ha llamado el tiempo fuerte de la oración. En el estado de meditación, el místico tiene la experiencia de Dios. La práctica del misticismo logra un estado de conciencia que lleva al practicante más allá de la experiencia religiosa ordinaria para alcanzar un lugar profundo dentro del ser, en el que Dios se experimenta intuitivamente. Los místicos hablan de sensaciones exquisitas de ardiente deseo por Dios. Dicen ser consumidos por este amor de una forma que es incomprensible y que está más allá de las palabras. La experiencia mística está más allá de la razón, de la argumentación o del interés por probar la existencia de Dios. A través de un encuentro de este tipo, el místico llega a conocer la naturaleza de Dios. Dos mujeres que tuvieron gran influencia en el misticismo y en la vida conventual fueron Santa Catalina y Santa Teresa.

Una mujer fuera de serie

Si Catalina de Siena (1347-1380) viviera en la actualidad, la describiríamos como una mujer de carácter. Esta joven valerosa, espontánea y anticonvencional le dijo a los reyes cómo debían de comportarse, se burló de los cardenales y criticó al papa... ¡y vivió para contarlo! Catalina tuvo muchas experiencias místicas sobre las cuales escribió.

Los escritos de Catalina adoptaron también otra forma. Con frecuencia escribía cartas que ella enviaba para "aconsejar" y no parecía ser tímida respecto de su misión. Le escribió al Papa Gregorio XI, que estaba envuelto en una escaramuza político-religiosa. Básicamente le aconsejó que se olvidara de eso, que "fuera no un niño timorato sino un hombre valeroso" y que volviera a su trabajo. A otro papa le escribió para decirle que necesitaba controlar su temperamento. Sus cartas constituyen una ventana hacia la historia y la cultura de ese periodo. Se les aprecia en particular porque muestran que la actividad de Catalina se extendió mucho más allá de los límites normales que tenían las mujeres de su tiempo y de su posición en la Iglesia y en la sociedad.

El mayor don de Catalina quizá haya sido el don del sentido común que puso en la Iglesia. Ella es conocida por la mirada espiritual que echó sobre la naturaleza amorosa del ministerio. La clave de la enseñanza de Santa Catalina es el autoconocimiento. Aunque no aprendió a escribir sino casi hasta el final de su vida, sus escritos le valieron el título de doctora de la Iglesia. Murió a la temprana edad de 33 años y fue declarada santa sólo 81 años después.

Santa Teresa de Ávila

Teresa de Ávila (1515-1582) estaba considerada escandalosamente atractiva, poseedora de una belleza sólo igualada por su irascible espíritu. Nacida en una acaudalada familia española, ella se sentía a sus anchas en muchos ambientes. Cantaba, bailaba, tocaba el pandero, era una astuta negociante, cocinaba, era maestra zen y tenía un admirable conocimiento de lo que debilita y lo que sana al cuerpo y al espíritu. Su vida como monja inspiró una escuela de espiritualidad que a la fecha tiene seguidores.

Teresa quizá haya sido una de las primeras en adoptar el principio de dejar las cosas en manos del Señor. Aunque era una mujer inteligente y cultivada, y confiaba en la razón y el aprendizaje, exhortaba a quienes enseñaba a hacer a un lado la razón y rendir el intelecto a un poder superior. Escribió acerca de lo que es conocerse a sí mismo y de la gran libertad espiritual que obtenemos al aquietar al ser pensante y fundirnos en Dios. De ella dicen que tenía un espíritu guerrero y un temperamento fogoso. También recibió el título de doctora de la Iglesia.

Una importante contribución del misticismo es la literatura espiritual que ha producido y la profunda concepción que ofrece acerca de la naturaleza amorosa y cuidadosa de Dios. Al igual que el Cantar de los Cantares del Antiguo Testamento, los escritos místicos son sensuales, poéticos y llenos de una profunda concepción de la naturaleza de Cristo y de las formas de identificarse con él. Las meditaciones de Santa Teresa aportaron un nuevo concepto sobre la relación de Dios con nosotros. Decía que Dios busca nuestra amistad y necesita nuestra compañía. En sus escritos, reflexiones, oraciones y poesía se encuentra un gran legado. Habla de las condiciones cotidianas del amor y de las relaciones sexuales, de la amistad y la familia, de los sueños y las pesadillas, del sufrimiento, de la oración y del misterio de Dios. Se ha dicho que su estilo es pródigo, elegante, extravagante y exuberante. En ese sentido, va de acuerdo con su vida y es reflejo de su ánimo y entusiasmo.

El misticismo en la actualidad

Se ha dicho que la contemplación aquieta la mente, paraliza al cuerpo y abre el corazón a Dios. Compromete a todo el ser en el proceso meditativo y lleva al practicante más allá de pensamientos, emociones y palabras, en un estado de verdadero ser. En este lugar sagrado, el practicante puede escuchar y sentir la presencia de Dios en su interior.

En los tiempos actuales, en respuesta a la evidente y profunda hambre de espiritualidad, los católicos tienen un renovado interés en la oración contemplativa y ahora esta práctica ya no está restringida a los monasterios. Una práctica contemplativa contemporánea es la llamada *oración concentrada* y viene de la tradición de San Juan de la Cruz. Despierta a la gente a la presencia de Dios en su interior y forja una actitud contemplativa de escucha y receptividad. Esta práctica es una síntesis de la sabiduría de la tradición de la meditación zen (budista) e hinduista, con la tradición contemplativa del catolicismo.

Este tipo de oración por lo general sigue estos cuatro pasos:

1. Lectura de las Sagradas Escrituras
2. Reflexión sobre ellas
3. Concentración en una imagen importante
4. Permanecer en la contemplación

La meditación es la práctica para enseñarle a la mente a permanecer agradablemente concentrada en el momento presente. Las numerosas formas de la meditación pueden agruparse en dos amplias categorías: la contemplativa y la mental. La meditación contemplativa se enfoca en un solo punto (por lo general la respiración) y sosiega la mente. En la mental, la mente se abre para observar el flujo de pensamientos, sentimientos y sensaciones que pasan por la conciencia, sin detenerse a pensar en ellos. Al margen del tipo que se practique, son excelentes los beneficios de la meditación para todo el ser (cuerpo y espíritu). El cuerpo logra un estado de relajación más profundo del que se produce en el sueño. La meditación incrementa la conciencia, la inteligencia y la creatividad. Prácticamente todos los sistemas fisiológicos se benefician de la meditación. En consecuencia, en muchos hospitales se enseña la meditación a los pacientes.

En los últimos 15 años se han publicado muchos libros acerca de las prácticas contemplativas del catolicismo. En todo el mundo han surgido organizaciones católicas dedicadas a la meditación contemplativa y la oración centrada. Y también existen retiros y clases de oración contemplativa.

Música sacra

La música es adoración y también es oración. Es un elemento esencial del culto católico. La música que se emplea en los servicios del culto se llama música litúrgica. En el Concilio Vaticano II, cuando la Iglesia revisó su música junto con otras prácticas, subrayó la importancia que ésta tiene en el culto e identificó la necesidad de la música como parte integral de la misa. El concilio promovió la participación plena de los fieles en la misa, en especial a través de la música. El Concilio Vaticano II representó un importante cambio para dejar atrás los cantos en latín interpretados por coros y adoptar cantos en el idioma nacional, cantados por la gente.

Cómo actúa la música sacra

Para que la música cumpla los propósitos litúrgicos (que le dé a los escuchas un apoyo espiritual) deben considerarse estas cualidades:

- **Estética** para conectar lo sagrado con lo bello.
- **Entretenida** para eliminar el aburrimiento en los momentos tediosos de la misa.
- **Emotiva** para expresar esperanza y gozo cuando las palabras no basten.
- **Disfrutable** para que sea placentero escucharla e interpretarla.
- **Envolvente** para que una y atraiga a la gente a participar más profundamente en la Misa.
- Que **dé ánimo** para que el culto pueda abordar una gama amplia de emociones humanas.
- **Reveladora** para que explore y revele la experiencia religiosa.
- Que **refuerce los textos** para subrayar lo sagrado de ciertos textos.

En la mayoría de las parroquias, el director del coro y el sacerdote seleccionan juntos la música para que ésta se adapte al calendario litúrgico y capte el significado de las fiestas.

El canto gregoriano

Otrora un canto característicamente católico, el canto gregoriano casi quedó fuera de uso después del Concilio Vaticano II. En la actualidad, empero, disfruta del resurgimiento de su popularidad a través de la cultura, no de la religión. El estudio reciente de sus efectos en el escucha ha demostrado que su melodía aquieta la mente, tranquiliza los nervios, abre el corazón y nos prepara para la adoración. Varios discos de este tipo de cantos se han convertido en éxitos de ventas.

Llamado así en memoria del Papa San Gregorio I Magno, el canto gregoriano fue compilado y arreglado en el siglo VI y se deriva de los cantos que se usaban en la antigua Jerusalén. En siglos posteriores se compusieron muchos cantos más. El canto gregoriano se interpretaba tanto en las catedrales como en los monasterios y el crédito de su sobrevivencia se atribuye a los monjes benedictinos del noroeste de Francia, los cuales empezaron a restaurar los textos en la segunda mitad del siglo XIX.

El canto gregoriano también es llamado llano, lo cual es una buena descripción. Se trata de una música vocálica plana o monofónica, impresa con notas cuadradas en una pauta de cuatro líneas. No hay escala cromática ni progresión cromática y por lo general no hay modulación de un modo a otro en la misma melodía. Las melodías se conforman al rango natural de la voz. En el canto gregoriano no hay ritmo definido y funciona como una extensión del habla, a diferencia de la música métrica, rítmica o polifónica (a varias voces) en la que suenan simultáneamente dos o más líneas. Las notas por lo general son de idéntica duración pero la voz del canto depende más bien de preferencias estilísticas.

Aunque el canto gregoriano constituye los cimientos de la música occidental, fue creado para la oración y tiene un fuerte componente espiritual. Una clave de su importancia como recurso del culto es su estrecha relación con los salmos. De hecho, el canto fue creado para cantar los salmos.

En la Biblia, San Pablo identifica tres tipos de textos que se cantaban en el primer periodo de la Iglesia (Efesios 5, 18):

- Los salmos.
- Los cánticos, poemas de la Biblia.
- Los himnos, los primeros de los cuales tratan de la identidad de Cristo y del significado de su vida y muerte.

El canto gregoriano en la actualidad

A principios del siglo XX, el papa hizo una declaración respecto de que el canto gregoriano, y la música polifónica que de él se deriva, es el modelo supremo de la música litúrgica. Pero después del Concilio Vaticano II, el canto gregoriano casi desapareció, reemplazado por la música popular y la nueva liturgia. No obstante, es importante señalar que el canto y la liturgia se desarrollaron juntos en procesos orgánicos. El canto está lleno del espíritu de siglos de sentimientos y pensamientos religiosos. La música polifónica que surgió del canto gregoriano carga en sí misma un contenido espiritual similar. El enfrentamiento entre la música popular y la tradicional quizá haya de terminar cuando la Iglesia considere que su historia musical es una valiosa tradición teológica. Es de esperarse que se alcance una síntesis que ofrezca lo mejor de ambos mundos.

El canto tiene muchos más efectos de los que llegan al oído. Más allá de su aplicación teológica hay otro sorprendente beneficio del canto gregoriano. Parece como si tuviera también efectos positivos en la fisiología y las emociones. Hay un relato que circula en el mundo de la música eclesiástica y que afirma que allá en los sesenta, un médico francés fue llamado a un monasterio benedictino del sur de Francia para investigar una serie de circunstancias extrañas. Los monjes, por lo general alegres y productivos, se habían vuelto apáticos. A raíz del Concilio Vaticano II de pronto se eliminaron de la rutina diaria varias horas dedicadas al canto. Siguiendo una corazonada, el médico le indicó al abad que le convendría regresar a los hombres a la rutina anterior. El efecto fue espectacular: en seis meses, los monjes de nuevo estaban contentos y productivos. Necesitaban menos horas de sueño y se incrementó la producción del monasterio. El canto gregoriano reduce la presión sanguínea, eleva el humor y tranquiliza los nervios. Parece que, después de todo, sí tiene algo que ofrecer al siglo XXI.

Capítulo 14

Para los católicos la oración no es sólo palabras

El catolicismo es una religión comunitaria; ser católico significa ser miembro de una tribu. Para conocer la religión católica hay que comprender que la oración y otras prácticas no son sólo rituales. Constituyen la forma en que los católicos sostienen y fomentan la comunidad. La imaginación religiosa orienta las relaciones con los demás. En la raíz de todas las prácticas religiosas y espirituales está la meta del amor: amar a Dios, amarse a sí mismo y amar a los demás. En este capítulo analizaremos estas relaciones como una extensión de la vida católica de oración.

¿Qué ocurre en los movimientos y retiros de la Iglesia?

Los movimientos religiosos dentro de la Iglesia Católica tienen una larga e interesante historia y la renovación es un concepto clave en todos ellos, ya que subraya el carácter *semper reformanda* (siempre en reforma) de la Iglesia Católica. Ésta siempre ha sido una institución en proceso. Estos movimientos por lo general son inspiración de alguna persona carismática, regularmente un sacerdote o una monja con un profundo sentido de lo que es necesario que ocurra en un momento dado. En el pasado, muchos de estos movimientos desembocaron en la creación de órdenes religiosas, formadas por sacerdotes o monjes o monjas que llevan un estilo de vida particular y atienden determinado aspecto de la vida católica.

En la actualidad, los legos participan cada vez más en la creación y el sostén de tales movimientos. Éstos se inspiran en las necesidades de una comunidad y por lo general se difunden a todo el mundo a partir de un país. Reciben el apoyo del Vaticano y de los obispos, que nombran un director del movimiento en su diócesis. Los beneficios son la revitalización de la vida parroquial gracias al reforzamiento de la comunidad. Es posible localizar retiros y movimientos espirituales pidiendo informes en la parroquia o en la diócesis. Ésta ha de tener el horario de las parroquias participantes en los diversos programas y demás información.

Cursillos para enfocarse en Cristo

Los cursillos constituyen un programa de renovación espiritual, que se originó en España hace medio siglo y llegó a América Latina y Estados Unidos hará unos 30 años. Este movimiento se creó con el fin de enseñar la necesidad de contar con Cristo en la vida cotidiana. De alcance internacional, los cursillos se imparten en países de todo el mundo. El objetivo de este movimiento es ayudar a los católicos a relacionarse entre sí para la oración, las lecturas espirituales y el debate. Los participantes de los cursillos asisten a un programa estructurado de tres cursos, cada uno de los cuales dura tres días. Al término del trabajo del curso, los participantes siguen reuniéndose semanalmente en pequeños grupos. Los cursos y los grupos están destinados a formar en los miembros actitudes y comportamientos que los apoyen conforme van transformando su ambiente cotidiano.

De corazón a corazón en los encuentros matrimoniales

Los encuentros matrimoniales son un programa para ayudar y apoyar a las parejas, que se originó a principios de los sesenta en España, de donde se difundió posteriormente a América Latina y los Estados Unidos. El objetivo de los encuentros matrimoniales es reforzar el vínculo conyugal y fomentar la comunicación abierta desde el corazón entre los esposos. Este programa no está pensado como terapia matrimonial, sino que su propósito es trabajar con parejas sólidas para que éstas sean más espirituales.

Las parejas que participan en los encuentros matrimoniales se van a un retiro de fin de semana para profundizar su relación a través de la reflexión y de un diálogo estructurado entre los cónyuges y con otras parejas. El retiro está dirigido por un sacerdote y una pareja. Los métodos que se siguen en estos encuentros pueden consistir en que las parejas compartan relatos, que lleven un diario o que se escriban cartas en las que los cónyuges compartan sus más profundos sentimientos.

Los retiros nutren la espiritualidad

Como todas las relaciones, la relación de una persona con Dios debe ser nutrida. Para nutrir esta relación, que es de capital importancia, los católicos tienen la tradición de ir a retiros espirituales. Por unos días se alejan del trabajo y de la familia y los pasan en un centro de retiro.

Los centros de retiro por lo general son edificios como un hotel, cómodos aunque sin lujos, y suelen estar bajo la dirección de alguna orden religiosa. Cada orden estructura sus retiros a su propia manera, pero en general la misa diaria es una regla en la mayoría, junto con una serie de pláticas a cargo de un especialista en los misterios de la vida de Cristo y su importancia en la vida actual, o en algún otro tema religioso.

Además de las reuniones personales con un director espiritual. La dirección espiritual es un proceso de orientación para el espíritu y el director espiritual es un religioso de tiempo completo, por lo general un sacerdote o una monja con estudios en orientación espiritual. Por lo general, este ministerio es su única ocupación; otros pueden ser maestros o párrocos que den orientación espiritual en forma accesoria. La relación entre el creyente y el director espiritual es terapéutica, de la misma naturaleza de la que se establece entre un paciente y un terapeuta profesional. Sin embargo, el interés del primero es atender las necesidades religiosas y espirituales de la persona, más que las psicológicas. El creyente podría consultarle a su director temas relacionados con su práctica de oración o preguntarle cómo hacer más significativa su vida doméstica y laboral.

Durante los retiros se fomentan las lecturas espirituales y hacer anotaciones en un diario. A los participantes se les invita a tratarse bien a sí mismos, durmiendo todo el tiempo necesario en cómodas camas y tomando buenos alimentos. Los retiros suelen llevarse a cabo en bellos lugares naturales que inviten a dar caminatas por la playa o el bosque.

Ejercicios espirituales para tonificar el alma

Los ejercicios espirituales de San Ignacio de Loyola se han estado practicando desde hace 450 años y representan un retiro de trabajo pesado. No obstante, en la actualidad hay más participantes que en cualquier otro momento de su historia. Se calcula que los ejercicios elaborados por San Ignacio de Loyola se han reimpreso por lo menos una vez al mes desde que fueron publicados originalmente en 1548, frecuencia que además se incrementa año con año. Anteriormente, sólo los sacerdotes jesuitas con la debida capacitación dirigían a la gente en este proceso de 30 días. En la actualidad, la Iglesia capacita tanto a legos como a clérigos para que los dirijan.

Sacerdote español, fundador de la Sociedad de Jesús, San Ignacio de Loyola escribió los ejercicios aun antes de ordenarse como sacerdote y muchas personas sostienen que se trata de textos inspirados. De naturaleza contemplativa, los ejercicios expresan la creencia básica de que todo viene de Dios, todo se mueve bajo la dirección y el cuidado de Dios, y de que todo regresa a Dios a través de su hijo, Nuestro Señor Jesucristo. Subrayan la acción como expresión de gratitud, recalcando el servicio a los demás, pues a través de este servicio encontramos a Dios. Este proceso enseña la contemplación y construye gradualmente la conciencia espiritual de la presencia de Dios en nuestro interior. En los tiempos modernos tenemos el reto de encontrar a Dios en los eventos del mundo. Vivimos en una era de tecnología que se desarrolla rápidamente, en la que los límites y las fronteras se superan a mayor velocidad de lo que nos podemos adaptar. Mucha gente busca el sentido de la vida, más allá del consumo de bienes materiales. Y parece que las numerosas personas atraídas a estos ejercicios espirituales los encuentran sorprendentemente relevantes para actualidad, ya que sí logran cambiar nuestra forma de ver al mundo.

Aunque las necesidades terrenas son atendidas a través de movimientos religiosos y retiros espirituales, hay otra área del mundo católico que va más allá del ámbito espiritual. La comunidad católica se extiende más allá de la vida y de la Tierra y considera que todos sus miembros, pasados y presentes, funcionan como una comunidad unificada. El propósito de esta comunidad es ayudarse unos a otros a lo largo de la "senda a la gloria".

La relación sagrada de la comunión de los santos

El término *comunión de los santos* se refiere a tres aspectos de la Iglesia: aquellos que son peregrinos en la jornada terrenal, los difuntos que están en el cielo y los muertos que están esperando entrar en él. Al vincular de este modo a los miembros de la Iglesia, la comunidad católica deja atrás los límites del tiempo lineal de pasado, presente y futuro. Funciona con un concepto más espiritual del tiempo, que es el eterno ahora. Gracias a este concepto de comunión, el católico de hoy se siente conectado con la vida de Cristo y de los demás católicos que vinieron después, y tiene el sentido de la Iglesia futura, incluso de aquellos de sus miembros que aún no han nacido.

La comunión de los santos es una forma de quedar todos dentro de una gran familia. Cuando usted piensa en su herencia familiar, piensa en todos sus ancestros. Mucha gente hace estudios de su árbol genealógico, identificando a los miembros de su familia de muchas generaciones atrás, cuyos acontecimientos se vuelven parte de la leyenda familiar e influyen en el concepto que tiene la familia de sí misma y de su lugar en el mundo. La comunión de los santos es una forma de concebir a los católicos como una familia.

La marcha de la Iglesia

La Iglesia en la Tierra es llamada la *Iglesia militante* y el término se refiere básicamente a los miembros vivientes de la Iglesia en su lucha espiritual por llevar una buena vida. En el sentido más amplio del término, abarca a todos los seres que se esfuerzan por llevar una vida espiritual. En el pasado, este término se enfocaba en la comunidad católica, excluyendo a las demás religiones, fueran o no cristianas.

Pero desde el Concilio Vaticano II, el término se ha vuelto más incluyente. En dicho concilio se estableció que el Espíritu Santo está en acción doquiera que la gente trabaje por hacer la vida más humana y que los dones del Espíritu Santo pueden encontrarse fuera de los límites visibles de la Iglesia Católica. En el Concilio Vaticano II se hizo énfasis en la unificación de todo el pueblo de Dios.

La marcha de los santos

La *Iglesia triunfante* se refiere a los santos, que son los fieles difuntos que han obtenido su recompensa celestial. Los católicos honran a los santos como ancestros sabios y les piden su ayuda espiritual. Los santos son el modelo de las virtudes que los católicos esperan alcanzar pero no los adoran. Existe un amplio catálogo de santos, llamado *santoral*, que se hacen cargo prácticamente de cada tarea o suceso terrenal.

Ser educado en el catolicismo significa leer la vida de los santos. En algunas escuelas, al comenzar la jornada, uno de los estudiantes escribe en el pizarrón el nombre del santo que se festeje ese día. Se lee la historia del santo y después se habla de las virtudes y el valor que demostró en vida.

Para llegar a ser santo se necesita ser una persona muy especial y pasar por un proceso también especial, llamado *canonización*. Para que alguien pueda ser proclamado santo, es decir, canonizado, deben documentarse las pruebas de sus buenas acciones. Se investiga a fondo su historia, sus datos biográficos, cualquier escrito o historia acerca de él y, por lo menos, un milagro que se le atribuya. Si tiene los méritos necesarios primero se le da el título de beato, y después de más investigaciones esa persona puede ser elevada por el papa al rango de la santidad.

Por lo general, los católicos tienen un fuerte sentimiento de conexión con sus "hermanos glorificados". Una de las tradiciones católicas es bautizar a los hijos con el nombre de algún santo y también se elige a otro santo patra el sacramento de la Confirmación. Además, los católicos establecen una relación con el santo que lleva su mismo nombre o con aquellos que tengan una cualidad determinada que traten de desarrollar en sí mismos. Los católicos fomentan esta relación con lecturas acerca de la vida de dicho santo, celebrando la fiesta del santo como una especie de segundo cumpleaños y teniendo una estatuilla, una medalla o una estampa con su efigie.

Las ánimas del purgatorio

La *Iglesia paciente*, formada por las "pobres ánimas del purgatorio", se refiere al estado del alma de los hermanos difuntos que hayan muerto con algunos asuntos espirituales inconclusos. Antes se pensaba que el purgatorio era un lugar real, pero ahora se considera que es una condición de purificación necesaria para ser admitidos en la gloria y la felicidad del cielo. Es un estado de sufrimiento pasivo, lo que significa que el sufrimiento surge por la demora en ver a Dios y disfrutar de la recompensa celestial. Los católicos creen que, así como existe una relación entre los vivos y los glorificados, también existe con las ánimas del purgatorio. El Día de los Muertos o día de los Fieles Difuntos, es la jornada del calendario litúrgico dedicada a orar por los muertos para acelerar su ingreso. A lo largo de todo el año, además, se ofrecen rituales, rezos y buenas obras en favor de los difuntos.

El ejército angelical de Dios

Los ángeles son seres creados en un nivel más alto que el ser humano. La palabra *ángel* viene del griego *aggelos*, que es una traducción del hebreo *malaj* y que significa mensajero. El término, como vemos, hace referencia al oficio y no a la esencia. Los ángeles alaban a Dios, comunican al hombre la voluntad divina y en general están a las órdenes de Dios. También en el islam y otras tradiciones existen ángeles.

La Iglesia Católica enseña que los ángeles son seres espirituales con inteligencia y voluntad y han existido desde la creación. Las Escrituras hablan de ángeles tanto en el Antiguo como en el Nuevo Testamento. Por ejemplo, en Génesis 3, 24, ángeles con espadas de fuego guardan las puertas del paraíso. Un ángel de misericordia salvó a Daniel en la fosa de los leones. En el Nuevo Testamento, el arcángel Gabriel fue enviado para anunciarle a la Virgen María la Encarnación de Jesús. Huestes de ángeles celestiales anunciaron el nacimiento de Cristo. En el evangelio de San Mateo, Jesús habla de doce legiones de ángeles que esperaban sus órdenes. Los ángeles son muy importantes en el libro de la Revelación (el Apocalipsis) ya que anuncian la segunda llegada de Cristo y el juicio final.

El cristianismo estableció la tradición de los coros de ángeles que sirven en las filas celestiales, como en un ejército. En el siglo V se definió la siguiente jerarquía (indicada aquí de mayor a menor):

- Serafines
- Querubines
- Tronos
- Dominaciones
- Virtudes
- Potestades
- Principados
- Arcángeles
- Ángeles

Los primeros tres órdenes de seres angélicos están dedicados a la contemplación de Dios. Los siguientes tres gobiernan el universo. Los últimos tres son los mensajeros de Dios. En la Biblia sólo se mencionan tres ángeles por su nombre: Miguel, que significa "parecido a Dios", Gabriel, cuyo nombre significa "Dios anuncia" y Rafael, que significa "Dios sana". Con base en el pasaje bíblico de Mateo 18, 10, el catolicismo estableció la tradición del ángel de la guarda, que nos guía y protege.

Los ángeles son uno de los temas predilectos del arte religioso. Las primeras representaciones los mostraban como hombres; los artistas posteriores los pintaron con alas. La tradición de representar a los ángeles como querubines creó un concepto limitado de su lugar evidente en la creación. La comunión de santos y ángeles ofrece un concepto de lo que significa estar en relación y en una senda común. Surgen imágenes compartidas y se forma un lenguaje común. Los lazos comunitarios establecidos se refuerzan mediante las experiencias rituales compartidas. En las siguientes secciones hablaremos de algunos de los rituales más populares del culto católico.

Las devociones de la Iglesia

Las devociones son oraciones y rituales que expresan reverencia a Dios. La Iglesia celebra muchas devociones comunitarias a lo largo del año, que son parte de lo que se llama la piedad católica. Muchas de estas devociones son en memoria u homenaje a la vida de Jesucristo, de la Virgen María, de algún santo o de determinado aspecto de la doctrina de la fe. Algunas son estacionales pero estrictamente no son parte del calendario litúrgico y son optativas. Aunque desde el Concilio Vaticano II se le ha restado importancia a estas devociones, siguen siendo una parte importante de la vida católica.

Las novenas

Las novenas son oraciones devocionales repetidas durante nueve días o un día a la semana, durante nueve semanas. La novena se basa en el hecho de que los apóstoles rezaron durante nueve días antes de que el Espíritu Santo descendiera sobre ellos en Pentecostés. Las novenas por lo general se dirigen a un figura religiosa en particular con fines determinados. Por lo general incluyen la misa y oraciones especiales. El novenario es una novena ofrecida por el alma de un difunto, por lo general pocos días después de su entierro.

Los viernes primeros es una novena que consiste en asistir a misa y tomar la sagrada comunión el primer viernes de mes, durante nueve meses consecutivos. También se rezan ciertas oraciones especiales y se ofrecen en honor del Sagrado Corazón de Jesús.

El vía crucis

En las paredes de casi todas las iglesias católicas podemos ver una serie de pinturas o placas, que representan 14 sucesos de la pasión y muerte de Cristo. Los primeros cristianos recorrían los pasos seguidos por Jesús hacia la cruz, como siguen haciendo en la actualidad los peregrinos que visitan Tierra Santa. El vía crucis es una oración que se realiza en la tradición del peregrinaje y consiste en la meditación sobre el sufrimiento, la muerte y la inhumación de Jesús.

Por lo general, el vía crucis es parte de las devociones parroquiales de la Cuaresma. El cura encabeza una procesión, acompañado de dos o más monaguillos que llevan una cruz, con velas encendidas, y así recorren la iglesia, deteniéndose en cada una de las 14 placas, llamadas Estaciones de la Cruz. La gente reza y canta himnos conforme va recorriendo la jornada de Jesucristo, desde su condena hasta la crucifixión y la última estación, en la que su cuerpo es colocado en la tumba. El vía crucis puede ser una devoción personal o una forma comunitaria de oración.

Aunque la Iglesia tiene muchas devociones y prácticas, el centro de la vida espiritual católica es la Santa misa. Para los extraños, este ritual es fascinante y desconcertante a la vez.

Capítulo 15

La misa: la gran celebración de los católicos

Es probable que en alguna ocasión usted haya encendido su TV y visto en el noticiero al papa celebrar una misa con más de diez mil asistentes. En otras ocasiones, los medios de comunicación nos dan atisbos de las prácticas de la fe católica, como cuando se casa una figura célebre o bien, en un funeral, cuando los portaféretros sacan el ataúd de una persona notable de una iglesia católica después del oficio de difuntos.

Más que ninguna otra práctica, la misa caracteriza al catolicismo. ¿Por qué es esto? ¿Qué es la misa, exactamente? ¿Qué sucede durante este ritual? ¿Qué hace un no católico cuando asiste? Este capítulo trata de las respuestas a éstas y a otras preguntas.

La celebración del sacrificio

Los católicos tienen tres términos para referirse a su ritual más importante: la misa, la Eucaristía y la liturgia. Si bien con ligeras diferencias que dejaremos a los especialistas, estos tres términos transmiten la misma idea y se usan en forma indistinta.

Hay un viejo dicho que permite entender la importancia que tiene la misa para los católicos: "Lo que hacemos es lo que creemos, y creemos lo que hacemos". Ésta es una buena regla general para examinar cualquiera de nuestros principios, personales, familiares, comerciales o políticos. Y lo que más hace la Iglesia es celebrar misas. La misa no sólo se celebra el domingo, sino todos los días. No hay una sola hora del día en que en algún lugar del planeta no se esté ofreciendo una misa.

La misa consta de dos partes y de una serie de siete actividades:

Primera parte. Liturgia de la Palabra: Instrucción

- Asamblea
- Proclamación
- Explicación
- Oración

Segunda parte. Liturgia de la Eucaristía: La fracción del pan

- Ofrenda
- Consagración
- Comunión

Las dos partes de la misa se reflejan en el relato evangélico de los dos discípulos que iban en el camino a Emaús el día de la resurrección de Jesucristo (Lucas 24, 13-35). En la primera parte del relato, Jesús camina con ellos, pero éstos no lo reconocen. Él cita las Sagradas Escrituras que hablan de la llegada del mesías, pero ellos siguen sin reconocerlo. Después Él se sienta a comer con ellos y bendice y parte el pan. Entonces sí lo reconocen. Los dos actos de este relato son la cita de las escrituras y la fracción del pan. Es más sencillo considerar que la misa está dividida en estas dos partes principales. Empecemos con la primera actividad de la primera parte: la asamblea.

La llegada de los invitados

La primera actividad, la asamblea de los fieles, quizá identifique mejor a la misa con el verdadero significado de iglesia. Después de la resurrección de Cristo, sus seguidores se reunían con objeto de mantener viva su obra. Estas reuniones de las primeras asambleas fueron creciendo y así se constituyó la Iglesia. La reunión de los fieles sigue siendo la función básica de la Iglesia; si los católicos dejaran de reunirse, la Iglesia Católica por completo dejaría de existir.

Al principio de la misa, la congregación está de pie. La reunión empieza reconociendo la grandeza del Señor y la necesidad de su ayuda; esto se hace con una oración griega llamada *Kyrie*, Señor:

> Señor, ten piedad.
>
> Cristo, ten piedad.
>
> Señor, ten piedad.

El *Gloria*, cantado o recitado, es otra de las oraciones de alabanza. Esta oración empieza con la frase "¡Gloria a Dios en las alturas!", con la que los ángeles anunciaron el nacimiento de Jesús, como está registrado en los evangelios.

Después el sacerdote reza una oración. Las oraciones y las lecturas de las Sagradas Escrituras siguen el ciclo del calendario litúrgico. Esto es, los temas cambian conforme la temporada y los eventos históricos señalados en el calendario.

Proclamación de la Palabra del Señor

Después de la oración del sacerdote, la asamblea se sienta. En este momento, un laico, que hace las funciones de lector, lee algún pasaje del Antiguo Testamento (o del libro de los Hechos de los Apóstoles o del Apocalipsis). Los lectores son miembros de la congregación a quienes se les encarga formalmente la lectura en la parroquia.

Posteriormente, la congregación canta o recita el salmo responsorial. Por lo general un lector o un cantor, lee o canta un verso, al cual la gente responde con otro versículo del salmo.

La segunda lectura corresponde a un pasaje de alguna de las epístolas del Nuevo Testamento. En ese momento, la congregación se levanta y canta la Aclamación antes del Evangelio: un gran "¡Aleluya!". El aleluya es para recibir la palabra de Dios en los evangelios. Finalmente, el sacerdote o el diácono lee un pasaje de los evangelios.

Palabras de sabiduría

Al concluir el Evangelio, la gente se sienta para escuchar la homilía del sacerdote. Ésta es la charla en la que el celebrante hace una reflexión sobre las diversas lecturas y su aplicación en la vida cotidiana. Por lo general, esta plática, también llamada sermón, dura de 10 a 15 minutos los domingos. En la misa de entre semana, la homilía, cuando se da, no dura más de cinco minutos.

Después de la homilía se reza el Credo y a continuación la congregación reza la Oración universal por las necesidades del mundo. Por lo general un lector, o el propio sacerdote, lee una breve intercesión, a la cual la gente responde: "Señor, escúchanos". Estas oraciones son por el papa y la jerarquía de la Iglesia, los gobernantes del país, por aquellos que están en dificultades, por los débiles y enfermos (en especial los de la parroquia, cuyo nombre se menciona) y por los muertos. Después la congregación se sienta para la ofrenda.

Un banquete que sí cuesta ...

En este momento, la asamblea se prepara para pasar a la segunda parte de la misa: la liturgia de la Eucaristía. Algunos fieles (por lo general niños o una familia) llevan los dones al altar: las hostias, que se convertirán en el cuerpo de Cristo, y el vino, que se transformará en su sangre.

Pero antes del momento culminante se pasa la colecta. Se invita al pueblo a dar una ofrenda para apoyar las actividades de la Iglesia. El sacerdote recibe las ofrendas y las bendice, ofreciéndolas al Señor como "trabajo y fruto de nuestras manos". En ocasiones, el coro entona un himno o se toca música.

El sacerdote pide a Dios "lo limpie de toda iniquidad" y simbólicamente se lava los dedos que habrán de tocar las hostias. La gente reza para que Dios acepte estos dones "para alabanza y gloria de su nombre, para nuestro bien y el de toda su Santa Iglesia".

La consagración del pan

El sacerdote recita una breve oración de alabanza a Dios mientras la gente se arrodilla. El acólito hacer sonar tres veces las campanillas y los fieles cantan el *Santo*:

> ¡Santo, Santo, Santo es el Señor!
>
> Dios del universo.
>
> Llenos están los cielos y la tierra de tu gloria;
>
> ¡Hosana en las alturas!
>
> Bendito el que viene en nombre del Señor.
>
> ¡Hosana en las alturas!

El sacerdote empieza a decir la gran oración de acción de gracias y súplica a Dios, llamada oración eucarística. Ésta es la oración más importante de la misa y hay varias de entre las cuales se puede elegir.

La fracción del pan

Después los fieles se levantan y rezan el Padre Nuestro y comparten el "saludo de la paz", en el que se estrechan la mano o se abrazan entre sí. Después el sacerdote parte la hostia, como símbolo del rompimiento del cuerpo de Cristo en la cruz, mientras la gente entona el *Agnus Dei*: "Cordero de Dios, que quitas los pecados del mundo, ten piedad de nosotros".

Como acto de reverencia, entonces el sacerdote invita a los fieles a reconocer su indignidad con la siguiente oración: "Señor, yo no soy digno de que vengas a mí, pero una sola palabra tuya servirá para sanar mi alma". El sacerdote ingiere la hostia y bebe el vino, que sacramentalmente se han convertido en el cuerpo y la sangre de Cristo, antes de pasar a distribuir el sacramento entre los fieles. Quienes van a recibir la Eucaristía se acercan al altar y, al regresar a su asiento, se arrodillan en oración y meditación. Después de un tiempo, la congregación se pone de pie.

Al final de la misa, el sacerdote bendice a la asamblea y la despide con esta comisión: "La misa ha terminado. Vayan en paz a amar y servir al Señor". Así él los envía al mundo para llevar a Cristo y darlo a conocer a quienquiera que se encuentren. Al recibir la bendición, los creyentes hacen la señal de la cruz. Entonces el sacerdote sale de la iglesia mientras la gente canta un himno final.

La liturgia de la Eucaristía

Vamos a echar ahora una mirada con más detalle a la segunda parte de la Santa misa, la liturgia de la Eucaristía. En esta parte de la misa, el pan y el vino se convierten en el cuerpo y la sangre de Cristo y se ofrecen a Dios.

La diferencia principal entre un servicio divino protestante y una misa católica es la liturgia de la Eucaristía. No es que en las iglesias protestantes no se dé la comunión —en muchas denominaciones se hace—; la diferencia estriba en las imágenes sacramentales católicas. Para los católicos, la Eucaristía es el acto central del servicio religioso; mucho más importante que el sermón. Consideran que, en términos sacramentales, el pan y el vino consagrados son el cuerpo, la sangre, el alma y la divinidad de Jesucristo. En efecto, la Eucaristía, término que como ya vimos también designa a toda la misa, tiene otros dos significados: la conmemoración, instituida por el propio Cristo, de la Última Cena, y la conmemoración de su sacrificio en la cruz. Echemos un vistazo con mayores detalles a estos dos significados.

El banquete del Señor, como también se le llama a la misa, ocurre cuando los católicos se reúnen para revivir la Última Cena. Jesús le dijo a sus discípulos que bendijeran el pan y el vino y que pensaran en Él cada vez que se reunieran a comer. Él estaría con ellos. Recordar a nuestros seres queridos que ya han partido nos permite seguir viviendo, pues se mantiene el lazo que nos une a ellos. Seguimos estando en comunión con ellos; ellos siguen siendo reales. La memoria no es estática, es dinámica. Cada vez que recordamos a alguien nos conectamos con esa persona, a través de los hechos de nuestra relación con ella. Cada vez que lo hacemos, reinterpretamos nuestros recuerdos. Entendemos a esas personas a la luz de nuestras nuevas experiencias en la vida. Los recuerdos asumen un significado más profundo cada vez que los examinamos. De este modo crecemos en sabiduría.

Los católicos dicen que *re-viven* cuando hablan de la celebración de la Eucaristía, pues Jesús les pidió a sus discípulos que al partir el pan y repartir el vino lo hicieran en memoria suya, como en la Última Cena. Cada vez que los católicos repiten estos actos, se reaviva su relación con Jesucristo mediante los recuerdos que se evocan.

Otra forma de entender la importancia de este ritual es analizando la forma en que los judíos recuerdan los acontecimientos. Los judíos conservan la memoria a través de relatos y rituales. El *Pesaj* (la pascua judía) es uno de los hitos de la historia judía. Se refiere a la liberación de los judíos de la servidumbre en Egipto.

Los judíos lo celebran con una cena ritual. Ésta es la misma cena pascual que celebró Jesús con sus discípulos en la Última Cena, la noche anterior a su muerte. Para los católicos, Jesús aseguró que, con el sacrificio de su vida, todos alcanzarían la liberación de la Pascua. Al declararlo así, Él fusionó la memoria de ambos sucesos, la Pascua y la Última Cena.

El significado del sacrificio

¿Por qué los católicos llaman sacrificio a la misa? Esta palabra se deriva del latín *sacrum*, que significado sagrado, y *facere*, que significa hacer. Literalmente, sacrificar significa hacer sagrado algo. Los católicos llaman *sacrificio* a la misa, pues llevan la ofrenda de sí mismos al altar de Dios. La palabra "altar" viene del latín *adolere*, que significa "destruir a fuego". Un altar es una estructura elevada en la que se realizan sacrificos. Al recordar a Jesucristo en la cruz, que rindió su voluntad a la de Dios, los católicos se entregan a sí mismos a la voluntad del Señor en este acto de comunión.

El objeto de que los católicos se entreguen a Dios es que Él los transforme, tal como hiciera con Jesús en la resurrección. *Eucaristía* significa dar gracias. La misa, pues, es la expresión católica de la acción de gracias a Dios por la resurrección.

La iglesia

Los católicos celebran el culto en un edificio llamado iglesia. Al entrar en una iglesia, usted verá un largo pasillo al centro, con bancas a ambos lados, que lleva al santuario donde se levanta el altar. La iglesia tiene dos partes básicas: la nave, donde se alinean las bancas con reclinatorios en los que la gente rinde el culto; y el santuario, donde realizan sus respectivas tareas el sacerdote, los monaguillos y los lectores. El santuario y la nave están frente a frente.

Los lugares sagrados

Las bancas suelen tener una longitud suficiente para que se acomoden unas diez personas con comodidad. Cada banca tiene un reclinatorio, que es una tabla acojinada, con bisagras en ambos extremos y unida a la parte inferior de la banca. Cuando es momento de arrodillarse, se baja el reclinatorio para que descanse en el suelo. Para entrar o salir de la banca, el reclinatorio se levanta para dejar libre el paso.

El santuario es un área grande, con varios elementos clave. El más importante es el *altar*, que puede ser una mesa grande o una losa de mármol colocada a la altura de la cintura. La superficie de esta mesa es suave y pulida y tiene grabadas cinco cruces griegas: cuatro en cada esquina, a unos 15 centímetros de ambos bordes, y una en el centro. El altar por lo general es de tres a cinco metros de largo y de metro y medio de ancho. Tiene varias cubiertas de tela y, durante el rito de la

Eucaristía, se mantienen varias velas encendidas. En ocasiones, estas velas no están sobre el altar, sino colocadas a los lados. El altar es el símbolo de Cristo.

El siguiente elemento en importancia quizá sea el *ambób,* sitio desde el cual el sacerdote lee el Evangelio y pronuncia su homilía. Las dos partes de la misa se celebran en torno de estos dos elementos.

Ya sea en una repisa detrás del altar central, o en un altar lateral, se encuentra una caja de mármol o de metal llamada *tabernáculo o sagrario*. La caja está cubierta con un paño y la puerta está cerrada con llave. Ahí se guarda en reserva la Eucaristía, las hostias que han sido consagradas en la misa. La lámpara del santuario está cerca del tabernáculo y siempre está encendida. Esta luz es un signo de que Dios está presente en las hostias consagradas del tabernáculo. Como ya se mencionó, cerca del altar siempre hay un crucifijo muy visible. Asimismo, el cirio pascual ocupa un lugar destacado.

La ropa de gala

Quienes participan en el altar durante la misa llevan ropas ceremoniales. El atuendo del sacerdote es el más elaborado e insólito. El color de la vestimenta depende del calendario litúrgico y de la temporada del año. El blanco simboliza la inocencia y se usa en las fiestas de Jesús, de la Santísima Virgen y de algunos santos. El rojo significa amor y se emplea en las fiestas del Espíritu Santo y de los mártires. El verde significa la esperanza y por lo general se usa los domingos en

El Santuario de la iglesia católica de Cristo Rey en Nashville, Tennessee.

(Cortesía del decano H.L. Caskey)

el tiempo ordinario. El morado significa penitencia y se usa en Cuaresma y Adviento. En las grandes fiestas a veces se usa el dorado en lugar del blanco.

También los monaguillos llevan ropa especial, ya sea una sotana blanca, o negra y una especie de blusa blanca llamada sobrepelliz. Los lectores, los ministros eucarísticos y los ujieres no llevan ropa especial.

Quién es quién en la misa

Los fieles participan en la misa y el sacerdote la preside dirigiéndose a la congregación para ofrecer la adoración a Dios. Sus palabras inician y terminan la misa. Él dirige las oraciones, lee el Evangelio y predica la homilía. Dirige los rezos del rito de la Eucaristía y pronuncia las palabras de la consagración.

Para varias de estas tareas, el sacerdote puede contar con la ayuda de un diácono, personaje ordenado de la Iglesia, en un nivel inferior inmediato al del sacerdote. Además están los monaguillos, quienes por lo general son jóvenes que ayudan a la celebración de la misa llevando los objetos utilizados en ella, como el libro de oraciones y la Biblia. También hacen sonar las campanas en determinados momentos de la misa. Asimismo están los lectores, que leen pasajes del Antiguo Testamento y de las epístolas, así como las peticiones después de la homilía. Y están también los ministros de la Eucaristía, hombres y mujeres que ayudan a distribuir la sagrada comunión. Los monaguillos, los lectores y los ministros de la Eucaristía se preparan para sus tareas en cursos especiales. Fuera del santuario se encuentran los miembros del coro y los ujieres. Éstos reciben a la gente, le indican su asiento y reciben la colecta. Los ujieres también están preparados para manejar algunas urgencias, en caso de que alguna persona requiera ayuda.

Pero los ministros clave de la Eucaristía son los fieles. Desde el Concilio Vaticano II, la gente se considera participante de la misa, no sólo observadora. Constituye el cuerpo de la iglesia reunida que ofrece la misa a Dios. El documento del Concilio Vaticano II que habla de la liturgia llama "sacerdotal" al papel de los fieles en la misa.

¿Sólo se invita a los católicos?

Todos son bienvenidos en la celebración católica de la misa. Si usted no es católico y asiste a misa está en libertad de permanecer sentado todo el tiempo, o de participar en los movimientos y las oraciones si así se siente cómodo. Por lo general, siempre encontrará algún folleto que le ayude a seguir la misa.

Sin embargo, deberá perdonar a los católicos por lo que parece falta de hospitalidad en lo que respecta a la comunión. Los católicos siempre han reservado la comunión para quienes profesan la creencia de que la hostia es la presencia real de Jesús. La comunión católica es sólo eso: un signo de la unidad de los fieles. Quienes visitan una iglesia católica se preguntan por qué no pueden participar en la comunión, ya que en otras iglesias no existen tales restricciones. La Eucaristía simboliza la unión con Dios y la unión de los católicos entre sí. Cuando alguna persona de otra denominación cristiana se convierte al catolicismo, se dice que es recibida en la comunión plena. No se le vuelve a bautizar, sino que su participación en la comunión indica el punto culminante de su conversión.

Por lo regular, los católicos no comparten la comunión en iglesias de otras denominaciones. Hay excepciones, pero son muy raras. Si bien los teólogos y los jerarcas de la Iglesia Católica debaten las posibilidades de la comunión plena, la gente ordinaria se encuentra separada por esta diferencia en creencias. Mientras mayor unidad encuentren todos los cristianos entre ellos mismos, más cerca estarán las iglesias de resolver sus diferencias y más allegadas al modelo definido por Jesucristo en la Última Cena, de que "todos ellos sean una misma cosa" (Juan 17, 21).

Durante la comunión se invita a los cristianos no católicos a orar por la unidad con Nuestro Señor Jesucristo y de unos con otros; los no cristianos pueden ofrecer sus oraciones por la paz y la unidad de la familia humana.

El Santísimo Sacramento

En los primeros tiempos de la Iglesia, los fieles llevaban el pan de la Eucaristía de la misa a su casa para impartirlo a quienes estuvieran imposibilitados de asistir. Conforme la Iglesia avanzó en la Edad Media, se le dio más importancia al papel del sacerdote en la impartición de la Eucaristía que a la participación de los fieles. En consecuencia, el pueblo se fue apartando de la misa. Se hizo énfasis en la naturaleza divina de Jesús en la Eucaristía y la gente se consideraba indigna de recibirla.

Como resultado de este punto de vista, con el paso de los años se desarrollaron devociones eucarísticas fuera de la misa. La Eucaristía fuera de la misa se llama Santísimo Sacramento. La bendición, la meditación ante el Santísimo Sacramento, las procesiones del Santísimo Sacramento y las Cuarenta Horas, son algunas de estas devociones. La bendición con el Santísimo es una celebración muy ceremonial en la que el sacerdote lleva hermosos ropajes, y consta de oraciones y canciones. El incienso también se usa como parte de esta ceremonia.

Capítulo 16

Es una tribu

El catolicismo tiene una característica cultural y étnica que es más que la suma de sus reglas y creencias. En este capítulo analizaremos dónde encuentra su forma este carácter distintivo, que es en la parroquia y en la escuela católica, muchas veces parte de la misma parroquia. Veremos el papel que desempeñan las escuelas católicas en la formación de los católicos como ciudadanos.

En el ambiente parroquial se desarrolla una sensibilidad social especial, que exhorta a los fieles con el mandato bíblico a trabajar por la transformación de todas las personas y de establecer el "Reino de Dios". Después de ver dónde se forma la identidad católica y dónde se expresa, terminaremos este capítulo examinando el proceso mediante el cual se inicia a gente nueva a esta tribu.

Dónde se reúne la tribu

El sacerdote y sociólogo Andrew Greeley afirma que la forma ideal de una parroquia católica es la de una "comunidad orgánica". Con esto da a entender que la parroquia católica debe lograr que los momentos sacramentales de la vida de la gente sean el centro de la vida de la tribu. Esto se logra cuando logra relacionar el mensaje del Evangelio con la vida cotidiana y vincular a sus miembros con el mundo que está afuera de la parroquia.

La parroquia es el vecindario. La tradición establecía que los católicos asistieran a la iglesia del barrio en el que vivieran. Aunque en la actualidad ya no son tan estrictos, los límites de la parroquia estaban trazados tan claramente como los de los distritos electorales.

Andrew Greeley considera que la Iglesia debe reconocer la importancia de establecer una base religiosa dentro de la comunidad. Especialmente ahora que avanza la era de la tecnología, la gente siente la necesidad de pertenecer a una comunidad. La iglesia parroquial puede satisfacer esa necesidad de pertenencia. Para los católicos, la iglesia no está en Roma, ni está en el nivel de su diócesis, sino que está en la esquina de su misma calle. Ahí es donde fueron bautizados, donde se casó su hermana mayor y donde se celebraron las exequias de sus abuelos. Está entrelazada con la historia de su familia.

Para muchos, la iglesia también abarca a la escuela católica. La escuela sigue siendo una dimensión importante del sentido orgánico de la vida de la parroquia católica. Cuando se refuerzan las mismas creencias y valores, se logra una fuerte afirmación unificadora a través de la iglesia, la escuela y el hogar. La escuela es un foro en el que se trabaja específicamente con la base de la fe en la paz y la justicia de los jóvenes.

La parroquia es el centro de pertenencia

En sus orígenes, los cristianos no eran aceptados en la comunidad a la que pertenecieran, por lo que obtenían su sentido de pertenencia reuniéndose en la iglesia de su parroquia. Aunque los tiempos han cambiado, la necesidad de pertenencia sigue siendo un fuerte impulso humano. Hay numerosas organizaciones para hombres y mujeres, jóvenes y adultos que ofrecen contactos directos con otras personas de intereses, objetivos espirituales o antecedentes semejantes. Entre estas organizaciones encontramos al Movimiento Familiar Cristiano, los grupos de encuentros matrimoniales, los Caballeros de Colón, los Legionarios de María, los programas para católicos divorciados o separados, los clubes del libro, los grupos de estudios bíblicos, los Boy Scouts y las Girl Scouts, los coros de las iglesias, los ministerios para los enfermos y desamparados, y las reuniones para los ancianos, por nombrar sólo unas cuantas.

El juego y la recreación están en el núcleo de la comunidad y siguen siendo parte integral de la experiencia espiritual y religiosa; podríamos llamarlo "juego santo". De hecho, en muchas iglesias hay gimnasios para jugar básquetbol y voleibol, así como un auditorio listo para organizar bailes y otros eventos sociales. Muchas parroquias patrocinan ligas de golf o de bolos, clubes de naipes y de diversas manualidades. Además, ofrecen sus terrenos para organizar los *picnic* de la iglesia.

Los lazos sociales positivos constituyen un evento religioso y espiritual. La vida social de la parroquia le permite a los católicos experimentar a Dios como fuerza unificadora en las relaciones humanas.

La parroquia es el centro de oración y de los sacramentos

En el corazón de la parroquia se encuentra la iglesia donde se reúnen los fieles para celebrar la misa. La variedad de esta celebración muestra el diferente carácter de cada parroquia.

La música tiene un carácter muy especial en las parroquias. Dependiendo de las preferencias de la congregación y de los directores de la iglesia, la parroquia puede ofrecer desde música folklórica hasta canto gregoriano; en algunas incluso puede celebrarse la misa a ritmo de rock, interpretado por el coro juvenil. La música contribuye a definir el humor y el ambiente, lo cual es un interés central para la Iglesia en la actualidad. En algunas parroquias incluso se presentan coreografías de luz y sonido. Además, la iglesia puede estar decorada con banderolas, por lo general hechas por niños y jóvenes, que marcan los tiempos.

La iglesia es el sitio donde la parroquia celebra su vida sacramental a través de los bautizos, las bodas y los funerales. La gente acude a la iglesia también para practicar devociones públicas o privadas. Cualquier día de la semana, la gente puede visitar la iglesia para hacer una oración personal. Las noches de entre semana se celebran las novenas, las bendiciones y las devociones litúrgicas, como el viacrucis en la Cuaresma. Todas estas ceremonias y rituales contribuyen a crear una identidad sacramental que es compartida por la comunidad.

La parroquia es el trampolín hacia el mundo

En el esquema católico de las cosas, idealmente la parroquia contribuye a la vida política y cultural de su ciudad y del mundo. Esto lo hace organizando y concentrando el poder de la gente. Una forma de realizar estas tareas es a través de comités parroquiales, que instruyen a los miembros en ciertos temas y los organizan para influir en medidas políticas muy diversas, desde los impuestos y las prácticas médicas, hasta los salarios y la pena capital.

Otra forma de influir en la política social es a través de las escuelas parroquiales, donde se educa a los niños a ser buenos ciudadanos y fieles católicos. Esta escuela le da significado religioso a la habilidad y el talento; aprender se asocia con poner en práctica los principios católicos. En cierta forma, los estudiantes católicos aprenden sus primeras letras para hacer un mundo mejor que, en términos católicos, significa establecer el Reino de Dios.

El rostro social de los católicos

La verdadera medida de la identidad católica es la forma en que los católicos conducen su vida en el mundo. Jesús hablaba de establecer el Reino de Dios. Pero este reino no es sólo una idea para expresarse: es una acción a emprender. Jesús sanó a los enfermos, se preocupó por los pecadores y se enfrentó a las injusticias de su sociedad. Sus seguidores se hicieron cargo de su misión desde un principio. El libro en el que están registradas las primeras acciones de la Iglesia se llama Hechos de los Apóstoles.

La transformación de las estructuras de la sociedad es una respuesta constante al mensaje evangélico y sucede cuando los movimientos organizados se enfrentan a la injusticia en todas las áreas de la sociedad y la cultura: los trabajadores, los derechos humanos, las fuerzas armadas, las empresas privadas y el gobierno. Desde sus primeros días hasta el presente, la Iglesia ha emprendido acciones masivas para generar amor y lograr justicia. Este trabajo se realiza en dos niveles: uno es ocupándose de la gente; el otro es buscando justicia en la transformación de las estructuras sociales.

La Iglesia ha expresado su preocupación por la gente en tres formas básicas:

- Cuidados de salud para la comunidad
- Educación para la sociedad
- Asistencia para los necesitados

Cómo entrar y salir de la tribu

La gran mayoría de los católicos nace dentro de la religión y aproximadamente el 80 por ciento muere dentro de ella. Pero hay otra forma de entrar y de salir: el adulto puede decidir ingresar a, o abandonar su religión.

Para quienes no nacieron ni fueron bautizados dentro del catolicismo, la Iglesia ha elaborado un exhaustivo proceso de iniciación en la tribu. Como hemos visto, el catolicismo es más una cultura que una organización, lo que significa que el término *iniciación* es más exacto que *afiliación*. Hay un periodo en el que el iniciado llega a conocer la tribu y sus costumbres. Este proceso es llamado rito de iniciación cristiana y abarca la socialización, la instrucción y la celebración ritual, con una duración de por lo menos un año.

Ingresar en la Iglesia significa reconocer la relación de Dios con su pueblo. ¿Recuerda que hablamos de la *alianza*, ese concepto del Antiguo Testamento que se refiere a la naturaleza de la relación de Dios con su creación? En esta relación, Dios reclama para sí a su pueblo y le asegura que nunca lo abandonará.

Pero en ocasiones la gente puede sentir que su relación con la Iglesia no cumple con la relación de alianza con Dios y entonces decide abandonarla. En raros casos, y por razones de las más graves, la Iglesia puede considerar necesario sancionar las acciones de alguno de sus miembros. Esto sucede cuando las acciones de éstos amenazan la unidad de las enseñanzas y creencias de la Iglesia.

No es fácil iniciarse en el catolicismo

El rito de la iniciación cristiana de adultos es el proceso diseñado para que los adultos ingresen en la Iglesia Católica. Se trata de un periodo de instrucción y de vinculación con la comunidad, que culmina al recibir la persona los sacramentos de iniciación y su aceptación plena en la Iglesia. Quizá recuerde usted, cuando hablamos de los sacramentos, que este proceso consta del Bautismo, la Confirmación y la Eucaristía, celebrada ésta al final de dicho periodo.

El rito de iniciación proviene del Concilio Vaticano II, si bien su modelo data de las primeras comunidades cristianas. En éstas se hacía énfasis en la vinculación de sus miembros y en un periodo de preguntas, de enseñanza y de compartición de la fe, así como de preparación para recibir los sacramentos y ser admitidos en la Iglesia, cosa que por lo general ocurría en la Vigilia Pascual. Esta tradición tan antigua esboza el proceso actual.

Así como la Iglesia primitiva empezaba con una temporada para que se conocieran unos a otros, el rito de iniciación también lo hace. Se inicia con un año en el que se da la bienvenida al extraño y se crea una comunidad amorosa y coherente de creyentes. El individuo determina cuánto tiempo ha de durar esta vinculación.

Quienes deciden avanzar en este proceso, empiezan un periodo de preguntas durante el cual se reúnen con otros miembros de la parroquia. Todos intercambian relatos, hacen preguntas y aprenden las creencias básicas de la fe católica. Uno de los miembros de la parroquia actúa como padrino y acompaña a su candidato a ingresar en la Iglesia a lo largo de la jornada.

Cuando el candidato siente que está listo, y así lo confirman su padrino y la propia comunidad, se inscribe como *catecúmeno*, nombre que reciben aquellos que solicitan instrucción. En este periodo de aprendizaje más formal, los candidatos por lo regular participan en la misa dominical, saliendo después de la homilía (el sermón) para asistir a los grupos de compartición de la fe. En el momento apropiado, por lo general al principio de la Cuaresma, quienes están listos para avanzar en el proceso entran en las fases finales de la preparación. La disposición del candidato, los consejos de su padrino y la aceptación de la comunidad, determinan el grado de preparación del candidato.

Idealmente, la Vigilia Pascual es el momento en que los candidatos reciben los sacramentos de iniciación y son recibidos como miembros plenos de la Iglesia. Después de eso, los *neófitos*, es decir, los nuevos miembros, entran en un periodo para reflexionar sobre sus experiencias al recibir los sacramentos. Y entonces se asimilan a la parroquia.

El éxito del rito de iniciación cristiana de adultos depende de la participación de la comunidad parroquial. Sin un espíritu genuino de bienvenida, este proceso corre el peligro de convertirse en un simple tiempo de instrucción. El cuidado y la atención de la comunidad le dan vitalidad y vigor a este proceso. Esta participación puede ser un problema en algunas parroquias, en especial en las congregaciones grandes, cuyos mismos miembros tienden a alejarse del sentido de comunidad. El beneficio de este programa es doble: el catecúmeno obtiene una experiencia comunitaria y la comunidad se une para ofrecérsela.

He aquí un resumen del proceso:

- **Tiempo de bienvenida.** En esta temporada, el candidato llega a conocer a la comunidad y experimenta los valores evangélicos que ofrece.

- **Aceptación como candidato.** En un ritual litúrgico de aceptación, el candidato expresa su deseo de ingresar y la comunidad responde. Este ritual es la entrada a un proceso más estructurado de instrucción y de compartición de la fe.
- **Tiempo de crecimiento en la fe católica.** Después del rito de aceptación viene la temporada de nutrimiento y cultivo de la fe.
- **Elección.** Este rito formal y litúrgico por lo general se celebra el primer domingo de Cuaresma. Los candidatos expresan su deseo de ingresar en la Iglesia y la parroquia ratifica la disposición de los candidatos a recibir los sacramentos de iniciación.
- **Celebración de los sacramentos de iniciación.** Por lo común se celebran como parte de la Vigilia Pascual; el candidato es iniciado a través del Bautismo, la Confirmación y la Eucaristía.
- **La luna de miel.** Después de su bautizo, confirmación y recepción de la Eucaristía, el recién iniciado reflexiona sobre su experiencia al recibir los sacramentos y se integra en la comunidad.

La excomunión

La *excomunión* es una pena que impone la Iglesia para excluir a un católico de la participación plena en la Iglesia. La jerarquía eclesiástica impone esta pena sólo por las razones más graves. La excomunión no expulsa a la persona de la Iglesia, sólo le restringe sus derechos dentro de la comunidad.

La excomunión no es una condena moral contra el afectado; es la firme respuesta de la Iglesia ante una acción que pone en peligro su integridad. El objetivo final de esta acción es salvaguardar la comunidad, así como fomentar el arrepentimiento y la reconciliación. La excomunión es la censura más fuerte que pueda hacer la Iglesia pero, al mismo tiempo, extiende el espíritu de indulgencia. La excomunión es como un castigo temporal. Así como los padres no expulsan a sus hijos de la familia, la excomunión no expulsa a nadie de la Iglesia. Lo que hace es establecer firmemente los límites.

La historia de la excomunión se remonta a los orígenes de la Iglesia. Ya en el primer concilio de Nicea, en 325 D.C., se encuentran las primeras referencias. Y aunque se ha hecho mucha publicidad en contra de la Iglesia respecto de notables excomuniones a lo largo de la historia, como la de Galileo, Martín Lutero y Enrique VIII de Inglaterra, no es frecuente que se invoque la excomunión.

Es más probable que se esgrima la excomunión para controlar a los jerarcas de la Iglesia que a los fieles comunes. Las acciones que pueden justificar la excomunión son, por ejemplo, la consagración de un obispo sin mandato papal; la ruptura del secreto de confesión (el sacerdote está comprometido a la confidencialidad respecto a la confesión de los fieles); la profanación de la Eucaristía y el empleo de la fuerza física contra el papa. A quienes son excomulgados no se les permite recibir ni administrar los sacramentos, ni pueden desempeñar algún cargo eclesiástico.

La Iglesia titubea para aplicar la excomunión y sus jerarcas consideran numerosos factores antes de recurrir a ella. La excomunión puede ser privada, sólo entre la persona y su confesor. En situaciones públicas, un tribunal eclesiástico lleva a cabo el proceso de excomunión. Al igual que en los tribunales civiles, aquí se exponen circunstancias atenuantes, como el sentimiento de culpabilidad (la conciencia plena de nuestras acciones).

La excomunión se levanta una vez que se ha cumplido la penitencia prescrita. Si el asunto fue privado, se maneja entre la persona y su confesor. Si la situación fue pública, la penitencia, la admisión de la culpa y las disculpas, deben ser hechas en público; el levantamiento del castigo también se hace público.

¿Qué tan católico hay que ser?

Como recordará, señalamos que 20 por ciento de los católicos abandona su religión. Estas estadísticas plantean una interesante pregunta: ¿Qué quiere decir la gente cuando dice ser católica? Debido a la naturaleza tribal y la identidad cultural del catolicismo, su carácter suele permanecer, aun cuando la gente haya abandonado la religión. Es como tener ascendencia europea, asiática o africana. Uno tiende a conservar la conexión cultural con su tribu de origen como punto de referencia.

Desde la perspectiva de la Iglesia, nadie deja de ser católico a menos que se le excomulgue. Desde la perspectiva del individuo, se es católico en tanto se practique la liturgia o de alguna manera se identifique como tal.

No es raro oír que la gente se diga católica aunque tenga más de veinte años de no asistir a misa. ¿Qué hay aún en ellos de católico? En la mayoría de los casos, estas personas han mantenido la forma sacramental y comunitaria, propia del catolicismo, de relacionarse con Dios, con el mundo y con los demás. Llevan a la Iglesia por dentro.

Para algunas personas, esta conexión tan persistente puede ser problemática. Su encuentro con el catolicismo ha sido tan lesivo que necesitan "recuperarse" y pasan la vida entera tratando de exorcizarlo. Otros abandonan la Iglesia por considerar que no es suficientemente católica. Para bien o para mal, la naturaleza tribal de la religión significa que sus miembros la llevan en los huesos a todas partes.

Relaciones rotas

Como hemos visto, la Iglesia Católica deja una profunda huella en sus miembros. Si esta huella es negativa, plantea un problema considerable. Por desgracia, para muchas personas la experiencia con la religión ha sido tan dañina que se ha popularizado el término "católico en recuperación".

Cuando una institución, por ejemplo una gran empresa, un gobierno o una iglesia, tiene un poder tan grande sobre la vida de la gente, existe la posibilidad de que se abuse de este poder. Los miembros de la Iglesia más vulnerables a este abuso de poder son los niños. Muchos católicos recuerdan a sacerdotes y monjas con pavor y miedo, por haber sufrido los abusos físicos, emocionales y en algunos casos sexuales, de ellos. La traición por parte de aquellos en quienes se supone podemos confiar, causa profundas heridas.

Llamado a la reconciliación

En demasiados casos la Iglesia le ha dado la espalda a sus miembros heridos, ignorándolos y, en ocasiones, encubriendo a sus jerarcas. Pero no deben tolerarse los abusos, en especial dentro de una institución que tiene tanta influencia en la vida de la gente. En su parte medular, el abuso se entiende básicamente como abuso de poder. Pero junto con el poder debe haber un sentido de responsabilidad profundamente desarrollado. Los jerarcas requieren este grado de responsabilidad. Conforme el poder cambia de manos y la gente empieza a tener más control sobre su propia vida religiosa, se reducen las posibilidades de que haya abusos.

La reconciliación requiere que la Iglesia se eduque a sí misma en la naturaleza del abuso y aprenda a reconocer cuándo existe la posibilidad de que éste surja entre sus filas. La sociedad en general está dando grandes pasos para comprender la naturaleza del poder y la posibilidad de corrupción que está implícita en el poder sobre los demás. Exhortamos a las personas que han sido víctimas a que busquen asesoría y consejo profesional.

Hemos dado un vistazo a la parroquia, a algunas de las organizaciones de la Iglesia, sus alcances y su naturaleza tribal. Al margen de cómo le identifique a usted la Iglesia —como un católico en "buena posición" o como un "relapso"— la cuestión realmente importante es su identidad personal. La forma en que reconozcamos o rechacemos la alianza con la tribu difiere de un individuo a otro.

Capítulo 17

Las enseñanzas de la Iglesia

Se dice que es más fácil pecar en el catolicismo que en ninguna otra religión, ya que los católicos tienen muchas creencias, reglas y normas. Los interrogantes sobre lo que constituye el pecado dominan las discusiones acerca del catolicismo. Por mucho tiempo, la Iglesia Católica centró sus enseñanzas y prédicas en torno al pecado. Todos los requerimientos y creencias estaban respaldados por las consecuencias que atraían. El tema del pecado por lo general es en lo primero que se piensa cuando se escucha la palabra *católico* y este énfasis en el pecado ha sido muy dañino para la Iglesia.

Sexo y pecado se convirtieron en sinónimos y para algunas personas esta relación sigue siendo verdad en la actualidad. Sin embargo, lo bueno es que en gran parte el pecado no es uno de los temas más importantes de la Iglesia actual y se ha hecho mucho para reparar la relación entre la sexualidad y la espiritualidad. En este capítulo examinaremos las definiciones de pecado y libre albedrío, la vida después de la muerte, la sexualidad humana y las importantes enseñanzas sociales del catolicismo que orientan al creyente en sus relaciones con el mundo.

El pecado después del Concilio Vaticano II

La moralidad de la iglesia postconciliar adopta hacia el pecado un enfoque más amplio y positivo que en el pasado. Ahora la Iglesia se centra en ayudar a sus feligreses a desarrollar las virtudes bíblicas, promoviendo el amor, las relaciones pacíficas y el trabajo en equipo para que haya más gente que goce del Reino de Dios.

Este alejamiento del énfasis en el pecado y el castigo sigue una pauta general de reexaminar las creencias y redefinir el pecado. La creencia contemporánea otorga mayor importancia a la bondad básica de la persona y surge de ella. Empero, subsisten remanentes del antiguo pensamiento. Ciertamente, no todos los miembros de la Iglesia viven conforme las nuevas definiciones de la espiritualidad y lo que significa ser católico, pero ya se ha establecido la dirección y la tendencia es positiva.

El pecado

Pecado es un término religioso. En el Antiguo Testamento, se entiende por pecado la ruptura de la alianza con Dios. Es resultado de no seguir la voluntad de Dios tal como la conocemos en nuestro corazón. Aunque por lo general se enseña que el pecado es una violación contra Dios, en realidad es en contra de nosotros mismos, de nuestros prójimos y de toda la creación. En la mayoría de los casos en los que en el Nuevo Testamento aparece la palabra *pecado*, se usa en la frase "perdón de los pecados".

En el pasado, los católicos consideraban el pecado básicamente como desobediencia a Dios y a los "superiores legítimos". La obediencia se mezcló de una forma muy profunda con la identidad católica y así se convirtió en una característica *moral* dominante de los católicos.

Cuando se preparaba para la confesión, el creyente realizaba un "examen de conciencia", lo cual significaba examinar su obediencia a las leyes de Dios y de la Iglesia. La Iglesia hacía énfasis en los diversos grados del pecado. Al tratar de averiguar el número y el tipo de pecados, los católicos se preocupaban más por la ley y la medida. El pecado y la culpa impulsaban la actitud moral del creyente. Ser moral era evitar hacer el mal, en lugar de promover el bien, lo que le impedía a los católicos vivir a plenitud el mensaje del Evangelio: amor a sí mismo, amor a Dios y amor al prójimo.

El concepto actual de pecado está centrado en la ley del amor y basado en las ciencias humanas. La reflexión moral ya no se enfoca en las carencias personales sino más bien en el amor incondicional a Dios. Este cambio hace que el razonamiento moral abandone una posición reactiva y adopte una actitud activa.

La teología actual del pecado enseña que éste es un límite, en el entendimiento de que somos semejantes a Dios en nuestra libertad. Esta nueva teología está basada en la idea de que Dios quiere que vivamos en forma creativa y que tengamos la libertad de desarrollar todo nuestro potencial. Así pues, el pecado es cualquier cosa que obstaculice nuestra libertad de desarrollarnos a plenitud. La enseñanza actual invita a los católicos a observar el contexto más amplio de la justicia social, porque la injusticia limita el espíritu humano. Si alguien no es libre, nadie lo es. A los católicos se les exhorta a trabajar por su propia liberación y por la de todos los demás. El pecado es lo que viola la dignidad humana y bloquea la libertad, de otros o de nosotros mismos.

Las categorías del pecado: de vigas a pajas

Tradicionalmente ha habido dos tipos de pecado en la Iglesia Católica: el mortal y el venial. Los pecados mortales son más graves que los veniales. Podríamos establecer la analogía de que el pecado mortal es un delito y el venial, una falta administrativa. Las referencias bíblicas a la magnitud del pecado se encuentran en dos pasajes. En Mateo 23, 24 se habla de la diferencia entre un mosquito y un camello; en Mateo 7,3 se habla de la paja en el ojo ajeno y la viga en el propio.

En ninguna parte del Nuevo Testamento hay una lista de pecados mortales ni se indica el castigo prescrito para ellos. Ha sido la Iglesia la que ha decidido qué conductas extremas deben clasificarse como pecados mortales. Lo mortal se refiere a que este tipo de pecado da muerte al alma. El pecado mortal constituye una grave ruptura en la relación del individuo con Dios y con la comunidad. Para restaurar esta relación, quienes han cometido pecado mortal deben confesarse y trabajar con su confesor para reparar los daños causados con sus acciones. Hay tres características que debe cumplir un pecado para que sea mortal:

- Que sea una ofensa grave.
- Que la persona tenga pleno conocimiento de su gravedad.
- Que se cometa con todo el consentimiento de la voluntad y sin ninguna coerción.

Los pecados veniales se consideran ofensas menores. No causan la ruptura de la relación con Dios como ocurre con el pecado mortal. Son las trasgresiones cotidianas a las que todos estamos sujetos. Sin embargo, cualquier pecado, como una enfermedad en sus primeras etapas, puede tener consecuencias más graves si no es controlado. Poner atención a los pecados veniales le permite al creyente detectar costumbres problemáticas dentro de sí mismo.

El concepto moderno del pecado no debe causar laxitud sino, más bien, una sensibilidad más profunda hacia la condición humana y el desarrollo de la compasión. Si se amplía la definición de pecado hasta abarcar todas las formas en que podemos rechazar a Dios, limitando nuestro compromiso con la vida, no es fácil establecer una lista de pecados como se hacía antes. Aunque los mandamientos y las leyes de la Iglesia siguen siendo parte del proceso de discernimiento moral (el proceso de distinguir el bien y el mal), de ningún modo constituyen todos los elementos.

Con las nuevas formas de evaluar su condición moral, usted podría preguntarse a sí mismo si ha hecho todo lo posible por fomentar el amor a Dios. Entonces su respuesta moral estará arraigada en el amor, la justicia y la paz. El hecho de no tomar acciones se volverá una medida del pecado. El enfoque preconciliar del pecado era verlo como una comisión, es decir, algo que cometía la gente; el énfasis en la noción postconciliar es en la omisión, o sea, lo que la gente deja de hacer.

El pecado original: la expulsión del paraíso

El concepto de pecado original permite explicar por qué existe la maldad en un mundo creado por un Dios bondadoso. Aunque no hay ninguna mención específica al pecado original ni en el Antiguo ni en el Nuevo Testamento, éste siempre ha sido una enseñanza primordial de la Iglesia.

El término "pecado original" no entró en las enseñanzas de la Iglesia hasta la época de San Agustín, quien identificó el pecado original como el ansia básica de autosatisfacción que aleja al individuo de Dios. Sus opiniones sobre el pecado original se volvieron parte de las enseñanzas oficiales de la Iglesia en el año 418 D.C. En la Edad Media, la interpretación abandonó la noción de la naturaleza corrupta del hombre para adoptar la de la ruptura de la relación con Dios, causada por el primer pecado cometido por Adán. Santo Tomás de Aquino afirma que el pecado original es "una condición previa, debilitada y trastornada". Ha habido muy pocos cambios en la teoría del pecado original de entonces a la fecha.

En la enseñanza preconciliar se entendía que en todos los seres humanos también existe la culpa. Y existía aun antes de cualquier maldad cometida por el individuo. La culpa es una condición del alma que heredamos de nuestros ancestros, así como heredamos las características fisiológicas.

La doctrina del pecado original sigue siendo un dogma importante en la Iglesia Católica y los teólogos contemporáneos tratan de mantener relevante su significado a la luz de la ciencia, en especial de la psicología. La creencia básica es que la redención de Cristo, que se caracteriza por el amor y el perdón, está en el corazón y el alma del plan divino. Todos los hombres necesitan la redención que Él ofrece. El relato bíblico de Adán, Eva, la serpiente y el árbol (que se ilustra adelante) no es un relato literal de un pecado original histórico, sino una representación de lo que significa ser humano. No necesariamente nos dice lo que sucedió en los inicios de la historia de la humanidad, sino más bien nos recuerda lo que siempre ocurre en los afanes humanos.

Adán, Eva y la serpiente.

(Alinari/Art Resource, Nueva York)

Visto de este modo, el relato de la caída nos habla de la inevitable mezcla de bien y mal contenida en la existencia humana. En el mejor de los casos, nuestros motivos más sublimes están mezclados y son ambiguos. La fragilidad humana nos hace vulnerables a errores de juicio y podemos ser engañados por las circunstancias. El máximo dilema del hombre es existir en medio de un mundo pecaminoso y esforzarse por ser bueno. Parte de esta lucha es superar una naturaleza inferior que en ocasiones nos quiere sacar del camino.

La interpretación moderna del pecado original reconoce las cualidades humanas básicas y las condiciones del mundo. Lo más importante es que reconoce la participación de Dios en nuestros afanes. Ser humano significa necesitar de la gracia de Dios. En otras palabras, necesitamos el don de la ayuda de Dios para orientar nuestra existencia terrenal. Puede expresarse la doctrina del pecado original para ilustrar el refrán "Donde existe el pecado, también abunda la gracia".

Los siete pecados capitales

La Iglesia ha determinado que en la raíz de nuestros problemas están ciertas emociones o preocupaciones. Estas emociones se llaman *pecados capitales*. Los siete pecados capitales fueron inmortalizados en "El relato del pastor" de *Los cuentos de Canterbury*, de Chaucer, así como en la descripción que hace Dante de las terrazas del purgatorio en *La divina comedia*.

Los siete pecados capitales son:

1. Soberbia
2. Envidia
3. Ira
4. Pereza
5. Avaricia
6. Gula
7. Lujuria

Se dice que esos siete pecados son la fuente de donde surgen todos los pensamientos y las conductas pecaminosos. El término *capital* viene del latín *caput*, que significa "cabeza" y en este caso se refiere a que los pecados capitales son la fuente de todos los demás pecados. Estos pecados también se llaman los "siete pecados mortales". Pero aunque son llamadas pecados, estas características no son pecaminosas en sí mismas. Más bien hacen referencia a tendencias hacia el pecado o a debilidades de carácter, a través de las cuales ocurre el pecado.

La culpa y la vergüenza

Concluiremos nuestro análisis del pecado con una mirada a la culpa, tan pasada de moda, y quizá respondamos a la pregunta de si los católicos sienten más culpa de la que les corresponde. La culpa es un tema de consideración tanto en la Iglesia como en la psicología. La culpa, en el contexto de la religión, es el conocimiento intuitivo de haber actuado mal. Parece ser un sentimiento innato que nos orienta para elegir qué hacer y qué no hacer. Como tal, es una cualidad saludable y útil.

Debemos distinguir la culpa de la vergüenza. La culpa es innata; la vergüenza se desarrolla. La culpa corresponde a la violación de un valor genuino. La vergüenza es resultado de un condicionamiento realizado en la infancia. Si un niño ha sido castigado en razón de algún acto de su proceso normal de desarrollo (por ejemplo que moje la cama o se chupe el dedo), puede experimentar un sentimiento de culpa inapropiado, que sería más correcto considerar como vergüenza.

La vergüenza es un problema tanto del ámbito espiritual como psicológico y lo mejor es que sea tratado por un ministro religioso y por un psicólogo. Por ejemplo, mucha gente que en la infancia sufrió de abusos suele experimentar vergüenza. Cuando ocurre el abuso, se rompe la relación de la víctima con Dios. Los padres son la primera noción del niño acerca de lo que es Dios. Si los padres no aman al niño y, en cambio, lo lastiman, el alma (la psique) del niño sufre la pérdida de su conexión natural con Dios. Esta pérdida produce una autoestima gravemente dañada, lo cual se convierte en desesperanza y odio contra uno mismo. La desesperanza es una situación espiritual en la que creemos que no podemos recibir ninguna ayuda.

Cuando experimentamos vergüenza no podemos actuar en forma plena y creativa y, lo que es aún más dañino, no podemos experimentar el perdón. Una culpa adecuada, por otra parte, nos indica que hemos hecho algo malo, a otros o a nosotros mismos. Una vez que corregimos el daño hecho, experimentamos el perdón y desaparece la culpa.

La confesión es una práctica saludable, desde el punto de vista tanto espiritual como psicológico. Tener a alguien a quien hablarle acerca de nuestros pecados y experimentar un proceso formal de perdón, libera de la culpa a la persona. La absolución ocurre luego que la persona se confiesa, expresa su arrepentimiento y pone en claro su intención de modificar su conducta. El sacerdote, puesto que Cristo actúa a través de él, absuelve a la persona del pecado y de la culpa que va con él.

El libre albedrío, el juicio final y el más allá

El libro albedrío se refiere a la posibilidad que el hombre tiene de elegir su camino. Tanto el sentido común como la doctrina de la Iglesia coinciden en que la responsabilidad moral depende del libre albedrío.

La naturaleza y el grado del libre albedrío son temas de grandes debates teológicos y filosóficos. Los estudios sobre la personalidad y el desarrollo humanos han demostrado que el libre albedrío está sujeto al condicionamiento de cada persona. Algunos estudios incluso aseguran que el ideal del libre albedrío es una completa ilusión y que todas las acciones están determinadas por causas externas.

La doctrina moral católica funciona en forma muy semejante al derecho civil en lo que respecta al libre albedrío. Enseña que el libre albedrío puede estar obstaculizado por gran variedad de factores, como el miedo, la coerción, la ignorancia, las perturbaciones emocionales, la pasión, el consumo de drogas, entre otros factores. En este sentido, el libre albedrío existe como ideal, al cual pone límites la condición humana.

La Iglesia enseña que las consecuencias de nuestro libre albedrío nos acompañan más allá de la muerte, que hay una relación directa entre las acciones morales en la Tierra y la existencia después de la muerte. También asegura que el juicio de Dios no existe separado de su misericordia, lo cual significa que Dios ve todos los detalles y conoce tanto nuestro corazón como nuestros afanes.

La maldad, mala hasta la médula

La *maldad* no existe en sí misma; existe sólo como ausencia de bien o falta de plenitud. Sin embargo, tenemos libre albedrío y podemos elegir no cumplir con la voluntad de Dios y no realizar todo nuestro potencial. De este modo, la maldad se ejerce en decisiones que se toman en contra de la voluntad divina.

Estas decisiones pueden ser personales o ser tomadas por una comunidad. Cuando hablamos del pecado, mencionamos las decisiones morales personales que pueden conducir a la maldad. Sin embargo, hay casos en los que la maldad empieza a tener vida propia, como cuando la apoya una comunidad, una gran corporación o toda una sociedad. Dos ejemplos horrendos de maldad son la esclavitud y los campos nazis de exterminio. En tales casos, el hombre crea una cultura de la maldad y se restringe gravemente la libre elección. La posibilidad de actuar conforme a la voluntad de Dios se reduce en tal medida, que el mal prevalece temporalmente. Es temporal pues la Iglesia enseña que el bien es más fuerte que el mal. El mal existe sólo en forma temporal, lo cual significa que es limitado. Dios tiene la característica de la eternidad.

El diablo me hizo hacerlo... ¿o fue él?

Por lo general el diablo se representa como símbolo de la maldad. La doctrina de la Iglesia acerca de los demonios sostiene que se trata de criaturas espirituales sujetas a Dios. La muerte y la resurrección de Jesucristo vencieron al poder del mal en el mundo. El hombre también puede vencer al mal si elige a Cristo. Lo teológicamente importante es que el hombre tiene libre albedrío.

Las Sagradas Escrituras nos enseñan que el bien y el mal no son iguales. Una peligrosa distorsión de la doctrina de la Iglesia es decir que "el diablo me hizo hacerlo". Para la Iglesia está claro que el diablo no es la causa de todo mal. El ser humano tiene libre albedrío y puede elegir entre participar del bien o del mal.

Posesiones demoniacas y exorcismo: "Vade retro, Satanás"

Los demonios no ocupan un lugar significativo en la doctrina de la Iglesia Católica. De hecho, muchos maestros eclesiásticos no creen en la posesión demoniaca. Sin embargo, la mayoría reconoce que hay maldad en el mundo más allá del poder personal de crearla. La maldad tiene una profundidad que escapa al control del hombre. Nadie sabe con seguridad cómo funciona esto. La posesión diabólica se define como el hecho de que el poder psíquico de un demonio se apodere de la personalidad de un hombre, de modo que éste ya no tenga libre albedrío.

La posesión se manifiesta en formas extrañas, como comportamiento histérico, habla incoherente y movimientos físicos incontrolados. El individuo puede volverse autodestructivo así como destructivo para los demás. Hay una breve mención de posesión diabólica en el Antiguo Testamento, y en el Nuevo Testamento se habla de que Jesucristo salvó a muchas personas poseídas por el demonio. En el evangelio de Marcos, Jesús exorciza a un grupo de demonios. Él les pregunta su nombre y los arroja al mar (Marcos 5, 1-20).

El exorcismo es un rito que se realiza para expulsar el mal de una persona o un lugar. Consiste en oraciones y acciones específicas. Esta acción liberadora no es diferente de las obras de Jesucristo y sus discípulos. La Iglesia Católica actúa con cautela en el caso de la posesión. Requiere que la persona afectada se someta a exámenes físicos y psicológicos. Cuando la Iglesia se decide a realizar el exorcismo, selecciona a un sacerdote conocido por su santidad y fuerza de carácter, y que además haya recibido una capacitación especial. El rito del exorcismo se encuentra en el libro católico de rituales, llamado *Ritual romano.*

¿Es la muerte el último adiós?

La doctrina católica sobre la muerte está basada en la resurrección y afirma que la muerte no es la etapa final. La enseñanza a raíz del Concilio Vaticano II indica que Dios creó al hombre "para un propósito dichoso, más allá de las miserias terrenales".

Los griegos concibieron inmortal al alma humana. A la muerte, el alma se desprendía de su cuerpo y así se "liberaba" de la "prisión de la carne". Las creencias judías primitivas presentaban a la muerte como un paso del individuo de la tierra de los vivos al ámbito oscuro y triste donde no hay felicidad ni alabanzas a Dios, y llamaron en hebreo *sheol* a ese sitio (Salmos 6, 5; Isaías 38, 18). El cristianismo sigue una tradición judía posterior que afirma que la muerte no es la última palabra, sino una invitación a la unión perfecta con Dios.

El infierno es la pérdida eterna de Dios

La Iglesia considera que, con la creación, Dios tenía el propósito de que el hombre formara una relación personal de amor con Él. Aún más, la Iglesia enseña que esta relación alcanza su perfección en la vida eterna con Dios. Nuestro libre albedrío nos permite decidir si cooperamos o no con Dios y aceptar o rechazar entrar en la amorosa relación que Él nos ofrece.

La "condenación eterna" no se atribuye a un acto de Dios pues, en su amor misericordioso, Él sólo puede desear nuestra vida plena en su compañía. El infierno es el dolor causado por nuestra decisión de rechazar abierta y deliberadamente vivir en relación con Dios, si es que esa opción fuera posible. El infierno es una posibilidad sólo porque tomamos seriamente la cualidad de libre albedrío que Dios nos ha otorgado. Es lo que le pone sabor al libre albedrío.

Al hablar del tema del infierno, el Papa Juan Pablo II dijo que no lo considera un lugar, sino más bien un estado en el que el alma sufre por negarse a sí misma su relación con Dios. El infierno es la consecuencia final del pecado. Para hablar de esta realidad en las Sagradas Escrituras se usa un lenguaje simbólico. Las imágenes del infierno que aparecen en las Sagradas Escrituras deben interpretarse en forma adecuada, de acuerdo con el papa. Se usan como analogía para mostrar la completa desesperación y el vacío de la vida sin Dios. Las imágenes del infierno son una advertencia poética. Las observaciones del papa se dirigen a corregir el uso impropio de las imágenes bíblicas del infierno, que crean ansiedad y desesperación. De nuevo, más que un lugar, el infierno es la condición del alma separada de Dios.

El papa agregó que Dios nunca ha revelado "si hay, o quiénes" se han condenado para toda la eternidad. Como ya se dijo, la condena es resultado de un pecado grave y requiere que la persona sepa absolutamente lo que está haciendo. La Iglesia no dice que esto le haya ocurrido nunca a nadie. Una buena ilustración la encontramos en el Nuevo Testamento, cuando Jesucristo no condena a quienes participaron en su crucifixión. Más bien, dice: "Padre mío, perdónalos porque no saben lo que hacen".

Las imágenes populares del infierno que han dominado el pensamiento católico, aunque arraigadas en la Biblia, se ampliaron y popularizaron en la literatura y el arte. Con el paso de los años se fue perdiendo el valor poético de esas imágenes, o sea que la gente olvidó que la Biblia contiene narraciones para darnos una lección. Las imágenes del infierno empezaron a interpretarse como si se tratara de un lugar real. El papa dio un paso muy firme para modificar las imágenes de fuego destructivo y azufre que, en muchos casos, han impedido que entendamos nuestra relación con Dios.

En el cielo se reúne la elite

El cielo es la realización final de aquello para lo que fuimos creados. El término se refiere a la relación ideal entre Dios y su creación. El cielo se revela en la resurrección de Jesucristo y nos muestra el plan divino para el futuro de toda su creación.

En el Antiguo Testamento, el término *cielo* se usa en gran variedad de formas. Se refiere a la bóveda celeste como la morada de Dios. Más adelante se ve que el cielo físico simboliza el triunfo divino. El cielo se asocia tanto con la primera creación, como se explica en el libro del Génesis, como a la acción futura de Dios, que creará un nuevo cielo y una nueva Tierra, donde llegarán a realizarse las esperanzas de Israel. En este sentido, cielo es sinónimo de paraíso.

En el Nuevo Testamento, el cielo se asocia explícitamente con Jesucristo. La palabra de Dios proviene del cielo para encarnarse en Jesús (Juan 3, 13). Después de la resurrección, Jesús asciende al cielo para sentarse a la derecha de Dios Padre (Mateo 26, 64; Marcos 14, 62; Lucas 22, 69; Hechos 7, 55). Desde el cielo, Jesucristo reina como Señor y Mesías y desde allí volverá a aparecer como juez en el fin de los tiempos.

El Papa Juan Pablo II afirma que, a través de la revelación, se nos enseña que "el cielo o la felicidad" no es "ni una abstracción ni un lugar físico allá en las nubes, sino una relación personal y viviente con la Santísima Trinidad". Cuando se trata de referirse a la realidad última, las palabras siempre se quedan cortas, nos recuerda el Santo Padre. De este modo, el papa pasa de las abstracciones de la teología tradicional al lenguaje de las relaciones. En esta interpretación contemporánea, el cielo no es un lugar ni una finca ideal, sino una descripción del alma en su forma perfeccionada.

La sexualidad humana: "Varón y hembra los creó"

La sexualidad humana se refiere al estado de ser sexual, de estar en el mundo ya sea como hembra o como varón. Comprende la anatomía, las características conductuales, la forma de relacionarse y la reproducción. La sexualidad es un aspecto fundamental de la identidad personal. Nuestra sexualidad entra en todos los aspectos de nuestra vida, en toda la interacción personal con los demás y en todos los aspectos de nuestra autoexpresión y actividad. No hay seres humanos asexuales o no sexuados.

El papel de la Iglesia Católica respecto de la sexualidad es ayudar al creyente a comprender su propia sexualidad para que actúe de forma responsable en el ámbito sexual. Determinar lo que constituye la responsabilidad sexual es un proceso constante de evaluación y discernimiento, que los maestros de la Iglesia abordaron desde los primeros tiempos. En tiempos recientes, cada vez más gente ha sumado su voz a estas enseñanzas.

El Concilio Vaticano II exhortó a renovar la doctrina de la Iglesia a la luz del nuevo conocimiento de las ciencias físicas y sociales. En esta sección examinaremos algunas de las cuestiones de la sexualidad humana a las que se enfrentan los católicos hoy en día: el control de la natalidad, la homosexualidad y el celibato.

El control de la natalidad: el gran dolor de cabeza para la Iglesia

La anticoncepción se refiere a la forma en que hombres y mujeres evitan la concepción de una nueva vida, lo cual ocurre como consecuencia de la cópula sexual. La postura moral de la Iglesia con respecto de la anticoncepción está basada en los valores que se consideran importantes para la actividad sexual humana. Uno de los valores de la actividad sexual humana es la propagación, es decir, tener hijos. Hasta el siglo XX, la Iglesia enseñó que tener hijos tiene precedencia por encima de todos los demás valores sexuales. Cualquier intento de impedir que la acción sexual careciera de la intención de procrear se consideraba malo. La Iglesia considera que tales intentos están en contra de la *ley natural*.

En el Concilio Vaticano II se introdujeron importantes cambios en la doctrina de la Iglesia sobre la sexualidad. La entrega mutua que es posible gracias a la cópula sexual se volvió un valor clave. Las enseñanzas de la Iglesia empezaron a reconocer que la cópula sexual refuerza la unidad de la pareja. También se reconoció que las parejas casadas tienen tanto el derecho como la obligación de limitar el tamaño de su familia para que éste corresponda a su situación.

A raíz del concilio, el Papa Paulo VI ofreció una estricta interpretación de estas enseñanzas en una encíclica llamada *Humanae Vitae* ("De la vida humana"). El papa declaró que "cada acto matrimonial debe quedar abierto para la transmisión de la vida". La *Humanae Vitae* puso a la Iglesia en ebullición. Hubo preguntas por parte de obispos, teólogos, curas y fieles que aún no han recibido respuesta.

Las estadísticas sociales muestran que cerca del 80 por ciento de los católicos practicantes no siguen la doctrina oficial y autorizada de la Iglesia Católica en materia de control natal. Los católicos aseguran que los curas de parroquia los apoyan en las decisiones que toman en este ámbito. Sin embargo, la abstinencia y el método del ritmo son las únicas formas de control de natalidad aceptadas por la Iglesia.

El sí y el no de la homosexualidad

En términos generales, respecto de la homosexualidad la Iglesia Católica ha adoptado la posición de "ama al pecador, rechaza el pecado". De acuerdo con las enseñanzas de la Iglesia, ser homosexual no es un pecado en sí mismo, pero practicar la homosexualidad sí se considera inmoral. La Iglesia basa esta enseñanza en las Sagradas Escrituras (Génesis 19 y 20, 13; Romanos 1, 24-27; I Corintios 6, 9-10; Timoteo 1, 9-10) y en la tradición moral basada en el razonamiento de la ley natural. El razonamiento de la ley natural es un proceso que sigue la Iglesia para examinar los actos humanos de acuerdo con "la naturaleza de las cosas".

Algunos maestros de la Iglesia han tratado de proponer un enfoque católico hacia la homosexualidad. Este enfoque seguiría siendo fiel a la doctrina tradicional sobre las dos metas de la sexualidad (procreación y amor) y, al mismo tiempo, sería una respuesta genuina a la naturaleza de la homosexualidad. Estas personas sostienen que, dado que está fuera de discusión el cambio de orientación sexual (se acepta generalmente que el individuo no elige deliberadamente su orientación sexual), los homosexuales deben tener las mismas opciones morales que los heterosexuales: el celibato o la relación exclusiva y permanente. No obstante, hasta ahora la Iglesia no ha modificado su postura. Aunque ordena que se tenga comprensión y compasión con los homosexuales, mantiene una línea firme en contra de que éstos actúen conforme sus inclinaciones sexuales.

El celibato: renuncia por Dios

El celibato es la abstinencia sexual. La abstinencia sexual se entiende como la abstención de la cópula sexual y de cualquier otro ejercicio de las facultades sexuales. El celibato puede referirse a una decisión temporal de una pareja casada, tomada por razones espirituales, al estado de las personas solteras o a la decisión permanente que toman aquellos que hacen votos religiosos (sacerdotes, religiosas y monjes).

El celibato en el clero de la Iglesia occidental surgió más de la costumbre que de la ley. Se inició en el siglo IV, fue cobrando forma con el tiempo y se reafirmó en el siglo XVI, en el Concilio de Trento, cuando la vida de virginidad y celibato fue declarada superior al estado matrimonial. Se reconoce que las leyes respecto del celibato son de la Iglesia y no divinas. Y pueden cambiar en caso de que la Iglesia llegara a decidirlo.

Las reglas del celibato han sido cuestionadas a la luz del Concilio Vaticano II. Los argumentos en favor del celibato se centran en su efectividad pastoral y su relevancia para el desarrollo espiritual. Algunos de los argumentos en contra del celibato son los siguientes:

- El celibato está basado en la tradición eclesiástica, no en la ley divina, y las leyes de la Iglesia están sujetas a cambios.
- Una comprensión más profunda de la psicología humana ha suscitado interrogantes respecto del efecto del celibato en el desarrollo humano de los clérigos.
- Muchas culturas no europeas ven negativamente el celibato.

Hay muchos factores que aseguran que continuará el debate acerca del celibato. Uno es el número en declive de los sacerdotes en ministerio activo. Otra es la exención del celibato para los clérigos casados que entran en la Iglesia después de haberse ordenado en otras denominaciones. Uno más es el hecho de que en diversas partes del mundo, en especial en África y en América Latina, no se observa el celibato.

La inconsútil vestimenta

El cardenal Joseph L. Bernardin de Chicago hizo un llamado a seguir una ética coherente de la vida humana. Esta ética se aplicaría en los temas del aborto, la pena capital, la guerra moderna y la eutanasia, así como los problemas socioeconómicos de casa y comida para todos. Sus enseñanzas reconocen la relación entre estas cuestiones sociales y la obligación de respetar la vida y dignidad humanas en todas las áreas. De acuerdo con este principio, deben verse desde la misma perspectiva el aborto y la eutanasia (temas de los grupos pro-vida) así como la ética social (derechos humanos, paz, justicia social y pena de muerte). En otras palabras, las enseñanzas del cardenal Bernardin exhortan a una congruencia moral en lo que él llamó la *inconsútil vestimenta de la vida*. Echemos un vistazo a cada una de estas cuestiones.

La eutanasia: diga "no" al Doctor Muerte

La palabra eutanasia viene del griego y significa "buena muerte". En la actualidad, este término se refiere a poner fin deliberadamente a la vida de un enfermo terminal. Otros términos que se han usado para referirse a este fenómeno son muerte misericordiosa, muerte con ayuda. En 1980, el Vaticano emitió una *Declaración sobre la eutanasia* en la que la define como "la acción u omisión que en sí misma o por intención causa la muerte, con el fin de eliminar todo sufrimiento de esta forma".

La cuestión de la eutanasia se reduce a la diferencia entre tomar una acción para producir la muerte o permitir que una persona muera en forma natural. *Matar* es un acto humano que lleva la responsabilidad moral de causar la muerte; *permitir morir* se refiere a retirar o restringir un tratamiento de modo que la enfermedad siga su curso, el resultado del cual puede ser la muerte.

La Iglesia Católica asevera que uno no está obligado moralmente a recurrir a "medios extraordinarios" para mantener la vida; por ejemplo, someterse a cirugía, quimioterapia, radiación, ser alimentado a fuerza, vivir en un respirador mecánico o buscar un transplante de órgano. Todos estos medios pueden considerarse "extraordinarios". Uno sólo está atado a lo ordinario: casa, comodidad, alimentos y agua, si es posible comer y beber. La capacidad de la tecnología moderna de retrasar la muerte y el hecho de que los enfermos, sus familiares y médicos no puedan aceptar la muerte, son factores que contribuyen a elegir un tratamiento extraordinario que por lo general resulta inútil.

La Iglesia Católica reconoce que la vida es un don precioso, que el hombre es mortal y que Dios es supremo. La eutanasia viola la santidad de la vida y la soberanía de Dios, pues asume la propiedad de la vida. La Iglesia ve en la legalización de la eutanasia una amenaza al bien común. La doctrina de la Iglesia afirma que el papel de los proveedores de atención médica es el de ayudar en la curación y en los cuidados y sostiene el movimiento de hospicios como modelo de atención médica. Estas instituciones envían a profesionales de la salud a la casa de los enfermos terminales, con el objeto de que la gente esté lo más cómoda posible mientras muere de forma natural, sin tratar de prolongar ni de acelerar el proceso.

Las guerras justas

La doctrina de la guerra justa sostiene que, a pesar de su carácter destructivo, la guerra es moralmente justificable en ciertas circunstancias y con algunas limitaciones. La doctrina tiene sus raíces en las Sagradas Escrituras hebreas y en la tradición grecorromana. San Agustín la formuló en el siglo V cuando afirmó que la guerra es la respuesta del amor a un vecino amenazado por la fuerza. En el siglo XIII, Tomás de Aquino sostuvo la legitimidad de la guerra librada en defensa propia. Estas enseñanzas son anteriores al surgimiento de la guerra moderna.

La doctrina de la guerra justa tiene dos propósitos. Primero, es un recordatorio de que la guerra siempre es una cuestión moral, no sólo política, y por tanto requiere seria consideración. Segundo, aunque la doctrina puede considerar justas ciertas circunstancias para la guerra, la violencia debe ser limitada. La doctrina reconoce que, al margen de cualquier justificación, la guerra es una cuestión grave y debe ser lamentada.

Los ocho criterios aplicados para determinar si una guerra es justa son los siguientes:

- Debe tratarse de una causa justa. Tradicionalmente, para ser una causa justa, la guerra debe tener por objetivo la protección de un pueblo contra un ataque injusto, el restablecimiento de derechos que hayan sido conculcados o el restablecimiento del orden político justo.
- Debe ser dirigida por una autoridad competente, lo cual significa que la declaración de guerra debe ser hecha por las autoridades competentes, de acuerdo con criterios establecidos o después de un proceso justo. Recientemente este principio ha sido sometido a escrutinio.
- Debe ser el último recurso, después de que hayan sido exploradas todas las posibles soluciones pacíficas.
- Debe implicar justicia comparativa, para recordarle a ambas partes que ninguna es absolutamente justa.
- Sus fines deben ser proporcionales a sus medios. Incluso si la guerra tiene una causa justa, no debe librarse si los males que habrán de sufrirse superan significativamente al bien que pudiera lograrse.
- Debe tener una intención correcta, lo que significa que no debe estar inspirada en el ánimo de venganza ni el odio, sino que debe hacerse con el propósito de establecer una existencia mejor y pacífica.
- Debe haber una probabilidad de éxito; si no hay probabilidad de ganarla y mucha gente va a morir en el proceso, entonces no puede tratarse de una guerra justa.

La doctrina de la guerra justa incluye un principio adicional de conducta correcta dentro de la guerra misma. La justicia debe regir la conducta durante la guerra. Están prohibidos los ataques a civiles y los heridos y rendidos deben recibir un trato ético.

La doctrina de la guerra justa ha sido una parte importante de la enseñanza moral de la Iglesia Católica. Sin embargo, debido al perfeccionamiento de las armas nucleares de destrucción masiva, ahora los teólogos se preguntan si la guerra siquiera puede ser justificable. En 1983, en la carta pastoral *El problema de la paz; la promesa de Dios y nuestra respuesta*, los obispos de Estados Unidos reafirmaron la doctrina de la guerra justa, pero con el comentario adicional de que no podría justificarse en ningún caso la guerra nuclear, ni aun limitada.

También se ha sometido a debate la cuestión de establecer la autoridad competente. Hay muchas personas que no están dispuestas a concederle al Estado la autoridad de determinar si una guerra le hace favor a la justicia. Los maestros de la Iglesia se dan cuenta de que los gobiernos tienden a interpretar la situación en su favor y recurren a la doctrina de la guerra justa para justificar la guerra. Corresponde a la comunidad eclesiástica, como cuerpo dedicado e informado, ser la voz en favor de la paz, en contra de la fuerte noción cultural de la violencia como solución.

La difícil decisión del aborto

Hay pocas cuestiones con mayor carga moral y emocional que el *aborto*. En nuestro análisis, definiremos el aborto como la terminación intencional del embarazo. En la mayoría de los países del mundo el aborto es legal de una u otra forma.

La controversia en torno al aborto se centra en definir el momento en el cual se considera que la nueva vida ya es un ser humano. Hasta ahora, no hay ningún consenso científico firme respecto de este punto tan importante. La Iglesia ha encontrado que la posición más razonable y prudente es aceptar la concepción, el momento en que el esperma fertiliza al óvulo, como el principio de la vida humana. Sin embargo, la Iglesia nunca ha intentado bautizar a un embrión o a un feto inviable después de un aborto natural, así como tampoco ofrece una misa fúnebre por el difunto.

La Iglesia Católica se opone absolutamente al aborto por las siguientes tres razones:

- La Iglesia ve a Dios como el autor de la vida y considera que la concepción de un niño es un don que debe ser bienvenido por la comunidad. La respuesta católica al embarazo es cuidar tanto de la madre como del hijo.
- No hay ningún consenso científico para determinar dónde empieza la vida. La Iglesia ha asumido la postura de que la vida se inicia con la concepción.
- Debido a que la vida es sagrada y dado que no hay razón para no creer que se inicie en la concepción, al alma que está en el seno materno debe otorgársele el valor fundamental de la vida.

La Iglesia cree que nadie posee el derecho de quitarle la vida al feto. Aunque el derecho de elegir es un concepto importante dentro de la Iglesia, éste existe sólo antes de la concepción. Los casos de embarazo por violación, coerción o ignorancia plantean difíciles problemas a la doctrina eclesiástica y estos temas no han sido analizados plenamente. No obstante, existen circunstancias atenuantes para el aborto. Según la noción de elegir el mal menor, la Iglesia permite el aborto para preservar la vida de la madre.

La Iglesia reconoce la dificultad de muchas mujeres que se enfrentan a la dolorosa decisión de poner fin a su embarazo. La doctrina de la "inconsútil vestimenta de la vida" acerca del aborto requiere que analicemos los aspectos sociales, culturales y económicos que afectan la inequitativa situación de las mujeres.

La pena capital: llamada a la reconciliación

La doctrina católica sostiene el carácter sagrado de la vida humana y enseña que ésta debe ser respetada desde su concepción hasta la muerte. Aunque la doctrina católica permite privar de la vida según la teoría de la guerra justa y de la defensa propia, la jerarquía eclesiástica cada vez pone más en tela de juicio la pena de muerte. La creciente noción de la imagen de Dios presente en todas las personas presenta un obstáculo espiritual muy definido para quitarle la vida a alguien, aun cuando éste hubiera cometido una grave injusticia. Los argumentos en contra de la pena capital se basan en los siguientes principios religiosos:

- El mandato de Jesucristo de amar a nuestros enemigos y reconciliarnos con ellos, exhorta a la sociedad a encontrar soluciones espirituales.
- Los evangelios proporcionan firme evidencia del absoluto amor de Dios por todas las personas. Jesús no evitó a los pecadores en su ministerio, sino que se centró en la infinita misericordia y la graciosa indulgencia de Dios.
- Hay una creencia católica fundamental en el potencial de la conversión moral presente en todos los individuos, incluso en los peores pecadores.

Por estas razones, muchas iglesias cristianas sostienen que la pena capital es incompatible con el cristianismo. Aunque la Iglesia Católica tuvo reticencias en condenarla en principio, la mayoría de los papas y obispos contemporáneos han predicado en contra de su aplicación.

Capítulo 18

La Iglesia se baja del campanario y marcha con el pueblo

La Iglesia Católica está en medio de grandes cambios. Está dejando la estructura jerárquica establecida en tiempos de Constantino para adoptar un modelo más comunitario, con el poder compartido, un sistema más representativo de la Iglesia de los primeros tiempos. El borrador se trazó en el Concilio Vaticano II y ya han empezado a efectuarse los cambios. La Iglesia se está alejando de una base de poder centralizado con la autoridad en la cima y se dirige a un concepto de jerarquía comunitaria.

La Iglesia Católica está gobernada por el colegio de obispos, encabezado por el papa, que es el Obispo de Roma. Es una de las pocas iglesias que mantiene una autoridad centralizada, lo cual significa que casi todas las decisiones deben de pasar por Roma. Como ya se mencionó, el papa ejerce plena autoridad sobre las enseñanzas de la Iglesia debido a la doctrina de la infalibilidad papal. Sin embargo, el proyecto surgido del Concilio Vaticano II establece que el papa es infalible sólo cuando consulta con el colegio de obispos. Cada obispo tiene la autoridad de enseñar en su propia diócesis. Roma restringe ese poder sólo en unos cuantos casos. El nombramiento de obispos es lo importante.

Proyecto de cambio

La Iglesia no es una enorme corporación de bienes consolidados. La Santa Sede administra sus propios fondos, como el dinero que aportan personas de todo el mundo. Esos fondos mantienen 25 grandes oficinas administrativas que emplean a más de cuatro mil personas. En conjunto, todas estas oficinas se denominan la *Curia Romana*. La Santa Sede no administra ninguna otra propiedad más que en casos excepcionales. Cada diócesis, que está formada por varias parroquias, funciona con un alto grado de autonomía financiera.

En la Iglesia Católica, las parroquias se agrupan en la diócesis, que se encuentra bajo la dirección del obispo. Cada diócesis es una unidad completa. Toma sus propias decisiones en asuntos locales, pero siempre en consulta con Roma.

La diócesis de Roma es como cualquier otra, sólo que su obispo, que es el papa, tiene poder sobre todas las demás diócesis. El modelo de jerarquía comunitaria de la Iglesia Católica es una unión de iglesias expresada como una sola. Esta expresión de unidad ocurre en la relación de cada diócesis con Roma. Hay una tensión o equilibrio constante entre el gobierno diocesano y el romano. Dependiendo de la corriente en el poder, las cosas pueden ir de uno u otro modo.

La Curia Romana

Si comparamos a la Iglesia con el gobierno de un país, la Curia Romana sería el equivalente al gabinete de ministros, pero con mayores poderes. La Curia Romana está encabezada por cardenales que toman decisiones que afectan a otras diócesis. Entre otros aspectos, manejan el nombramiento de obispos, la regulación del culto, las campañas misioneras de la Iglesia y supervisan quién y qué enseña. Uno de los cargos principales de la Curia Romana es el puesto de Secretario de Estado. A través de esta oficina, la Santa Sede mantiene embajadores en casi todos los países del mundo.

Muchas de las decisiones de la Iglesia acerca de la doctrina provienen de la oficina llamada Congregación para la Doctrina de la Fe. Esta oficina empezó a funcionar en 1542 como Congregación de la Santa Inquisición; en 1908 cambió de nombre por el de Congregación del Santo Oficio. En 1967 recibió su nombre actual y sus objetivos son:

- Promover y salvaguardar la fe y la moral de la Iglesia Católica, investigando escritos que parezcan ser contrarios o peligrosos a la fe y emitiendo advertencias y amonestaciones.
- Responder a las nuevas iniciativas en los campos de la ciencia y la cultura.
- Ayudar a los obispos en su papel de maestros.

Es difícil establecer la relación de la Curia con el papa. La Curia toma muchas decisiones que el papa nunca ve. Algunas son aprobadas específicamente; otras pueden ser publicadas con su nombre sin su aprobación explícita. Esto varía según la cuestión de que se trate. Esto puede compararse también a la autoridad que otorga el presidente a los ministros de su gabinete.

Quién es quién en la Iglesia

Como ya dijimos, el nuevo modelo es una comunión jerárquica pero la jerarquía aún existe. Todo el poder se encuentra en el cargo de obispo. El papa mismo es un "gran obispo"; dirige a los demás y es su vocero. El orden jerárquico de la Iglesia consta de los siguientes cargos:

- **El papa.** La estructura de la Iglesia empieza desde arriba, donde está el papa, el Obispo de Roma. El colegio de cardenales elige al papa.
- **Los cardenales.** El colegio de cardenales es un grupo de aproximadamente 120 obispos, que han sido elevados por el papa a la categoría de cardenales. Los miembros del colegio de cardenales se dividen entre aquellos que tienen algún cargo en el Vaticano (en la Curia Romana) y los que son obispos de grandes ciudades de todo el mundo.
- **Los obispos.** Los obispos son sacerdotes designados por los obispos de su país y confirmados en el cargo por el papa.
- **Sacerdotes y diáconos.** El obispo ordena a los sacerdotes y diáconos.

Todos los que están por debajo este nivel se consideran parte del laicado de la Iglesia; dentro de los laicos existe una jerarquía extraoficial que puede representarse de la siguiente forma:

- **Seminaristas.** Son aquellos que estudian para ser sacerdotes.
- **Monjas.** Mujeres pertenecientes a las órdenes religiosas.
- **Hermanos.** Hombres no ordenados pertenecientes a órdenes religiosas.
- **Profesionistas laicos.** Directores de educación religiosa, ministros pastorales, ministros de música y capellanes, por ejemplo.
- **El resto del pueblo.**

En gran medida, esta jerarquía extraoficial no sigue los lineamientos del Concilio Vaticano II. Cada persona desempeña un papel en todas las misiones de la Iglesia y ninguna es más importante que otra.

No hay familia completa sin alguna vocación

La palabra *vocación* significa llamado. Para los católicos, la vocación siempre ha sido sinónimo del llamado al servicio de la Iglesia y hay mucho orgullo y respeto en relación con el servicio religioso. Parte importante de crecer como católico significa estar abierto a la posibilidad de convertirse en sacerdote o monja.

La vocación para el servicio religioso comienza en el Bautismo. Sin embargo, el uso tradicional del término *vocación* se refiere a un nivel profesional de servicio eclesiástico con un compromiso especial. Quienes siguen su vocación religiosa se entregan por completo al servicio de la Iglesia en un empeño de tiempo completo; no tienen otro trabajo. La vocación religiosa se considera muy importante pues el individuo tendrá influencia sobre muchas otras personas. En consecuencia, el tiempo de preparación es largo y riguroso y puede durar de cinco a quince años.

La vocación religiosa puede llevarnos a ser sacerdotes, monjas o hermanos. Analizaremos estas vocaciones y varias órdenes religiosas, viendo lo que caracteriza a cada una y el trabajo que realizan. Empezaremos con la vocación del sacerdocio.

Los sacerdotes

La primera elección que toma una persona que entra al sacerdocio es si será sacerdote del clero diocesano o si ingresará a una orden religiosa. Los sacerdotes diocesanos trabajan directamente en la diócesis con el obispo y por lo general dirigen parroquias en calidad de curas. Los sacerdotes "regulares" son los que siguen la regla de una comunidad específica y sus trabajos son muy variados. En muchos casos son maestros y misioneros.

Los tres ministerios de los sacerdotes diocesanos son predicar, enseñar y administrar los asuntos de la parroquia. Celebran la misa, administran los sacramentos, visitan a los enfermos, celebran matrimonios y funerales. Están a cargo de los edificios y de las finanzas y organizan los diversos ministerios parroquiales. Dependen directamente del obispo. Los sacerdotes hacen promesa de celibato y de obediencia a su obispo.

Los sacerdotes regulares forman parte de una comunidad religiosa y hacen votos correspondientes a su orden en particular. Una orden religiosa es un grupo de personas que se han unido para vivir en comunidad, siguiendo determinados preceptos cuyo conjunto se llama regla.

El concepto de un jefe, con una identidad claramente separada de los demás miembros de la Iglesia, no se desarrolló sino hasta fines del primer siglo de nuestra era, cuando la Iglesia empezó a abandonar el judaísmo y a formar su propia identidad como religión aparte. En un principio, a los primeros dirigentes se les llamaba obispos. Después, los obispos delegaron algunas de sus tareas, en especial la celebración de la misa, en los sacerdotes.

El hecho de que los sacerdotes tengan la facultad litúrgica de convertir el pan y el vino en el sacramento del cuerpo y la sangre de Cristo, contribuye a la mística sacerdotal y sigue estando en el núcleo de su imagen actual. Su relación como miembros que vivían en la comunidad de fieles disminuyó conforme se fueron estableciendo sus posiciones de poder sobre la comunidad. En el siglo XVI, el Concilio de Trento estableció formalmente la jerarquía de la Iglesia, estableciendo claramente las líneas divisorias entre los sacerdotes y el pueblo.

Así surgió la imagen popular del sacerdote católico como un hombre "aparte". Era una persona célibe que había sido llamada a un servicio religioso específico. El papel característico del sacerdote implica la Eucaristía y la misa. En muchos sentidos, estos rituales definen al catolicismo. Este papel privilegiado se mantuvo en vigor hasta el Concilio Vaticano II, el cual inició un proceso de revaluación del ministerio sacerdotal en relación con el ministerio de los fieles en su conjunto.

A raíz del concilio existe una noción del sacerdocio totalmente diferente. El Concilio Vaticano II reafirmó que toda la comunidad de bautizados es un pueblo sacerdotal y es capaz de relacionarse directamente con Dios, como enseñó Jesús. El Concilio Vaticano II devolvió a los católicos el equilibrio en el triple ministerio del sacerdocio:

- ➤ Predicación y enseñanza
- ➤ Administración de los sacramentos y cuidado de la comunidad
- ➤ Dirección del pueblo

En la Iglesia postconciliar, el sacerdote dejó de ser la persona que presidía la Eucaristía, para colocarse dentro de la comunidad. Este cambio de énfasis reafirma que el sacerdote está con los fieles, más que el hecho de que tenga poder sobre ellos. Ahora se considera que el sacerdote y los creyentes tienen una asociación más igualitaria.

El obispo es el pastor del rebaño

En la jerarquía de la Iglesia, el obispo está a cargo de una diócesis que, como ya vimos, está formada por varias parroquias. El obispo asigna los sacerdotes a las parroquias y administra los asuntos de la diócesis. Los curas de las parroquias dependen de él. Así como los sacerdotes son los pastores de su parroquia, el obispo es el pastor de la diócesis. Su iglesia es la catedral y, desde allí preside las misas de los días de fiesta y las ceremonias especiales. Recorre las parroquias de su diócesis para administrar el sacramento de la Confirmación y encabeza los actos especiales que se realicen en toda su diócesis, como la consagración de una nueva iglesia o la instalación de un nuevo párroco.

El obispo supervisa todas las instituciones de beneficencia y educativas dentro de su territorio. Representa a la Iglesia en asuntos cívicos y es el principal maestro de la diócesis. Así como el papa escribe encíclicas para toda la Iglesia, el obispo escribe cartas para enseñar y dirigir a su pueblo. Los obispos son propuestos por un grupo de otros obispos del mismo país. A través de un elaborado proceso para determinar la elegibilidad para el cargo de obispo, el papa da la aprobación final para todos los obispos.

Las órdenes religiosas

Las órdenes religiosas son grupos de hombres o de mujeres que viven en comunidades apartadas, en las que practican una forma particular de vida espiritual. La Iglesia Católica tiene numerosas órdenes religiosas. La mayoría de ellas son comunidades de célibes, en las que ingresan los miembros con la intención de permanecer allí toda su vida, con un compromiso similar al que otras personas hacen con el matrimonio.

La vida religiosa se centra en la comunidad de oración y servicio. Algunas órdenes viven recluidas del mundo, produciendo sus propios alimentos, manteniendo algunos animales y produciendo productos alimenticios para vender. Otras órdenes sirven en el mundo manejando escuelas, hospitales y otras instituciones de servicio social. Las órdenes han sido una tradición constante en la Iglesia. Algunas datan casi del principio de la historia de la Iglesia; otras se establecieron mucho después, las más recientes en el siglo XX.

Hay dos tipos básicos de vida religiosa: la activa y la contemplativa. Los religiosos activos se caracterizan por su trabajo en el mundo. La vida contemplativa es la que llevan aquellos que eligen la soledad, el silencio, la oración y la penitencia. La tradición contemplativa proviene de un movimiento eclesiástico del siglo II, conocido como Padres y Madres del Desierto. La tradición contemplativa expresa los valores de la oración y del trabajo, y se caracteriza por apartarse del mundo. El foco espiritual de la vida contemplativa es la Tierra. Al vivir alejados del mundo y de las preocupaciones mundanas, los miembros de las órdenes contemplativas se sintonizan profundamente con los ritmos de la naturaleza. La esencia de la vida contemplativa está basada en la Liturgia de las Horas, en la que se va marcando el transcurso del día y de la noche mediante oraciones específicas.

Con la renovación que supuso el Concilio Vaticano II también la vida religiosa se actualizó. La Iglesia instó a las órdenes religiosas a que reexaminaran su conexión original con Cristo y a que vivieran el evangelio y volvieran a captar el espíritu que había inspirado la fundación de sus instituciones. También se les pidió que se adaptaran al mundo contemporáneo. Este cambio fue tan radical para algunos, que abandonaron su orden. Ahora, muchos años después, se han desarrollado nuevas formas de constituir comunidades religiosas y se han formado ministerios que están más a tono con los tiempos.

En la actualidad ha perdido importancia la polarización entre la vida contemplativa y la activa; se considera que ambos estilos tienen su propia esfera de acción. Donde antes se creía que eran muy profundas las divisiones entre la vida externa y la interna, ahora la Iglesia reconoce que todas las expresiones de la vida religiosa contribuyen a la plenitud de la vida espiritual. Los movimientos religiosos modernos cada vez están más abiertos a las personas solteras y casadas; y algunos de ellos aceptan miembros no católicos.

Los elementos esenciales de la vida religiosa actual siguen estando arraigados en el deseo de vivir conforme a los Evangelios, siguiendo a Cristo y sirviendo a los demás. La vida religiosa requiere un fuerte compromiso con la comunidad a la que se pertenezca, de un desarrollo espiritual tanto personal como comunal, de oración y de meditación.

Monjes, monjas y hermanos

La preparación para ser monje, monja o hermano, empieza con un año de *noviciado*. Ésta es una temporada de intensa formación espiritual en la que los candidatos conocen la orden a la que se están preparando para ingresar y dedican un tiempo a evaluar su vocación para la vida religiosa. Este periodo es seguido por la profesión de los votos de castidad, pobreza y obediencia, hechos de acuerdo con las tradiciones de la comunidad en la que está ingresando el novicio. En ese momento, los candidatos hacen un compromiso permanente con Dios, con la vida religiosa y con la comunidad en la que ingresan.

El término *monje* se refiere a cualquier miembro de una comunidad religiosa para hombres, que lleva una vida solitaria de oración y contemplación. La palabra significa "solitario". Los camaldulenses, por ejemplo, son miembros de una comunidad que vive en silencio total. Otras órdenes de monjes son los benedictinos y los cistercienses, también llamados trapenses. Algunos monjes son ordenados sacerdotes, otros no. Técnicamente, todos los miembros de las comunidades religiosas que no tienen el sacramento del Orden son considerados parte del laicado de la Iglesia.

Las *monjas* son las mujeres que pertenecen a las órdenes religiosas. Existen muchas órdenes de monjas y las tradiciones y reglas de cada una son muy diferentes. Algunas órdenes son contemplativas, lo que significa que viven apartadas del mundo. La vida en *enclaustramiento* se caracteriza por la oración y la meditación, con la aplicación diaria de la Liturgia de las Horas. Hay otras monjas que están muy activas en el mundo: enseñan a los niños, cuidan de los enfermos y participan en gran variedad de ministerios sociales.

En la mayoría de las órdenes, las monjas se llaman a sí mismas *hermanas*. La imagen popular de la monja nos la presenta vestida con un atuendo característico, llamado *hábito*, y viviendo en edificios llamados *conventos*. Desde el Concilio Vaticano II, muchas órdenes religiosas han modernizado tanto su estilo de vestir como su relación con el mundo. Todas las órdenes de monjas están comprometidas a vivir conforme a los valores espirituales del evangelio de alguna manera. Lo que difiere de una orden a otra es la forma en que se viven dichos valores.

Los hermanos son miembros de órdenes religiosas para hombres que hacen votos de pobreza, castidad y obediencia. Al igual que las monjas, son miembros laicos de la comunidad religiosa. La vocación de los hermanos es vivir el evangelio en comunidad, con un profundo sentido del compromiso. En la Iglesia postconciliar, los hermanos, al igual que las monjas, han llegado a una gran variedad de ministerios, en especial en los ámbitos de paz y necesidad de justicia. Las áreas tradicionales de educación y salud siguen estando en el centro de sus actividades, pero han ampliado su ministerio para satisfacer mejor las necesidades de nuestros tiempos.

Los benedictinos: a puerta cerrada

La regla de San Benito es la base de miles de cristianos que pertenecen al movimiento monástico. Como recordará de las explicaciones anteriores, los monasterios son lugares en los que la gente practica una forma particular de vida espiritual y son parte de la mayoría de las religiones mundiales. Benito, religioso de fines del siglo VI, estableció una serie de reglas que rigen la vida monástica, tan notables por su sabiduría y claridad de lenguaje que siguen siendo practicadas por muchas órdenes religiosas aun en la actualidad.

La regla de San Benito enseña las virtudes monásticas básicas, como la humildad, el silencio y la obediencia, además de dar instrucciones para la vida cotidiana. Benito estableció horas para la oración, la meditación y la lectura de las Sagradas Escrituras en común, así como para el trabajo manual. Les recomendó moderación a sus monjes, conforme a los principios de la buena salud. Impuso límites a los ayunos y a las vigilias de oración de toda la noche, que en muchos monasterios habían adquirido proporciones extremas. Recomendó trabajar con las manos unas seis horas al día y tener tiempo libre para la lectura y la oración comunitaria.

La regla de San Benito sigue siendo la columna vertebral del monaquismo católico en la actualidad. Muchas comunidades religiosas la siguen, si no a la letra, definitivamente sí en espíritu. Su receta particular de oración, ayuno y servicio garantiza que se vivan los valores de la Biblia en forma equilibrada. Cada monasterio benedictino es una institución en su localidad y goza de un alto grado de autonomía. Por lo general, la persona que ingresa en la orden permanece toda su vida en el mismo lugar. En la Edad Media, la nobleza creó muchos monasterios pero éstos fueron menguando a partir del siglo XII, conforme surgieron nuevas órdenes, como las de los franciscanos y los dominicos. A fines del siglo XVIII el número de monjes benedictinos era muy reducido aunque durante el siguiente siglo experimentaron un resurgimiento.

Las hermanas benedictinas son una rama de la orden de San Benito cuya existencia data del siglo VI. Esta orden fue creada por Santa Escolástica, hermana de Benito. Sus tareas son la agricultura, los hospitales, la educación, las artesanías, la academia, la asesoría y el ministerio parroquial. Las hermanas benedictinas son fieles a la regla de San Benito apoyándose unas a otras. Muchos de los monasterios benedictinos observan un estricto enclaustramiento.

La regla de San Francisco

La orden franciscana es el nombre común de la Orden de Frailes Menores (O.F.M.). Los miembros de esta orden siguen la regla de vida establecida por su fundador, San Francisco de Asís. La regla está basada en la vocación de una vida de pobreza y se modela en el amor pacífico y gentil de San Francisco por todos los seres vivos, en especial los pobres. La regla fue escrita a principios del siglo XIII e implica la pobreza no sólo para sus miembros sino para la orden misma. Con el paso de los años, los franciscanos han negociado una interpretación más moderada y práctica de su regla, adaptándola conforme las circunstancias y para satisfacer las necesidades pastorales más a tono con los tiempos.

La orden franciscana se fundó a fines del siglo XII y principios del XIII, junto con muchos movimientos de laicos que deseaban regresar a la vida sencilla, característica de la Iglesia primitiva de Jesús y sus seguidores. Sus miembros decidían vivir con sencillez para hacer frente a la cultura que en ese tiempo surgía de los poblados comerciales del centro de Italia, con su creciente riqueza y posición social. Los franciscanos se mantenían con cualquier oficio que supieran, dedicaban su vida a vivir el Evangelio en sencillez y predicaban su mensaje a todos los demás. La orden se volvió en extremo popular y pronto requirió una estructura más compleja.

Los frailes (palabra que viene del latín *frater*, que significa "hermano") franciscanos empezaron a abandonar su estilo de vida rural para establecerse en monasterios urbanos. Las escuelas de preparación de la orden, situadas en París, Oxford y otras ciudades, produjeron algunos de los grandes maestros de la teología. Los franciscanos han permanecido a la vanguardia de la intelectualidad católica y fueron los primeros misioneros que trajeron la religión al Nuevo Mundo.

Hay otras dos órdenes que descienden de los seguidores originales de San Francisco: las monjas contemplativas de la orden de las Clarisas, fundadas por Santa Clara de Asís bajo la dirección del propio San Francisco, y el movimiento laico que ahora es conocido como la Tercera Orden. En la actualidad, estas dos órdenes han evolucionado en dos formas diferentes de vida: los franciscanos seculares, para laicos, y un gran número de congregaciones religiosas, tanto de hombres como de mujeres, que siguen la regla de la Tercera Orden Regular de San Francisco.

Las hermanas franciscanas, que también pertenecen a la Tercera Orden Regular de San Francisco, fueron fundadas en el siglo XIX. La espiritualidad de sus miembros es afín a la de San Francisco y se caracteriza por el pacifismo, la compasión, la pobreza y un profundo amor por todas las criaturas del Señor. Muchos miembros llevan los tradicionales hábitos negros o café asociados con San Francisco.

Los dominicos: las cosas como son

La orden dominica, cuyo nombre oficial es Orden de Predicadores (O.P.) es la orden de sacerdotes y hermanos fundada en 1216 por Santo Domingo de Guzmán con la intención de enseñar y predicar el mensaje evangélico. Santo Domingo pensaba que, para ser eficaces como predicadores del Evangelio, los miembros de su orden debían regresar a la "vida apostólica", es decir, la vida que llevaban los apóstoles, que vivían en comunidades libres de las preocupaciones mundanas, como la de tener propiedades. Entonces podrían viajar y predicar sin enredarse en sus responsabilidades materiales.

Tradicionalmente, los dominicos llevan una vida contemplativa en sus comunidades, donde se dedican al estudio de la palabra de Dios. Esta orden tuvo la influencia adicional de uno de sus más conocidos miembros, Santo Tomás de Aquino, cuyo concepto queda bien resumido en estas palabras: "Contemplar con amor a Dios y después compartir con los demás lo que se ha visto". Santa Catalina de Siena (1347-1380) le dio una dimensión social a la orden, infundiéndole el interés por los derechos humanos. Este compromiso sigue siendo parte importante de la vida dominica aun en la actualidad. El impulso de los dominicos hacia el exterior se compensa por su sólida tradición de espiritualidad interna.

Aunque la orden ha sufrido cambios en el curso de los años, sigue caracterizándose por su compromiso con la pobreza, la oración y el estudio. Después del Concilio Vaticano II, la orden revisó su constitución y se renovó en el espíritu democrático de su fundador. Los dominicos tienen publicaciones, dirigen escuelas de teología y trabajan en muchas parroquias, hospitales y universidades de todo el mundo. En la actualidad, la orden comprende monjas enclaustradas y monjas en ministerio activo. Aunque las organizaciones dominicas funcionan en forma autónoma, están unidas en la Familia Dominica, dirigida por el principal de la orden que reside en Roma.

Los jesuitas: la infantería del papa

Jesuitas es el nombre que reciben los miembros de la Sociedad de Jesús (S.J.), orden religiosa fundada por San Ignacio de Loyola en 1540. El lema de los jesuitas es "Para mayor gloria de Dios". San Ignacio fue militar e imbuyó en la orden su espíritu guerrero. Ésta se inició con el propósito de participar en el ministerio activo de "sofocar las herejías" de su tiempo. Los jesuitas fueron a Roma y se pusieron a disposición del papa, declarando que no estarían "cantando los oficios" como otras órdenes religiosas. En lugar de cantar, que para ellos representaba una forma pasiva de espiritualidad, manifestaron que su trabajo sería la acción para el progreso de la doctrina y la vida católicas. Juraron que irían a cualquier parte del mundo a la que el papa decidiera enviarlos. Además de los votos de pobreza, castidad y obediencia, los jesuitas hacen el voto de obediencia al papa.

Al igual que dominicos y franciscanos, los jesuitas tienen un ministerio social y han establecido muchos orfanatos y otras instituciones de asistencia. Ya que uno de los lemas jesuitas les pide "ver a Dios en todas las cosas", esta orden parece más mundana que algunas otras. En los primeros tiempos de la orden hubo exploradores jesuitas que llegaron al Nuevo Mundo y a Asia.

La vocación de los laicos

Al principio del capítulo mencionamos que, tradicionalmente, entre los católicos el término *vocación* se refiere a la de sacerdotes, monjes religiosos y hermanos. A raíz del Concilio Vaticano II, sin embargo, en el lenguaje católico se han introducido los términos *vocación laica* y *espiritualidad laica*. Esto se refiere a la forma en que los individuos viven su religión en la vida cotidiana, elevando sus tareas comunes a la categoría de vocación.

El concepto común de la palabra *laico* es "no profesional" y entre los católicos se usa para referirse a las personas que no tienen órdenes sagradas. La idea antigua era que la Iglesia era mejor que el mundo y, por tanto, un ministro consagrado de la Iglesia estaba en un plano espiritual superior al del resto de la comunidad. Con demasiada frecuencia, el papel de la espiritualidad laica se consideró inferior al papel de la espiritualidad sacerdotal, religiosa o monástica. Los últimos documentos conciliares trataron de romper la dicotomía entre Iglesia y mundo, y ponen en tela de juicio cualquier noción de espiritualidad que distinga entre clérigos y laicos.

La espiritualidad cristiana es fe en acción y asume muchas formas. Significa vivir conforme los valores del evangelio, por la gracia del Espíritu Santo, en cualquier ámbito al que seamos invitados a entrar. El pensamiento postconciliar es que los legos participan plenamente en la vida católica, al lado de la espiritualidad de los religiosos y ordenados.

Uno de los intereses fundamentales del Concilio Vaticano II es exhortar a los laicos a que lleven a Cristo al mundo moderno. A lo largo de la historia, los laicos habían llegado a aceptarse como un pueblo pasivo que dejaba los asuntos espirituales y religiosos en manos del clero. De los laicos sólo se esperaba que "oraran, pagaran y obedecieran". Pero en la Iglesia postconciliar se ha efectuado un esfuerzo concertado para redefinir el papel de los laicos y promover la idea de su responsabilidad compartida como el pueblo de Dios.

Ahora nuestro análisis se centrará en la forma en que participan los laicos en la vocación religiosa. Explicaremos las responsabilidades que asumen en la Iglesia los católicos sin órdenes ni votos, y nos centraremos específicamente en el trabajo voluntario. También analizaremos la revolución que para la Iglesia significa la posibilidad de que los laicos asuman cargos de tiempo completo en la jerarquía.

Hay trabajo para todos

Aunque la Iglesia siempre ha dependido en gran medida de los voluntarios, en los siguientes ministerios se refleja un creciente proceso, tendiente a que los fieles participen del ministerio sacramental y del gobierno de la Iglesia.

- Los ministros de la Eucaristía son personas que distribuyen la comunión en la misa, además de llevarla a la casa de los enfermos.

- Los lectores hacen las dos primeras lecturas de la misa.
- Los directores musicales son miembros de la congregación que entonan los himnos, enseñan canciones y dirigen el canto de la asamblea.
- Los portadores del ofertorio llevan el pan y el vino al altar.
- Los monaguillos por lo general son muchachos que encienden las velas del altar, sostienen el libro para que el sacerdote lea, hacen sonar las campanillas en momentos determinados de la misa, ayudan en la comunión y en otros aspectos de la celebración de la misa.
- Los miembros del concejo parroquial son elegidos por los feligreses para que ayuden, en este cuerpo consultivo, al párroco en el funcionamiento de la iglesia. Los concejeros encabezan comités, por ejemplo el de finanzas, el de liturgia y varios más. En los concejos pastorales diocesanos también trabajan laicos.
- Los programas de acción social coordinan la ayuda de los trabajadores voluntarios. Las parroquias manejan hogares para desamparados, comedores, y otros programas asistenciales. La parroquia también puede encabezar actividades educativas y sociales en cuestiones como la pena de muerte, el aborto, la paz y la justicia.

Los siguientes son ministerios tradicionalmente laicos:

- El ujier recibe a los feligreses a la entrada de la iglesia, los conduce a sus lugares, hace la colecta y ayuda a la congregación en general.
- Los ministros de hospitalidad dan la bienvenida a los nuevos miembros de la iglesia y disponen del café y los refrescos después de misa.
- Los catequistas imparten clases de religión.
- Los ministros de la juventud convocan y organizan a los adolescentes de la parroquia en actividades sociales externas y de reflexión espiritual.
- Los ministros de asistencia tienen asignadas las visitas a los enfermos y recluidos en su casa.
- Los oradores son los fieles que asisten a misa todos los días y a los que llama la parroquia cuando tiene que ofrecer alguna oración especial.

Además, los voluntarios realizan una multitud de trabajos, que van desde limpiar el altar con regularidad hasta ofrecer transporte a los feligreses ancianos.

La nueva vocación: transformar el mundo

Los judíos dicen *napesh* para referirse a cómo están en el mundo. Esta palabra bien puede aplicarse también a la espiritualidad laica. La espiritualidad es la forma en que nuestro espíritu afecta al mundo. Los católicos laicos están reclamando su verdadera vocación como el pueblo de Dios en el mundo. En una reciente carta de los obispos estadounidenses, llamada *Cristianismo cotidiano*, se reconoce la vocación de los católicos en el mundo. "El catolicismo no nos pide que abandonemos el mundo", dice la carta, "sino que contribuyamos a moldearlo. Esto no significa abandonar las tareas y responsabilidades mundanas, sino transformarlas".

El Reino de Dios avanza por incrementos. La gente que ingresa al Cuerpo de Voluntarios Jesuitas o que va a la India a trabajar en las casas para moribundos de la Madre Teresa, por ejemplo, ciertamente hace progresar al Reino. Pero también los trabajadores concienzudos en cualquier campo: albañiles, madres, músicos, recolectores de basura y profesores de biología de preparatoria. La fe ve la presencia de Dios en cualquier relación humana. Se practica en medio del bullicio y las presiones de la vida cotidiana. El momento está lleno de potencial sagrado; lo santo está profundamente contenido en lo ordinario.

Para los católicos, la transformación se refuerza gracias a cierta sensibilidad espiritual. Ésta se desarrolla a través de la oración y meditación y se lleva al mundo en las actividades cotidianas. La actitud ecuménica del Concilio Vaticano II hizo que la Iglesia pusiera atención a esta "espiritualidad de lo mundano".

La espiritualidad de los laicos católicos no depende del empleo o la posición, sino en la dignidad que ponen en el trabajo y en la gente con que se relacionan. Nuestra espiritualidad se muestra en las relaciones de nuestro trabajo, nuestra familia y nuestros vecinos, por el amor, la justicia, la integridad y el cuidado que ponemos en ellas. Los laicos son el corazón y el espíritu de la Iglesia y comparten su espíritu y su corazón con todo el mundo. La vocación de los laicos no es el llamado a la Iglesia sino al mundo.

Los católicos viven esta vocación en su compromiso con el mundo en forma de ejecutivos corporativos, trabajadores agrícolas migratorios, senadores, receptores de la asistencia pública, rectores de universidad, padres, trabajadores asistenciales, granjeros, empleados, obreros, líderes sindicales, pequeños empresarios, profesores, científicos, banqueros, vendedores, artistas y animadores. Todos ellos están llamados a participar en la acción creativa de Dios en el mundo.

Capítulo 19

Las instituciones romanas

Como quizá recuerde por capítulos anteriores, la Iglesia primitiva representaba a una religión proscrita. En los primeros 300 años del cristianismo, sus fieles se enfrentaron a la amenaza real de tener que escoger entre su religión o su vida; muchos de ellos de hecho murieron por su fe. Sin embargo, a pesar de estos peligros ocurrió algo insólito y por ello interesante: la Iglesia cristiana no sólo sobrevivió, sino que creció. El mensaje central de la Iglesia, que es de liberación, atrajo a un creciente número de personas dentro del Imperio Romano.

Cuando la Iglesia entraba en el cuarto siglo hubo dos hombres —y sus respectivas madres— que tuvieron gran impacto en su desarrollo. El primero de ellos fue Constantino, emperador romano que le ofreció protección a la nueva Iglesia, poniendo fin a las persecuciones de que había sido objeto. En los primeros años, la Iglesia consistía en pequeñas comunidades de personas que se reunían en sus casas particulares. Los rituales eran sencillos e íntimos. Esta organización empezó a cambiar cuando el emperador Constantino empezó a ayudar a la Iglesia.

El otro hombre que influyó fuertemente en la incipiente religión fue Agustín, quien tuvo actividad algunos años después de Constantino. Poco después de que se registraron las Sagradas Escrituras, los dignatarios de la Iglesia empezaron a escribir sus pensamientos y reflexiones; Agustín fue una de las figuras más prominentes dentro de esta tradición teológica. Fue una de las grandes mentes sistemáticas y echó las bases intelectuales de la Iglesia.

La Iglesia tiene un respiro con Constantino

En el año 312, el cristianismo tuvo su primer respiro. Un hombre llamado Constantino de Galia (la actual Francia) asumió el poder en el Imperio Romano y se convirtió en su emperador. Y tomó una decisión que habría de alterar el curso de la historia: legalizó a la Iglesia cristiana y le dio su apoyo personal.

Aunque Constantino no fue bautizado como cristiano sino hasta su muerte, hubo dos factores que lo hicieron apoyar a esta nueva religión. El primero fue la influencia de su madre, Santa Elena, y el segundo fue un sueño que tuvo antes de una batalla. En el sueño se le reveló que ganaría la batalla si aceptaba la cruz, el principal símbolo del cristianismo. Su victoria en esa batalla se convirtió en uno de los momentos más decisivos en la historia tanto de la Iglesia Católica como de la civilización occidental en general. Con el tiempo, bajo la protección imperial, el cristianismo se volvió la religión más favorecida.

Constantino influyó tanto en la estructura externa como en la interna de la Iglesia. Primero, sus favores fueron en la forma de incentivos en tierras y en impuestos. Segundo, como los cristianos ya no temían a las persecuciones, dejaron de reunirse en casas particulares y empezaron a celebrar las misas en las recién construidas iglesias. Por último, Constantino influyó en la estructura interna de la Iglesia al establecer una forma de dirimir debates sobre la fe.

Constantino inició la tradición de los concilios de la Iglesia, en los que se reúnen los miembros para analizar sus diferencias y tomar decisiones por mayoría. Este sistema aseguró que la Iglesia siempre hablara con una sola voz. Constantino era buen administrador y estaba familiarizado con la organización tanto militar como política. Le dio a la Iglesia una estructura política, haciendo énfasis en la autoridad colectiva de los obispos. Esta estructura le dio a la Iglesia la estabilidad que necesitaba en sus primeros años, lo que le permitió crecer; pero esa estructura también le confirió a la Iglesia un carácter autoritario, que ha suscitado mucha controversia.

Casi desde un principio, las consideraciones mundanas influyeron en la estructura de la Iglesia y ésta se adaptó gradualmente al mundo romano que la rodeaba. En los siguientes cien años, las comunidades eclesiásticas caseras se volvieron cosa del pasado. El papel de las mujeres en la Iglesia, tan destacado en tiempos de Jesús, prácticamente desapareció al desarrollarse esta estructura privativamente masculina. Más que estar dedicados al servicio, los cargos eclesiásticos empezaron a asociarse con el poder y la posición social.

Poco a poco fueron mezclándose las finanzas de la Iglesia y las del Estado; para muchas personas, la Iglesia se convirtió ya no sólo en una vocación sino en una próspera carrera. Los jerarcas eclesiásticos vivían como los miembros de la aristocracia secular, en muchos casos disfrutando de un lujoso esplendor. La sencilla comida comunitaria que otrora caracterizaba a la comunión católica poco a poco fue cediendo su lugar a altares enormes y muy adornados, en los que el pan y el vino se disponían ceremoniosamente. Fue creciendo la separación entre los sacerdotes y el pueblo. En los siglos subsecuentes, el distanciamiento con el pueblo, la mundanidad y la opulencia llegarían a causarle muchos problemas a la Iglesia.

Por otra parte, hubo algunos aspectos positivos surgidos de la relación de la Iglesia con el Estado romano. La Iglesia pudo entonces ejercer una influencia humanitaria en el imperio. El Estado empezó a aplicar conceptos cristianos de responsabilidad social para alimentar a los pobres y cuidar de los enfermos.

Aunque su declinación empezó en Occidente, el Imperio Romano seguía siendo vasto y poderoso y el catolicismo, ahora la religión favorecida, se expandió por todos los rincones. La Iglesia de pronto empezó a recibir a muchos conversos nuevos. Por ejemplo, cuando se convertía el jefe de una tribu conquistada dentro del imperio, también se convertía toda la tribu.

El bien y el mal de Agustín

Al igual que Constantino, Agustín también recibió gran influencia de su madre. Nació en África del Norte, en lo que ahora es Argelia, en el año 354, y se convirtió en escritor, maestro, filósofo y uno de los personajes más influyentes en la historia de la Iglesia primitiva. Su padre era pagano y su madre, Mónica, cristiana. Agustín tenía una mente inquisitiva y analizó muchas de las filosofías y teologías de su tiempo antes de sentirse atraído al cristianismo. Quien un tiempo fue un hombre muy mundano, fundaría una comunidad como refugio contra lo que llamaba "el mundo decadente", donde se dedicó a la oración y a escribir extensamente. Llegó a ser nombrado obispo y trabajó incansablemente por la Iglesia predicando, escribiendo y administrando. Creía en el poder de la educación como forma de recuperar la bondad perdida del alma. Su vasto cuerpo de escritos, que abarcan numerosos temas, ha sido admirado desde sus tiempos hasta la actualidad.

Agustín le dejó al cristianismo una herencia ambivalente. Por un lado, no puede negarse su profundo amor por la Iglesia y los asuntos espirituales. Escribió bella y poéticamente sobre la satisfacción que obtiene el espíritu del hombre cuando se enamora de la voluntad de Dios. Por otra parte, tuvo mucha influencia del concepto que tenía Platón sobre la naturaleza humana y fue capturado por una creencia de sus tiempos, el maniqueísmo. Esta doctrina enseñaba que la materia está separada del espíritu y, de hecho, que es mala. Incluso llega a implicar la existencia de dos dioses, uno bueno y otro malo. Aunque posteriormente abandonó estas creencias y regresó al cristianismo, Agustín nunca pudo reconciliar por completo el dualismo maniqueo del bien y del mal, lo cual se refleja en sus escritos sobre el pecado original, del cual ya hablamos en un capítulo anterior.

El libro más influyente de San Agustín es *La Ciudad de Dios*, en el cual sus ideas platónicas se manifiestan en las opiniones acerca de la relación de la comunidad cristiana con el mundo en general. Agustín también lo escribió en reacción al saqueo de Roma, ocurrido en el año 407. Para él, este conmocionante suceso demostraba la fragilidad de las empresas humanas; en su opinión, sólo el alma dura para siempre. Su pensamiento dualista aparece una vez más en su concepto sobre las relaciones de la comunidad cristiana y el mundo en general. Sostenía que la

Iglesia debía esforzarse por crear una "sociedad perfecta", una sociedad religiosa, separada del mundo material que la rodea. Creía que el único propósito del hombre en su vida es crear esta "Ciudad de Dios" en la Tierra.

Las ideas agustinianas de la relación entre Iglesia y Estado influyeron en gran medida en el concepto que se hizo la Iglesia de sí misma. Echaron las bases de la sociedad medieval, en la que la preocupación principal era el bienestar del alma y no del cuerpo. La dificultad que surgió de las teorías de Agustín fue la separación entre la Iglesia y el mundo circundante. La Iglesia adoptó su idea del pecado original y sus conceptos sobre la separación de las cuestiones materiales y los afanes mundanos.

Aun en la actualidad, esta concepción dualista acosa a los católicos que desean ordenar sus prioridades materiales y espirituales. La redefinición de la relación entre la Iglesia y el mundo fue uno de los temas centrales del Concilio Vaticano II. A partir de éste, la Iglesia ha hecho grandes esfuerzos por mejorar sus relaciones con la cultura que la rodea.

El cristianismo llega a casa

En su mayor parte, la Europa de los siglos V al IX fue un inestable mosaico de pueblos, aldeas y asentamientos, algunos romanos y otros germánicos. Este periodo se caracterizó por luchas de poder y combates casi constantes. Las tribus originarias de las regiones septentrionales y orientales descendían hacia las zonas pobladas de Europa en busca de tierras y riquezas. Para entonces, el viejo Imperio Romano ya había perdido gran parte de su poderío y no ofrecía a sus pueblos protección contra las tribus invasoras. A falta de este poder, la Iglesia Católica se convirtió en la fuerza estabilizadora de la Europa occidental. La religión prosperó y se caracterizó por su espíritu misionero, construyendo un complicado sistema de monasterios y conventos. Estos lugares ofrecían seguridad, educación y apoyo en tiempos inestables.

Los atractivos de la vida monacal

Los monasterios y conventos llevaron el catolicismo a la Europa no cristiana. La vida monástica es una tradición de la Iglesia Católica, que se remonta al siglo III con San Antonio y sus seguidores. San Benito forjó la vida monacal, estableciendo lo que se conoce precisamente como regla de San Benito, que se convirtió en el modelo del monaquismo occidental.

Conventos y monasterios albergaban comunidades en las que se desarrollaba la vida religiosa. Los hombres que pertenecían a las comunidades de la Iglesia primitiva eran llamados monjes; las mujeres eran monjas. De estas comunidades surgieron los *misioneros*, que viajaron y vivieron con las tribus, convirtiendo a muchas de ellas a un nuevo modo de vida.

Los monasterios fueron cunas del arte, de profundos escritos y del pensamiento teológico. Conforme las tribus invasoras penetraban hacia el sur de Europa, los monasterios se volvieron también refugios para la gente y su cultura. Al tiempo que continuaban el trabajo de conversión iniciado por los primeros misioneros, algunos monasterios se volvieron en extremo ricos y poderosos. El abad (el superior del monasterio) se convertía en uno de los personajes más influyentes de su región.

Tres hurras por el irlandés San Patricio

El trabajo misionero fue parte importante de la Iglesia primitiva. Y si hubo algún gigante entre los misioneros, ése fue San Patricio, llamado "el apóstol de Irlanda", país del que es santo patrono. La fecha de su nacimiento se sitúa entre 432 y 456 y, la de su muerte, entre 461 y 493.

Una de las leyendas más gustadas de San Patricio es la que asegura que este santo expulsó las serpientes de Irlanda. Esta leyenda quizá sea la alegoría de que convirtió a Irlanda de la religión druídica, pues uno de los símbolos sagrados de esta religión es precisamente la serpiente. Utilizó el trébol para enseñar acerca de la Santísima Trinidad, por lo cual ésta es la planta nacional de Irlanda. Los druidas prendían fogatas en el campo como parte de sus rituales de primavera. La leyenda dice que San Patricio encendió la fogata pascual para desafiar esa costumbre pagana.

La leyenda afirma que a los 16 años, San Patricio fue capturado en su hogar de Gales por invasores que llegaron del mar. Fue llevado a Irlanda, donde trabajó como esclavo los siguientes seis años. Por fin logró escapar y regresar a su hogar en Gales. Después se hizo sacerdote y llegó a ser obispo. Pero lo acosaba un sueño en el que él creía que Dios lo llamaba a regresar a Irlanda. Con el tiempo le hizo caso a su sueño, regresó con los irlandeses y nunca los abandonó. Llevó a cabo una enorme obra misionera, implantando la fe cristiana tan a fondo en Irlanda que aún en la actualidad sigue siendo uno de los países más católicos.

En los monasterios de Irlanda se almacenaron y copiaron muchos textos cristianos. Durante cientos de años, las tribus "bárbaras" de las regiones septentrionales invadieron Europa y llegaron a capturar y aniquilar a Roma. Pero en los monasterios estaban escondidas las obras de arte y literatura, por lo que así se preservaron de los invasores.

El término *celta* se asocia generalmente con los irlandeses, pero en realidad se refiere a varios pueblos que vivieron en Europa occidental y cuya conversión al cristianismo fue gradual. En la mayoría de las tierras celtas, el cristianismo convivió con la antigua religión druida por muchos años. Después se levantaron iglesias cristianas en los mismos lugares santos de los druidas; en muchos casos, en los muros de piedra se grababa el nombre y la efigie de los viejos dioses. Los celtas conservaron los días sagrados de su antigua religión y los dedicaron a los santos cristianos. Las ceremonias con que celebraban las nuevas festividades santas eran similares a las de las deidades que habían sustituido. Se celebraban con cantos, danzas y ceremonias de la antigua religión. Este proceso de apropiación fue muy común en la difusión del cristianismo.

Conforme la Iglesia sustituyó a los druidas con sacerdotes y obispos, la gente le transfirió su lealtad a éstos. Parte del mundo mágico de la mitología celta se trasladó también a las fecundas leyendas sobre la vida de los santos cristianos. La religión celta tenía muchas diosas, como la Gran Madre llamada Anna, que se encontraba en diferentes formas en las diversas culturas celtas de Europa. En la época cristiana, ella sobrevivió a través de la veneración de Santa Anna en Bretaña, Santa Non en Gales y Santa Brígida en Irlanda.

Por regla general, en las religiones celtas y otras culturas aborígenes, el principio femenino estaba en un plano de igualdad con el masculino, si no es que era superior. Usted quizá escuche que a la Iglesia Católica se le llama la "Madre Iglesia", tanto en el lenguaje coloquial como en documentos oficiales. Esta designación representa el aspecto femenino y nutricio de Dios; se refiere a que la Iglesia es el seno en el que crecen y se desarrollan sus miembros. La Iglesia es el hogar espiritual y el hogar es el dominio de la madre. El espíritu del pueblo celta infundió en el catolicismo un sentimiento de leyendas, el amor por las canciones y un fuerte espíritu comunitario.

El monaquismo celta se caracterizó por la independencia de espíritu y, por lo general, por su desdén hacia la politiquería de la Iglesia en Roma. El clero de los monasterios celtas se llevaba muy bien con la nobleza de los bárbaros. Su estilo era mezclarse con los dignatarios y esforzarse por respetar los valores locales. La era de la intensa actividad misionera irlandesa por toda Europa duró más o menos del 550 al año 670.

En Europa había dos ideas muy diferentes de la Iglesia Católica. La versión celta representaba un concepto del catolicismo independiente y descentralizado; el otro catolicismo era el de la Iglesia con centro en Roma, que se consideraba a sí misma la máxima autoridad en materia religiosa.

La cristiandad alemana

En los campos que, andando el tiempo, llegarían a ser conocidos como Alemania, la gente vivía en pequeñas aldeas y asentamientos, practicando sus religiones paganas. La Iglesia Católica estaba llevando sus campañas misioneras hacia esa zona. San Bonifacio, uno de los principales misioneros de esa época, fue para Alemania lo que San Patricio para Irlanda unos dos siglos antes: llevó el catolicismo al pueblo alemán.

Bonifacio nació hacia el año 680 en Devonshire, Inglaterra, y desde los 13 años de edad fue educado por monjes en un monasterio de Exeter, en el que ingresaría posteriormente. Una de las leyendas sobre Bonifacio habla del encuentro que tuvo con un cacique pagano. Bonifacio derribó un roble sagrado, que la gente decía que pertenecía a Thor, el dios del trueno. Cuando se vio que Bonifacio no caía muerto, como se pensaba que sucedería, mucha gente se convirtió. Con la madera del roble construyó una iglesia. Sin embargo, los paganos tuvieron la última palabra. Años después, cuando viajaba cerca de ese lugar, él y sus 52 acompañantes fueron atacados y asesinados por una banda de aldeanos. Su tumba pronto se convirtió en un santuario, en el que la gente se reunía para rendirle homenaje.

Las primeras actividades misioneras en Alemania habían dejado a muchos conversos al cristianismo sin el apoyo necesario para mantener su fe en los confines de la civilización en que vivían. San Bonifacio pudo llevar apoyo a estos cristianos abandonados y traer a la Iglesia a muchos convertidos más. Esto lo hizo estableciendo monasterios que eran centros de la fe, en donde la gente aprendía las formas de la religión. Él y su prima Leofgyth instituyeron una serie de monasterios que se convirtieron en anclas de la fe. Estos establecimientos duraron más de mil años y algunos de ellos siguen existiendo en la actualidad. El celo misionero de la Iglesia no se limitó a Alemania, sino que se extendió a Hungría, Rusia, Dinamarca, Suecia y a muchas otras partes de Europa.

De la racionalidad al misticismo

El mundo romano, influenciado por la cultura griega, había llevado el pensamiento helénico a Europa. Al ir finalizando el imperio, también se fue acabando la doctrina clásica. El periodo que le siguió, llamado Edad Media, duró hasta el siglo XII. Sin embargo, es importante reconocer que, aunque por lo general se le considera una etapa oscurantista, hay muchas cosas de este periodo que no son nada oscuras. Por ejemplo, el catolicismo prevaleció y se convirtió en una religión popular, a pesar de las constantes guerras y luchas de poder.

En esa época, la Iglesia definió muchas de las prácticas y rituales con las que en la actualidad se identifica. Por ejemplo, se introdujo el rezo del rosario y estatuas y pinturas de los santos despertaron la devoción. Las fiestas se celebraban con procesiones de coloridas vestimentas, estandartes y música. Se representaban en público obras de teatro de contenido moral y dramas religiosos. El catolicismo se estabilizó en la forma que conservaría durante los siguientes doce siglos.

Nace un imperio

La cultura romana siguió influyendo tanto en la política como en la identidad de la Iglesia. Al igual que el Imperio Romano, la Iglesia tenía su centro en Roma y estableció una estructura centralizada de poder. En ausencia del Estado romano, la Iglesia se encontró haciendo funciones de autoridad, tanto espiritual como civil, no precisamente porque buscara el poder político, sino porque la gente acudía a ella en busca de un liderazgo.

Cuando el Papa León III coronó emperador a Carlomagno, en la Navidad del año 800, el matrimonio entre la Iglesia y el Estado se hizo oficial. Carlomagno era jefe de una tribu de Europa central, conocida como francos. Al ser coronado, aceptó el papel de protector de la Iglesia. De este modo se echaron las bases religiosas y políticas de lo que llegaría a ser el Sacro Imperio Romano.

Resumamos y aclaremos esta importante relación entre el catolicismo y el Imperio Romano. En un principio, los cristianos eran parias y constituían una amenaza para el Estado romano. Después no sólo fueron tolerados, sino favorecidos por Roma, la cual estaba perdiendo su poder ante las tribus invasoras del Norte. Los papas de Roma fueron los únicos que podían mantener unido el gobierno, y la Iglesia empezó a ejercer la autoridad tanto civil como religiosa.

Cuando Carlomagno fue coronado emperador, de nuevo el poder civil se separó del poder eclesiástico; esto es, volvió a haber dos cabezas, el papa y el emperador, aunque ambos tuvieran el mismo propósito: construir la Ciudad de Dios como la concibiera San Agustín. Este producto del matrimonio entre la Iglesia y el Estado, llamado Sacro Imperio Romano, habría de durar mil años. Durante los siglos subsecuentes, la Europa cristiana se desgarraría por guerras entre reyes y príncipes. Contrariamente a las intenciones de la Iglesia, el Sacro Imperio Romano nunca logró instaurar en la tierra la Ciudad de Dios.

Capítulo 20

División, disolución y reforma de la Iglesia en el segundo milenio

En la alborada del segundo milenio, los problemas que habían estado latentes durante cierto tiempo ya estaban a punto de estallar. Primero, la Iglesia griega se separó de Roma, por diferencias políticas, en cuestiones de ritual e idioma (griego contra latín). Después hubo dos disidentes, el monje Martín Lutero y el rey Enrique VIII de Inglaterra, que se volvieron en contra de la Iglesia llevándose consigo grandes porciones de Europa. Estos acontecimientos finalmente obligaron a la Iglesia a reexaminar sus prácticas y su papel en la vida de la gente. Aunque los dignatarios eclesiásticos emprendieron importantes reformas, la Iglesia nunca volvió a tener el poder unificador de antes. Demos un vistazo más de cerca a estos cambios.

Católicos y ortodoxos: la falla del milenio en la Iglesia

Aunque el primer cisma de la Iglesia no ocurrió sino hasta 1054, desde siglos antes ya se venían acumulando las tensiones. La Iglesia cristiana oriental, con centro en Constantinopla, y la Iglesia cristiana de Roma, disputaban por diferencias en teología e idioma y pronto se enfrascaron en una lucha de poderes. La forma en que Roma manejó este problema fue excomulgar (expulsar) a toda la Iglesia oriental. A su vez, ésta excomulgó a Roma, con lo que efectivamente se sacudió el dominio romano. La Iglesia oriental se conoció desde entonces como Iglesia Ortodoxa y es la predominante en Rusia, Grecia, Ucrania, Rumania, Turquía y otras partes de Europa oriental.

En los siguientes 400 años hubo varios intentos importantes de remendar esta desgarradura en el tejido del catolicismo. Las prácticas esenciales y gran parte de la teología de ambas iglesias son iguales y, en la actualidad, es difícil identificar las diferencias que las separan. No obstante, siguen siendo Iglesias separadas. Continúan los esfuerzos por reunir a la Iglesia Ortodoxa y a la Iglesia Católica. El actual papa, Juan Pablo II, es originario de Polonia, país que ha recibido la influencia de la cultura ortodoxa de sus vecinos. Él ha hecho del acercamiento de las dos Iglesias uno de los objetivos de su papado.

El lado oscuro del catolicismo

Aunque la Iglesia resintió la pérdida de sus miembros orientales, el crecimiento en occidente la compensó con creces y la Iglesia de Roma siguió siendo una potencia importante en el mundo occidental. Debido a algunos acontecimientos insanos, que examinaremos en este capítulo, la Iglesia se encontró bañada en dinero y complacida en el poder. Una combinación de esta naturaleza era en extremo peligrosa para una organización cuya misión era proclamar el Reino de Dios y hacer buenas obras. Con el tiempo, la Iglesia se desvió de sus humildes orígenes en los pequeños poblados de Galilea, donde Jesús recorría los polvosos caminos hablándole a la gente del amor de su Padre. Veremos tres factores en particular que contribuyeron a que la Iglesia se apartara de su ministerio con la gente: las *cruzadas*, la *Inquisición* y la venta de la salvación en forma de *indulgencias*.

En los tiempos de Cristo, el mensaje liberador de la Iglesia hablaba de ponerle fin a la opresión política. Paradójicamente, la Iglesia Católica se ajustó al modelo de la sociedad que se suponía iba a transformar, el Imperio Romano. Al adoptar la mundanidad del Imperio Romano, el opulento despliegue de riquezas se convirtió en la norma de la Iglesia. Los jerarcas por lo general vivían como príncipes, celebraban bailes cortesanos y ofrecían opíparos banquetes. La pertenencia al clero implicaba tales privilegios que los cargos eclesiásticos se compraban y vendían, práctica llamada *simonía*. La estructura organizacional de la Iglesia se volvió un vivero de luchas intestinas por el poder. En una época hubo tres personas que se decían ser el papa. En la siguiente sección veremos las prácticas que le causaron problemas a la Iglesia, problemas que han pervivido hasta la historia actual. Aunque ha dado pasos hacia el cambio, la Iglesia sigue luchando por conciliarse con su pasado.

¿Guerra santa o guerra contra lo santo?

Las cruzadas fueron las "guerras santas" lanzadas por la Iglesia con el fin básico de liberar los lugares santos de Palestina, que estaban bajo control de los musulmanes, es decir, los miembros de la religión islámica. El islam empezó a difundirse en Arabia bajo la dirección de su fundador, el profeta Mahoma. La difusión del islam después de la muerte de Mahoma, ocurrida en el año 632, no tiene paralelo en la historia. En los siguientes 29 años se expandió hacia el norte de Arabia, hasta Damasco y Jerusalén, al este hacia Persia y, hacia el oeste, a Egipto y otros sitios más lejanos del norte de África. Para el año 715, el islam había llegado a

España. La expansión del Islam dejó separados del Imperio Romano a los grandes centros del cristianismo oriental. Con el tiempo se delimitaron las fronteras y se estableció una paz que duró algún tiempo.

A mediados del siglo XI, los gobernantes musulmanes cerraron Tierra Santa a los peregrinos cristianos. El papa vio en esta medida una oportunidad tanto de unir a los príncipes cristianos de Europa en contra de un enemigo común, como de liberar Tierra Santa. Así, en 1095 convocó a la primera de una serie de cruzadas, que se prolongarían hasta bien entrado el siglo XIII. Aunque la primera cruzada logró abrir Tierra Santa a los peregrinos cristianos, el efecto neto de esta campaña militar fue destructivo.

La primera cruzada duró de 1097 a 1099. En ella, los ejércitos cristianos derrotaron a los turcos, capturando la antigua ciudad de Antioquía y ocupando Jerusalén. Su lema era *Deus vult*, "Dios lo quiere" y, para entonces, nadie lo ponía en duda. Su victoria significó una atroz carnicería a costa de los habitantes de la región, incluidos judíos y cristianos. La segunda cruzada (1148-1149) fue un fracaso. Jerusalén volvió a caer en manos de los musulmanes unos 40 años después. La tercera cruzada (1189-1192) fue la más novelada y comenzó cuando los tres gobernantes más poderosos de Europa, el emperador Federico Barbarroja de Alemania, el rey Felipe Augusto de Francia y el rey Ricardo Corazón de León de Inglaterra, "tomaron la cruz". Esta frase se refiere al hecho de que el escudo de los cruzados llevaba una cruz. Los relatos sobre las hazañas de Ricardo Corazón de León se volvieron legendarios pero la cruzada en sí no logró nada. Los musulmanes conservaron Jerusalén y Ricardo estuvo prisionero en una prisión austriaca, en espera de que se pagara su rescate.

La cuarta cruzada (1203-1204) provocó el completo saqueo de Constantinopla, ¡una ciudad cristiana! Después de robar, asesinar y violar a los habitantes, los cruzados se repartieron los despojos. El papa estaba furioso con ellos.

La cruzada de los niños, en 1212, fue quizá la más extraña de las ocho que hubo en total. Miles de niños siguieron a un chico de Colonia, quien creía haber sido llamado por Dios para liberar Jerusalén. El grupo principal estaba formado por unos 7,000 niños. La cruzada fracasó y, aunque muchos niños lograron regresar a casa, los mercaderes cristianos vendieron incontables criaturas como esclavos o en casas de prostitución.

La Iglesia prometió a los cruzados recompensas por sus esfuerzos. Si morían en combate, sus pecados serían perdonados y tenían garantizado que irían en derechura al cielo. Por si este incentivo no fuera suficiente, también se les permitió compartir el botín de guerra, lo cual provocó el pillaje y saqueo de las ciudades y la violación y el asesinato de gente inocente. Estas expediciones militares tiñeron de sangre las manos de la Iglesia, ya que decenas de miles de personas inocentes fueron asesinadas en su nombre.

No hay mal que por bien no venga

A pesar de las consecuencias negativas de las cruzadas, occidente obtuvo de ellas un inesperado derivado. Hubo una reconexión con las grandes enseñanzas del mundo antiguo y un flujo de nuevas ideas del mundo islámico, como la astronomía y la química. La cultura musulmana le dio a occidente el sistema arábigo de numeración, junto con el concepto del cero, lo que hizo posibles las altas matemáticas. De hecho, *álgebra* es una palabra de origen árabe.

Uno de los principales beneficiarios del redescubrimiento de las enseñanzas clásicas fue Tomás de Aquino. Basándose en las obras de Aristóteles, uno de los más grandes pensadores del periodo clásico griego, que anteriormente estaban perdidas, Tomás de Aquino incorporó el método lógico en el pensamiento teológico de la Iglesia. Sus métodos de enseñar, pensar y hablar acerca de Dios siguen siendo parte de la educación eclesiástica hasta nuestros días.

La Inquisición: no me pregunten para no decir mentiras

Desde los comienzos de la Iglesia, ha habido gente que pone en tela de juicio sus enseñanzas. Algunas de las doctrinas que parecen suscitar más dudas son las que se refieren a los resultados de la pérdida de la gracia, el pecado original, el cielo y el infierno, la naturaleza divina de Jesús, su nacimiento de una virgen y la presencia real de Jesucristo en el pan y el vino de la Eucaristía. La Iglesia no siempre supo manejar bien estas dudas y brotes de disidencia. Sentía que la herejía amenazaba su deber de mantener puras las enseñanzas de Cristo. Al alinearse con el sector político, la Iglesia tuvo la oportunidad de recurrir a la autoridad civil para emplear la fuerza física contra los disidentes, a quienes calificó de *herejes*.

La Inquisición fue un sistema tribunalicio establecido por la Iglesia con el propósito de identificar las herejías y castigar a los herejes. Al mismo tiempo, sin embargo, la Inquisición no sólo implicaba a las autoridades de la Iglesia; también las autoridades seculares tenían interés en ella. Ambas querían sofocar toda disidencia y desorden y ninguna toleraba la diversidad. La Iglesia Católica aún seguía desgarrada por el cisma de la Iglesia Ortodoxa y su ideal de una sola fe. Con el fin de mantener todo unido, la Iglesia y las autoridades seculares se unieron para ejercer control sobre todo el mundo circundante.

Los sacerdotes de la Inquisición, dominicos en su mayoría, recorrían Europa predicando la fe. Después de su sermón hacían esta pregunta: "¿Alguien no está de acuerdo con la doctrina de la Iglesia?" A la gente se le invitaba a denunciar cualquier desviación de pensamiento o acción de las que tuviera noticia. Por lo general, nadie admitía tener dudas acerca de la religión, pero en muchos casos acusaban de herejes a vecinos y enemigos. Bajo tortura, quienes eran acusados por la Inquisición confesaban ser culpables; después eran multados, encarcelados y sus tierras y bienes eran confiscados. Si se negaban a renunciar a sus falsas creencias, como sucedía en ocasiones, eran torturados cruelmente hasta morir.

Los tribunales de la Inquisición eran tribunales eclesiásticos y los delitos por los que se juzgaba a la gente, específicamente herejía y sus derivados, eran de naturaleza religiosa. Sin embargo, la facultad de castigarlos estaba en manos civiles. Aquellos de quienes la Iglesia sospechaba de herejía eran entregados a las autoridades civiles para ser castigados. De este modo, la Iglesia se absolvía de las consecuencias morales.

En el curso de cientos de años hubo tres inquisiciones diferentes. Por desgracia, los relatos históricos de las inquisiciones están afectados por prejuicios religiosos que impiden la recolección de datos precisos. El propósito declarado de una inquisición era proteger a los fieles de la herejía. Aunque las inquisiciones se establecieron en un principio contra los herejes, posteriormente se dirigieron contra judíos y musulmanes. En muchas regiones de Europa, las mujeres se convirtieron en el blanco predilecto de la Inquisición. En 1484, el papa emitió una orden que permitía la inquisición contra las sospechosas de brujería.

La más conocida de las inquisiciones fue la española, que se estableció hacia 1480. A diferencia de las otras, que estaban bajo el control eclesiástico, la Inquisición Española fue un instrumento del poder secular, la corona española. El objetivo de la Inquisición Española fue buscar a judíos y musulmanes conversos, sospechosos de seguir practicando su anterior religión. Pero la inquisición se usó también contra los opositores políticos. Esta institución duró en España cerca de 400 años, hasta el siglo XIX. Los conquistadores españoles trajeron la Inquisición al Nuevo Mundo y la usaron en contra de los pueblos nativos. Exigían lealtad a España y a la Iglesia so pena de tortura y muerte.

Indulgencias al mayoreo

Nadie sabe con certeza cuándo se inició la práctica de vender indulgencias, pero ésta floreció en los siglos XV y XVI. En algunos casos se exhibían las reliquias de los santos, cobrando por verlas, e incluso se vendían. Las reliquias eran sacramentales muy populares en ese tiempo. Consistían en trozos de madera, de los que se decía eran parte de la auténtica cruz de Jesucristo, o pedazos de tela, cabellos o huesos supuestamente pertenecientes a algún santo. El dinero procedente de la venta de estas reliquias se destinaba a la construcción de las catedrales y a financiar el extravagante tren de vida de los clérigos.

La *indulgencia* significaba el perdón del castigo correspondiente a un pecado cometido. La Iglesia apoyaba su creencia de lo que estaba bien y lo que estaba mal, con la idea del castigo en la otra vida. Asignaba un valor espiritual a ciertas prácticas u oraciones; se decía que el cumplimiento de tales prácticas o el rezo de las oraciones borraba la deuda espiritual. Si alguien cometía un pecado, una indulgencia podía cuadrarle el saldo. Vista así, la indulgencia era una multa que se pagaba por quedar limpio de pecado. Esta práctica persistió hasta que fue condenada oficialmente en 1562, pero para ese año ya había sido la proverbial gota que derramó el vaso de la Iglesia occidental. Las indulgencias siguen siendo parte de la Iglesia hoy en día, pero ya no se venden. Son la medida del valor espiritual de las oraciones y las buenas obras.

Problemas, protestas y protestantes

Ya que se había asociado con el Estado en la Inquisición, la Iglesia aplicó medios cada vez más autoritarios para sofocar cualquier diversidad de pensamiento o cuestionamiento de sus dogmas. Al ejercer este poder y control, si bien lo hacía con el fin declarado de proteger las enseñanzas de Jesús, la Iglesia se alejó de su misión original.

En medio de este escenario de corrupción, pudo escucharse un sonido, un golpeteo en Wittenberg, pequeño poblado de Alemania. Este golpeteo era el de un martillo que golpeaba contra la gran puerta de la catedral. Cuando se levantó el sol, una mañana de octubre de 1517, arrojó sus rayos sobre un papel que sería conocido como *Las 95 tesis* y que eran otras tantas quejas en contra de la Iglesia Católica. El hombre que escribió ese documento y lo clavó en la puerta fue Martín Lutero. En poco tiempo, ese texto se discutía en toda Europa y así surgió la Reforma protestante.

Poco después de la protesta de Lutero, el rey Enrique VIII de Inglaterra rompió con Roma y se declaró cabeza de la iglesia de Inglaterra. En un principio, las diferencias eran políticas, más que religiosas, una disputa entre el rey y el papa, lo que no había sido nada insólito en la Edad Media. Sin embargo, esta pelea desembocó en un cisma permanente. Echemos un vistazo a estos dos influyentes hombres y al efecto que tuvieron sus actos en la Iglesia Católica.

Lutero: el martilleo que todos oyeron

El monje alemán Martín Lutero inició la Reforma, la cual fue el catalizador de muchas religiones protestantes. Era un sacerdote agustino que en 1510 fue enviado de misión a Roma; de allí regresó indignado ante la corrupción y mundanidad de la Iglesia Católica. Al año siguiente se convirtió en profesor de estudios teológicos, cargo que desempeñó hasta su muerte. Los estudios de Lutero lo llevaron a la creencia de que la gente se salva únicamente por la fe. No puede ganar la salvación mediante obras u oraciones. Por lo tanto, Lutero se sintió particularmente indignado ante la venta de indulgencias, lo cual violaba su creencia central. En sus *95 tesis*, él atacó ésta y muchas otras prácticas.

A esa primera lista de quejas le siguieron los tres célebres tratados de Lutero de 1520, en los que el religioso alemán cuestionaba la autoridad papal, predicaba la salvación sólo por la fe y exhortaba a la interpretación libre de las Sagradas Escrituras. Tras negarse a retractarse, fue excomulgado en un documento emitido por

Roma, el cual Lutero quemó en la plaza pública. Poco después, el emperador lo llamó a su presencia; Lutero defendió sus ideas con elocuencia y siguió negándose a retractarse. Fue proscrito y buscó refugio en el castillo de Wartburg, bajo la protección de Federico III. Allí, Lutero tradujo la Biblia al alemán. Posteriormente organizaría el movimiento que desembocó en la reforma protestante y escribió ensayos, sermones, catecismos e himnos. La creación de la Iglesia Luterana, organizada en torno de las enseñanzas de Lutero, hizo que la Iglesia Católica perdiera a sus seguidores en una gran porción de Alemania.

Enrique VIII y sus mujeres

El hombre conocido como Enrique VIII no sólo es uno de los gobernantes más pintorescos de Inglaterra, sino que también ocupa un lugar importante en la historia de la Iglesia. Enrique era más práctico que idealista; sus actos estuvieron motivados por el deseo de divorciarse de su esposa y casarse con otra mujer. Pero la Iglesia se negaba a concederle la anulación del matrimonio. Enrique VIII desafió la doctrina y la autoridad de la Iglesia volviendo a contraer matrimonio en 1533, por lo cual fue excomulgado de inmediato. En respuesta, el rey inglés instituyó la Iglesia de Inglaterra y declaró que él mismo sería su cabeza. De este modo, el catolicismo perdió a la mayoría de sus fieles ingleses. La Iglesia de Inglaterra, mejor conocida como Iglesia Anglicana, sigue existiendo en la actualidad.

Además de las iglesias Luterana y Anglicana, en el siglo XVI se fundaron muchas otras en protesta por las prácticas de la Iglesia Católica. No todas estas divisiones se debieron a la venta de indulgencias o a la prohibición del divorcio. Los estados emergentes de Europa estaban ganando poder y querían su independencia, pero resentían el hecho de que el dinero de la Iglesia se canalizara a Roma. La Iglesia y el Estado estaban tan mezclados que la independencia política se lograba a costa de la independencia religiosa; durante siglos, muchas guerras se libraron en toda Europa por esta causa. En Francia, Suiza y en los países escandinavos ocurrieron otras divisiones de la Iglesia Católica. En términos generales, los países meridionales permanecieron en el seno de la Iglesia romana.

El Concilio de Trento

Tanto Martín Lutero como Enrique VIII le asestaron un duro golpe a la Iglesia Católica, que resintió las pérdidas. Pero ésta se dio cuenta de que más le valía hacer cambios pues, de lo contrario, perdería más fieles. El surgimiento del protestantismo le dio el impulso a la reforma que mucha gente había propugnado desde hacía siglos. Así, el Papa Paulo III convocó el Concilio de Trento; de 1545 a 1563, los obispos de la Iglesia se reunieron para aclarar doctrinas y aprobar reformas que habrían de redirigir el curso de la Iglesia en los siguientes 400 años. El resultado de este concilio básicamente significó el acta de defunción de las prácticas corruptas de la Iglesia y los dignatarios volvieron a ocuparse sólo de los asuntos espirituales.

Se refuerzan la escritura y la tradición

La reforma protestante desencadenó un movimiento de reacción llamado contrarreforma, en el que la Iglesia Católica empezó a definir su autoridad. Reafirmó su posición de que la revelación se encuentra tanto en las escrituras como en las tradiciones orales. La Iglesia siempre había afirmado que nadie podía interpretar la verdad de Dios mediante la pura lectura de la Biblia. Aseguraba que la revelación de Dios continúa presentándose ante nosotros a través de las enseñanzas de la Iglesia. Esta idea, que resulta por completo inaceptable para los protestantes, le permitió a los obispos seguir formulando las doctrinas eclesiásticas basándose no sólo en la Biblia. Además, se negaron a aprobar traducciones de la Biblia al idioma cotidiano del pueblo. Con esto parecía justificada la acusación de los protestantes en el sentido de que la Iglesia Católica tiene miedo de que la gente lea la Biblia. La brecha entre católicos y protestantes seguía ampliándose.

Para cuando concluyó el Concilio de Trento, en 1563, había abordado muchos de los excesos mencionados por los reformadores protestantes y acabado con la corrupción en la Iglesia Católica. Entre estos cambios destaca la prohibición de la venta de indulgencias, el combate a la simonía, la reforma de la liturgia, el establecimiento de seminarios para la preparación adecuada de sacerdotes y las facultades adicionales otorgadas a los obispos en asuntos locales.

Sin embargo, el Concilio de Trento no abordó el importante tema de la naturaleza de la relación de la Iglesia con el mundo. Como hemos visto, esa cuestión fue el centro de interés del concilio más reciente, el Vaticano II.

Se trazan las líneas entre ellos y nosotros

La Iglesia empezó a definirse a sí misma con respecto del protestantismo. El catolicismo ya no era el único juego del cristianismo y, al finalizar el Concilio de Trento, se habían establecido límites claros entre la Iglesia Católica y el protestantismo. Había cinco diferencias principales, mismas que siguen vigentes en la actualidad.

- Los católicos sostienen que la autoridad moral proviene tanto de las Sagradas Escrituras como de la tradición. Recuerde que la Iglesia Católica basa su autoridad en el hecho de que declara verdad tanto las Sagradas Escrituras como la interpretación de éstas, a la que llama tradición. Los protestantes aseguran que las escrituras sólo tienen autoridad moral.
- Los católicos sostienen que Cristo realmente está presente en la hostia y el vino consagrados de la Eucaristía. La mayoría de los protestantes ven en la Eucaristía sólo un homenaje simbólico de la Última Cena de Cristo.
- Para los católicos, los sacramentos son la celebración de la salvación alcanzada por Jesucristo, la cual Dios nos ofrece como regalo. Los sacramentos

son la participación de los católicos en esta realidad. Los protestantes creen que la salvación proviene sólo de la fe en las escrituras bíblicas.

- Los católicos conservan los siete sacramentos tradicionales: Bautismo, Confirmación, Eucaristía, Penitencia y Reconciliación, Unción de los Enfermos, Matrimonio y Orden. La mayoría de los protestantes sólo cree en dos sacramentos: Bautismo y Eucaristía.
- Los católicos creen en la intercesión, el establecimiento de una relación entre el individuo y Dios a través de los buenos oficios de otra persona. Este intercesor puede ser un sacerdote o el santo de nuestra devoción; pueden ser otras personas que oren por nosotros. Nosotros mismos podemos ser mediadores, por ejemplo, cuando oramos por las ánimas del Purgatorio. La Virgen María es la máxima intercesora católica. Los protestantes, por su parte, creen en una relación directa e inmediata con Dios y, en general, desdeñan a los intermediarios.

La Iglesia vuelve el rostro hacia el Nuevo Mundo

La reforma protestante hizo que Inglaterra y gran parte de Alemania abandonaran a la Iglesia Católica, por lo que ésta perdió su posición como religión principal. Pero, mientras la Iglesia Católica perdía su control de Europa, un país católico, España, estaba abriendo un nuevo mundo. El recién descubierto continente de América le ofreció a la Iglesia Católica una nueva oportunidad de establecer la "Ciudad de Dios".

Capítulo 21

El surgimiento de la Iglesia en el Nuevo Mundo

En 1492, un explorador católico italiano, Cristóbal Colón, reclamó América a nombre de España. Bueno, más o menos, En realidad Cristóbal Colón reclamó América a nombre tanto de España como de Dios pues en 1492 la religión oficial de España era el catolicismo. De ese modo, el catolicismo en América y el continente en sí tienen la misma fecha de cumpleaños.

España acababa de terminar con cientos de años de guerra en contra del islam y estaba determinada a consolidar su reinado. Los españoles creían en la unidad de la Iglesia y del Estado y se había establecido una fuerte alianza entre la corona y la cruz. En este acuerdo, la Iglesia aprobaba las actividades del Estado y éste promovía la autoridad eclesiástica. Esta unidad, aunada a un alto grado de experiencia militar, se convirtió en una espada de doble filo y los conquistadores españoles llevaron consigo esta espada al Nuevo Mundo.

En este capítulo echaremos un vistazo al drama que constituyó el establecimiento del catolicismo en el Continente americano. Veremos las religiones que existían antes allí y el efecto que tuvieron los misioneros y los soldados en la difusión del catolicismo. Hablaremos de misioneros, apariciones, explotación, pobreza, discriminación y nuevos comienzos. En efecto, muchas cosas pasaron para los católicos y su religión a partir del 12 de octubre de 1492.

La colonización

El término Nuevo Mundo se refiere a todo el Continente americano: Norteamérica, Sudamérica, Centroamérica y el Caribe. Por tanto, la historia del catolicismo en el Nuevo Mundo se inició en México. El catolicismo llegó de Europa en los mismos barcos que trajeron a los conquistadores españoles que establecerían el dominio de España, incluida su religión.

Los pueblos indígenas del Nuevo Mundo fueron arquitectos de bellas ciudades. Construyeron canales, templos y observatorios. Sabían matemáticas y tenían instrumentos de precisión para medir el movimiento de los astros. Habían alcanzado un alto grado de desarrollo técnico, artístico, religioso y científico. Lo que no tenían, sin embargo, eran las armas avanzadas de guerra que traían consigo los españoles y portugueses. La maquinaria de guerra europea, altamente refinada, finalmente abrumó a los pueblos indígenas de América.

Es imposible separar la difusión de la religión católica de los efectos de la exploración y la colonización en las culturas nativas. Los soldados españoles llegaron al Nuevo Mundo acompañados de misioneros franciscanos. Unos y otros tenían su propio objetivo: los primeros, encontrar oro para España; los segundos, bautizar conversos al catolicismo. Esta etapa de expansión europea duró cientos de años en los cuales se trasplantaron al Nuevo Mundo las ideas, la economía y la religión de Europa.

Europa llega a México

Las primeras regiones del Nuevo Mundo conquistadas por los españoles fueron las islas del Caribe, México y América Central. Quienes critican la conquista europea mencionan numerosos incidentes del trato inhumano recibido por los pueblos indígenas. Hubo masacres y, en algunos casos, se aniquiló totalmente culturas enteras. La llegada de los europeos y la imposición de su civilización dejó a los habitantes originales en la pobreza, el hambre y padeciendo las numerosas enfermedades traídas por los exploradores.

En gran medida, la Iglesia cerró los ojos ante las atrocidades perpetradas por el ejército, aceptó la legitimidad de la conquista y, al parecer, no tuvo dificultad en combinar la práctica de la esclavitud con la del cristianismo. Parecía que la Iglesia estaba satisfecha con la creencia de la superioridad "natural" de los europeos frente a estos paganos extraños y de aspecto "bárbaro".

Al mismo tiempo, los historiadores mexicanos señalan que fueron los misioneros los responsables de los pocos actos de caridad y quienes se enfrentaron a los actos de los militares. Era como si la "gran" Iglesia fuera indiferente —y con esta indiferencia, cómplice en las atrocidades— mientras que la "pequeña" Iglesia tomaba posición en contra de las prácticas prevalecientes.

Una de las formas en que los misioneros trataron de ayudar al pueblo fue estableciendo misiones. Las misiones eran pequeños poblados que tenían escuela, iglesia, dispensario y viviendas. El idioma, las costumbres y las creencias religiosas de los indígenas fueron reemplazados por la lengua, las costumbres y los valores de los europeos. En teoría, las misiones constituían un refugio y fueron un intento de socializar a los pueblos indígenas dentro de la cultura europea. Pero la mayoría de los misioneros no trató de entender las creencias de los indígenas, de aprender su idioma ni de considerar su cultura en forma positiva. Si hubo, no obstante, algunos misioneros que aprendieron el idioma de los indígenas e incluso adoptaron algunas de sus costumbres.

Las creencias indígenas

Europa se encontró con tres culturas principales en el Nuevo Mundo: los mayas, los incas y los aztecas. De acuerdo con el historiador y teólogo Virgilio P. Elizondo, los mayas tuvieron una cultura bien desarrollada y eran magníficos comerciantes. Los incas tenían una sociedad muy cerrada que aseguraba la distribución igualitaria de los bienes en todo el imperio. Los aztecas estaban gobernados por un monarca y formaban una sociedad jerárquica. Estas tres culturas eran politeístas, con deidades tanto femeninas como masculinas, como la diosa de la tierra y el dios del sol. Existían los conceptos del inframundo y del más allá y los sacrificios humanos existían en todas, en mayor o menor medida. El panteón maya era particularmente interesante: la naturaleza dual de su deidad representaba la dualidad de la vida y de la muerte, y los relatos de muerte y resurrección ocupaban un lugar destacado.

En la religión indígena de México, Ometéotl era el dios supremo, tanto la parte masculina (Ometecutli) como femenina (Omecíhuatl) del dios creador. El aspecto femenino de Ometéotl recibía muchos nombres: era la madre de la tierra, la madre de los dioses, la madre de sabiduría y el corazón de la tierra.

Las religiones indígenas tenían muchas similitudes con el catolicismo de Europa que, después de todo, tenía sus raíces en las prácticas de los antiguos pueblos tribales. Por ejemplo, tanto la religión de los indígenas como la de los misioneros tenían rituales sagrados, un calendario de fiestas religiosas y un idioma sagrado en el cual hablarle a los dioses (o al Dios único), una casta sacerdotal bien definida con vestimentas, templos y procesiones. Los indígenas también expresaban su sentimiento religioso a través de la poesía, el canto y los símbolos. En la religión indígena, explica Elizondo, "nada carece de relación". Como vimos en el Viejo Mundo, la Virgen María se entretejió con los símbolos de deidades anteriores. El aspecto femenino del dios creador indígena, Omecíhuatl, reaparecería con la llegada del cristianismo al Nuevo Mundo, como veremos más adelante.

La religión de los aztecas tenía algunas semejanzas con la de mayas e incas, pero la cultura azteca tenía una estructura social y económica diferente. Los aztecas creían en la propiedad privada y poseían esclavos. Su sociedad estaba bien desarrollada y planteó un formidable problema a los conquistadores europeos, pero un aspecto particular de su religión puso al borde de la destrucción a las fuerzas armadas, de por sí celosas. Los aztecas creían en los sacrificios humanos y los practicaban con mucha mayor liberalidad que las demás culturas. Esto sacudió a los soldados españoles, que estaban convencidos de que los aztecas eran salvajes; en ese punto, los misioneros estaban de acuerdo. Así, religiosos y militares libraron la guerra contra los indígenas.

La América española

Aunque los aztecas no contaban con las armas de guerra esenciales que tenían los españoles, como caballos, armas de acero y rifles, constituían una fuerza militar formidable. No obstante, España sólo requirió seis años para conquistar a esta gran civilización. Hubo tres factores que contribuyeron al éxito del capitán de los españoles, Hernán Cortés, y a la caída del emperador azteca, Moctezuma.

El primero fue el mismo que puso a los españoles en contra de los aztecas, es decir, la amplia práctica de sacrificios humanos. Muchas tribus indígenas sometidas a los aztecas consideraban que estos sacrificios humanos eran una corrupción de la religión de Quetzalcóatl, que estaba basada en la dignidad de la vida, la sencillez y la oración. Otros grupos indígenas odiaban a los aztecas, que aplicaban métodos brutales para sostener a su imperio, y se aliaron a los conquistadores en un levantamiento popular contra los aztecas.

El otro factor que le dio a Cortés ventaja sobre Moctezuma fue de carácter religioso. En las culturas tanto azteca como maya los profetas habían interpretado señales como indicios del fin de su civilización. Se había predicho que el fin ocurriría entre 1517 y 1519. Como coincidencia muy fuerte (o quizá como cumplimiento de la profecía), Cortés desembarcó en la península de Yucatán en 1517 y llegó a tierras aztecas en 1519.

Otra profecía que los sacerdotes les habían dado a los indígenas hablaba del regreso de Quetzalcóatl, personaje central en la religión de muchas culturas mesoamericanas. La profecía señalaba que este hombre, blanco y barbado, regresaría de oriente. Cuando los indígenas vieron a Cortés, blanco y barbado, que procedía del este, supusieron estar viendo el regreso de su dios y empezaron a seguirlo.

Después de que Cortés ocupó la capital azteca, la actual Ciudad de México, los misioneros franciscanos se reunieron con los sacerdotes aztecas durante breve tiempo. Una vez que los religiosos católicos examinaron la religión del pueblo indígena, con sus sangrientos sacrificios, llegaron a la conclusión de que dicha religión debía ser destruida. Así, Cortés y sus soldados no sólo derrocaron a Moctezuma, sino también saquearon los templos. En su furia destructora, los españoles causaron la destrucción masiva de todos los aspectos de la cultura mesoamericana. Destruyeron poblados, violaron a las mujeres y se instituyeron el sometimiento y la esclavitud. Después de la conquista, la opresión del pueblo nativo habría de durar muchos siglos más.

Los incas y los pueblos mayas corrieron una suerte similar. Cuando los conquistadores llegaron al actual Perú, en 1532, traicionaron y asesinaron al emperador inca y en tan sólo cinco años lograron acabar con toda resistencia. La civilización maya, a su vez, ya estaba en avanzado estado de deterioro a la llegada de los españoles; no obstante, lograron resistir a la superioridad tecnológica española cerca de veinte años (1527-1546), derrotando varias veces a los invasores. Una vez vencidas, ambas culturas sufrieron el mismo trato que habían recibido los aztecas.

Misiones y conversiones

Como ya dijimos, la relación de los misioneros con el pueblo fue muy diferente de la relación de los conquistadores. La creencia básica de los religiosos era que todas las personas debían tener acceso a Dios; creían que el Dios de Jesús era el verdadero Dios. Sin embargo, respetaban a la gente y la defendían de los soldados siempre que podían. Los indígenas llegaron a darse cuenta de que los misioneros eran sinceros y sencillos, hombres que literalmente caminaban descalzos entre ellos. Las misiones se volvieron refugios contra los soldados y los misioneros protestaban ante las autoridades civiles por los brutales maltratos de los militares.

No obstante, a pesar de la buena relación entre los misioneros y los indígenas, a pesar de los dedicados esfuerzos de los misioneros, después de diez años éstos no lograban convertir al catolicismo a los indígenas, más que en números reducidos. Fracturado e impotente, el pueblo nativo no se convencía de las bondades de la nueva religión.

La Virgen que forjó una patria

Aunque en un principio fracasaron los intentos de la Iglesia para convertir a las masas, hubo algunos notables acontecimientos que cambiarían para siempre la faz del catolicismo en el Nuevo Mundo. Muchos investigadores que han analizado los detalles de estos acontecimientos creen que éstos fueron una nueva encarnación de Cristo. Echemos un vistazo a estos sorprendentes eventos.

La Virgen Morena de Guadalupe

El 12 de diciembre de 1531, un campesino indígena de nombre Juan Diego tuvo una experiencia religiosa que habría de afectar profundamente el desarrollo de la Iglesia Católica en el Nuevo Mundo. Ocurrió en el cerro del Tepeyac, en las afueras de la Ciudad de México, cuando se dirigía a toda prisa a asistir a misa en una misión franciscana. De pronto, ante él apareció una visión de la Virgen María. En esta visión, ella era una joven indígena, morena y embarazada. Cuando la vio Juan Diego, estaba frente al sol pero no le tapaba su luz. Más bien, la luz refulgía en torno a ella, iluminándola. Su rostro irradiaba compasión y le habló a Juan Diego, diciéndole que ella era la Santísima Virgen, Madre del verdadero Dios. Hablando en náhuatl, el idioma nativo del pueblo conquistado, le dijo que quería que se le levantara un templo en su honor en el mismo lugar donde se había aparecido. Desde ese templo ayudaría al pueblo. Después envió a Juan Diego con el obispo para informarle de su petición.

Juan Diego fue ante el obispo con el mensaje que la Virgen le había dado, pero se le negó la entrada y fue despachado sin más. Se fue entristecido por no haber logrado realizar su importante tarea. Regresó al cerro, al sitio donde había visto a la Virgen y, para su sorpresa, se le volvió a aparecer. Juan Diego le dijo que le pidiera a una persona más importante que él que llevara el mensaje, pues el obispo no quería verlo a él. La Virgen le aseguró entonces que "el más pequeño de mis hijos" era quien ella quería que llevara este poderoso mensaje.

Entonces Juan Diego regresó con el obispo y, esta vez, sí le fue concedida una audiencia. El obispo le hizo muchas preguntas y él le contó la historia de la Virgen hasta el último detalle. Pero el obispo no le creyó y le pidió una prueba de que en efecto la Virgen lo había enviado.

Juan Diego regresó al cerro, donde la Virgen se le apareció de nuevo, y le explicó que el obispo quería algún signo como prueba. Ella le pidió que regresara al día siguiente y le prometió darle una prueba. Pero al día siguiente, a Juan Diego se le hizo tarde porque su tío estaba enfermo. Iba corriendo para buscar a un sacerdote y, en su prisa, decidió no detenerse en el lugar donde había tenido las apariciones. Pero, al pasar por allí, la Virgen lo llamó. Él se avergonzó pero se detuvo. Entonces ella le dijo que su tío se iba a recuperar y que ella le daría una prueba en la cima del cerro. Juan Diego fue al lugar que le indicó y encontró que allí había las más hermosas rosas, lo que lo asombró pues esas flores no se dan en esa época del año. La Virgen le dijo que recogiera las rosas en su tilma y que no se las mostrara a nadie más que al obispo.

Juan Diego fue una vez más con el obispo pero esta vez sus sirvientes no le hicieron caso. Poco a poco, el olor de las rosas empezó a difundirse por la oficina y los sirvientes fueron a decirle al obispo que algo raro estaba sucediendo. Juan Diego fue invitado a pasar y el obispo le preguntó qué llevaba en la tilma. Cuando Juan Diego abrió esta prenda, similar a una capa, cayeron al suelo hermosas rosas de muchas variedades y colores. El obispo estaba asombrado, pero lo verdaderamente sorprendente fue la imagen exacta de la Virgen que se había estampado en la tilma de Juan Diego. El obispo cayó de rodillas y empezó a orar.

Elizondo nos dice que la aparición de la Virgen María tuvo una profunda importancia para el pueblo indígena. Al analizar el significado simbólico de esta aparición, él asegura que lo más importante de todo es que la Madre de Dios no se presentó a los indígenas como española, sino como una de ellos. Su piel era morena, del color que para los conquistadores era "inferior". A diferencia de las típicas imágenes europeas, la Virgen obviamente era una indígena de ascendencia mexicana.

Para el pueblo indígena fue significativo que la Virgen estuviera frente al sol. El dios del sol era el principal del panteón azteca y, al estar frente a él, la Virgen indicó que venía como nueva representación de lo divino, surgiendo de aquello que había existido antes que ella. De este modo, la Virgen relacionó los símbolos de la religión anterior con los del cristianismo.

Hubo también otros símbolos. El vestido de la Virgen era rojo pálido, el color de los sangrientos sacrificios de la religión antigua y el de la sangre que fue derramada por los conquistadores. El rojo es también el color del este y para el pueblo representaba un nuevo comienzo. Su manto azul indica que es de ascendencia real, quizá una deidad. Las estrellas de su manto hacían referencia a la profecía hecha diez años antes, de que llegaría un cometa como indicio del fin de la civilización indígena. Quizá lo más significativo era la faja negra de maternidad que lleva en el vientre, en el centro de la cual hay una cruz azteca. La Virgen claramente estaba ofreciendo a su hijo al Nuevo Mundo. Esta visión llegaría a ser interpretada como una nueva encarnación de Jesucristo en América.

La noticia de la aparición de la Virgen se extendió rápidamente por todo el país y en la casa del obispo se amontonaba la gente para ver la tilma que llevaba su imagen. Ésta fue colocada encima del altar de la catedral y posteriormente en la basílica que le fue construida en el lugar de su aparición, como ella lo había pedido. La "Virgencita Morena" se convirtió en un nuevo símbolo para el pueblo mexicano, así como para el catolicismo.

La imagen de Nuestra Señora del Tepeyac o Virgen de Guadalupe fusionó el cristianismo europeo con el espíritu del pueblo indígena. Ya que los indígenas podían verse en ella, su propia espiritualidad pudo traducirse al cristianismo. A la fecha, la imagen de la Virgen permanece brillante en la Basílica de Guadalupe, en la Ciudad de México. Millones de personas visitan este lugar cada año.

Y aunque es muy brillante la imagen que está en la basílica, la Virgen vive aún más brillante en el corazón del pueblo. La fusión de símbolos en su imagen —el dios azteca del sol y el Dios de los cristianos en el vientre de la Virgen María— transformó tanto al catolicismo como a la religión indígena. Para los nativos, la nueva religión del catolicismo dejó de ser algo extraño y se convirtió en algo surgido de su propia religión. Creían que habían entrado en la siguiente etapa de su historia espiritual. Más que ver el fin de su civilización, vieron un nuevo comienzo. A los católicos, la imagen les ofreció una oportunidad de renovación.

La nueva raza

En un principio, la Iglesia se opuso a lo que llamó el incidente de Guadalupe, temiendo que fuera un truco de los nativos para restaurar su antigua religión. Aunque los misioneros franciscanos entendieron la importancia de la devoción a la Virgen de Guadalupe, los franciscanos intelectuales la combatieron con vehemencia. Sin embargo, el arzobispo reafirmó el apoyo oficial a las devociones. Ordenó la construcción de la basílica y estaba convencido de la importancia de la imagen.

La imagen de Nuestra Señora de Guadalupe quedó impresa en la tilma de Juan Diego en 1531.

(Norberto Mújica)

A la larga, la Iglesia no pudo negar los notables efectos que tuvo la Virgen de Guadalupe en la difusión de la palabra de Cristo entre la gente. A diferencia de los primeros diez años de presencia española en América, los siguientes diez se caracterizaron por la conversión al catolicismo de un extraordinario número de indígenas. Fue como si la cultura mexicana de golpe recuperara la vida. Festivales, peregrinaciones y danzas siguen siendo parte importantísima del catolicismo mexicano en la actualidad. Se produjo una mezcla de culturas entre los españoles, los esclavos africanos que llegaron y los indígenas. De esta mezcla surgió una nueva "raza" a la que algunos han llamado *la nueva raza*.

La Iglesia "oficial" esperó mucho tiempo para pronunciarse acerca de la naturaleza milagrosa de la visión de Juan Diego. En 1754, más de doscientos años después de las apariciones, el papa se arrodilló frente a la imagen de la Virgen y declaró a Nuestra Señora de Guadalupe patrona de México; instituyó misas y oraciones en su honor. Lo que esto significó para el pueblo que, de hecho, la aparición de la Virgen se había integrado al "dogma".

Aportación cultural al catolicismo actual

Arraigadas firmemente en América, las culturas española y portuguesa florecieron, como también lo hiciera la Iglesia Católica. La extensión de los territorios que llegaron a controlar España y Portugal era inmensa. Se extendía a lo largo de miles de kilómetros, desde el extremo meridional de Sudamérica, pasando por América Central y las principales islas del Caribe, hasta llegar al norte, en Florida por el este y, hacia el oeste, hasta las costas de California. La herencia de estas tierras católicas perdura hasta nuestros días en nombres de ciudades como San Agustín, San Antonio, Santa Fe y San Francisco.

Pero el legado no se limita a los nombres del mapa. En la actualidad, el catolicismo existe en gran número entre los estadounidenses de origen hispánico que, a fines del siglo XX, se calculaba que constituían cerca del 50 por ciento del total de la población católica de Estados Unidos. Conforme se incrementa el número de católicos latinoamericanos, también cambia el rostro del catolicismo en Estados Unidos. La Iglesia Católica, otrora dominada por europeos, ahora lucha por comprender la mentalidad y los sentimientos de este "nuevo pueblo". Comunitarios por naturaleza y aún con el recuerdo de la religión de sus ancestros, que combinaba poesía y simbolismo, estos fieles encarnan un aspecto espiritual de la religión que ofrece un equilibrio con el lado más "racional" de la Iglesia Católica de Europa.

Capítulo 22

La Iglesia en el tercer milenio

Entre los problemas y desafíos a que se enfrenta la Iglesia Católica en este tercer milenio destaca un cambio cultural, tan poderoso como los cambios de las placas tectónicas de la Tierra. Es uno de esos grandes acontecimientos que se presentan de vez en cuando a lo largo de la historia y después de los cuales ya nada es igual. En los sesenta se introdujo en el vocabulario común el término *cambio de paradigma*; el paradigma es el modo de hacer las cosas, un principio de organización en el cual se basa la sociedad.

Por mucho tiempo, la Iglesia se identificó con el paradigma de la "Ciudad de Dios". Cuando se consideraba a sí misma de esta manera, la Iglesia mostraba ciertos valores. Por ejemplo, sentía que tenía que estar por encima del mundo, al que consideraba imperfecto. Asumía la posición de ser una cultura mejor que las demás que la rodeaban. Se veía a sí misma como maestra y a los fieles como discípulos. Como hemos visto, en este paradigma, o identidad básica, la Iglesia muchas veces se enfrentó a la cultura.

La Iglesia como "pueblo de Dios"

A partir del Concilio Vaticano II, el catolicismo tomó una nueva dirección. Dejó de verse a sí mismo como el único medio de salvación y empezó a considerar a toda la humanidad como "el pueblo de Dios". Este nuevo enfoque representó un cambio de paradigma en la Iglesia y con esto llegaron nuevos valores y otras formas de relacionarse con el mundo.

El antiguo paradigma, del que tanto la Iglesia como la cultura se están separando, implica el modelo que heredamos del pensamiento griego. Este modelo considera separadas la materia y el espíritu y ve la Iglesia separada de la cultura. En este modelo el mundo no es espiritual, por lo que también se le denomina concepción mecanicista del mundo. *Mecanicista* significa que el mundo no tiene espíritu ni divinidad; funciona como una máquina; por ejemplo, como un reloj al que se le da cuerda y después funciona por sí mismo. En ese modelo, Dios existe fuera de la experiencia humana y fuera del mundo. En la concepción mecanicista, la creación es un objeto, que existe como creación de Dios pero sin tener el espíritu de Dios.

En el viejo paradigma, el hombre es una creación única. El cuerpo material está imbuido de un alma, del espíritu de Dios, la cual existe separada del cuerpo. Debido a que en esta concepción el hombre es la única criatura con espíritu, éste tiene poderes sobre todo lo que no sea humano.

Al nuevo paradigma lo llamaremos la *concepción cuántica* del mundo, a diferencia de la mecanicista. Esta concepción cuántica concibe al universo como un campo indivisible de energía, en el que toda la creación está conectada y es interdependiente. Las cosas no están separadas, como las percibimos en la concepción mecanicista, sino que todo es parte de un todo. En la concepción cuántica, el mundo material no está separado del espiritual; el alma humana es una con el cuerpo y está conectada con todo. El espíritu de Dios está imbuido en la creación. Todo es uno.

Conforme la Iglesia modifica su identidad, cambia también su relación con la creación y acaba además con la separación que había creado entre sí misma y el mundo. Podríamos llamarlo "catolicismo cuántico". En este catolicismo cuántico, la ciencia y la religión, la materia y el espíritu, el cuerpo y el alma, están de nuevo unidos. A continuación presentamos algunos de los valores que fueron parte de la Iglesia anterior al Concilio Vaticano II y los que forman la Iglesia postconciliar.

Iglesia preconciliar	**Iglesia postconciliar**
Absolutista	Relativa
Jerárquica	Mutualista
Autocrática	Democrática
Diferencias	Semejanzas
Separación	Conexión
Poder sobre el pueblo	Poder para el pueblo
Uniformidad	Diversidad

En el paradigma cuántico desaparece la separación; se festejan las diferencias y la diversidad. En el paradigma cuántico también desaparecen las jerarquías. No se considera que ninguna idea, grupo cultural o persona sea superior a otra. Dentro del paradigma cuántico, como dentro de un círculo, todos los ámbitos existen como los rayos de una rueda. Todos tienen una posición valiosa y están conectados en el centro.

Conforme la Iglesia avanza hacia esta nueva identidad, reconoce que la diversidad es una cualidad que festeja el irrestricto poder de Dios para crear y la *omnipresencia* del espíritu divino. La Iglesia Católica se está alejando de la escala jerárquica, que la coloca en un plano superior al mundo, para adoptar un modelo circular de unidad. En este nuevo modelo, ningún grupo ni ningún conjunto determinado de ideas tiene superioridad innata sobre otros. El factor unificador en este nuevo modelo es la presencia de Dios en toda la creación. La unidad no se logra a través de creencias o prácticas impuestas desde el exterior, sino que ya está presente en la creación misma. Cuando el pueblo de Dios vuelve el rostro al mundo, se encuentra con la creación de Dios con un sentido más profundo de pertenencia. Ahora veremos cuatro formas en que el nuevo paradigma de la Iglesia se compromete con el mundo externo.

La aldea global

La aldea global es un concepto que se refiere a la forma de concebirnos a nosotros mismos en relación con el resto del mundo. Reconoce nuestra unidad con el resto del mundo en cuestiones económicas, en el uso de los recursos de la Tierra y en la compartición del conocimiento. Observa las experiencias comunes entre todos los pueblos del globo, más que sus diferencias. Científicos, economistas, ecólogos y teólogos se están reuniendo y reconociendo su interconexión. Pensar que los actos de una comunidad no tienen ningún efecto en las demás comunidades ya es cosa del pasado.

Cuando los exploradores llegaron a América produjeron un profundo efecto en las culturas que encontraron, al transportar ideas y mercancías de un lado del océano a otro. En la actualidad estamos conectados instantáneamente tanto con las ideas como con los productos de culturas que están en el otro extremo del planeta. Con el acceso a la comunicación instantánea y a los viajes, realmente estamos experimentando al globo como si fuera una sola aldea. En esta aldea global, una idea puede transmitirse por todo el mundo en cuatro segundos. Es como si estuviéramos hablando frente a frente con alguien que viviera a 15,000 kilómetros de distancia.

¿Cómo participamos en esta aldea global? ¿En qué estilo de relación estaremos? El mundo está avanzando hacia un estilo de relación mutua, en el que nos reunimos frente a frente con los demás en un foro abierto para intercambiar ideas. Como hemos visto, desde un principio, la Iglesia siempre ha perseguido un ideal de unidad. La concepción cuántica le ofrece la posibilidad de realizar dicha visión.

Los misioneros en la Iglesia de la aldea global

Aunque la Iglesia Católica se inició en Jerusalén, poco después estableció su sede en Roma y se difundió por Europa, donde fue la influencia dominante en la cultura occidental. En la actualidad, lo que antes fuera una Iglesia esencialmente europea ha sido rebasada en tamaño por la Iglesia en África, Asia y América. Mil millones de los seis mil millones de habitantes de la tierra son católicos. De esta población, África representa el 11 por ciento, Asia el 10 por ciento y América el 49 por ciento. Junto con Oceanía, estas regiones del mundo representan el 72 por ciento de la población católica, lo que le deja a Europa el 28 por ciento restante. El catolicismo, pues, ya no es una religión predominantemente europea.

La Iglesia siempre se ha considerado una por sí misma; desde un principio ha sostenido esta visión y predicado el mensaje de unidad. En el paradigma cuántico, la visión de unidad se pone en práctica reconociendo la presencia de Dios en todos los pueblos. La perspectiva cuántica invita al pueblo de Dios a establecer mayor intimidad con la creación.

La Iglesia ya existe más allá de fronteras de estado, país, continente o hemisferio, y tiene una cultura propia y bien desarrollada con ideales comunes. Al avanzar hacia la conciencia cuántica, el mundo crea una identidad común, un lazo. La Iglesia puede prevalecer como símbolo sagrado, como sacramento de la identidad común, en la medida en que reconozca que todos formamos el pueblo de Dios.

El trabajo misionero global ha sido desde hace tiempo parte importante de la Iglesia. Los católicos han establecido escuelas y hospitales y han forjado alianzas diplomáticas por todo el mundo con el fin de llevar la Iglesia a otras culturas. Sin embargo, al hacerlo, los misioneros católicos por lo general iban a otros países a convertir gente a las costumbres de la Iglesia en lugar de aprender las costumbres de los otros pueblos.

La nueva Iglesia cuántica realmente es global porque interactúa con otras culturas desde una posición de mutualidad. Cuando la Iglesia establece relaciones con otras culturas lo hace con mayor respeto hacia su autonomía. En la actualidad, los nativos constituyen un número creciente del clero; a los obispos y arzobispos se les selecciona de entre sus filas. Los misioneros adaptan su forma de vida a la cultura a la que llegan a servir. Se fundan nuevas órdenes religiosas que son parte de la cultura. Más que infundir los valores europeos, estas nuevas órdenes surgen a partir de las necesidades específicas del pueblo del lugar y se relacionan con sus valores, experiencias e historias.

La celebración de la misa se vuelve una celebración de la cultura. Los colores, las telas, las banderas y otros sacramentales, se relacionan con los símbolos del pueblo y ya no se importan de Europa; más bien, las iglesias se construyen con materiales locales y en edificios adaptados a la arquitectura del país. Lo mismo se aplica a la música y a las oraciones. El mensaje del Evangelio está cimentado en las realidades políticas, económicas, sociales y espirituales de la región y ya no más en las de Europa.

Asociación: el poder llega al pueblo

El catolicismo cuántico es un enfoque asociativo en el que hay un nuevo concepto del poder. Conforme la Iglesia pasa del mundo mecanicista al cuántico, va dejando atrás el modelo jerárquico para adoptar el poder relacional. En el modelo relacional hay muchos grupos que participan en el proceso de toma de decisiones.

En el viejo modelo, los dirigentes estaban separados del pueblo. Y debido precisamente a esta separación, los jerarcas sabían muy poco de su vida. Los dignatarios no tenían información básica a la hora de tomar una decisión. El nuevo modelo de la Iglesia se basa en la asociación.

Absolutamente adiós

Todos hemos oído el viejo proverbio: "El poder corrompe y el poder absoluto corrompe absolutamente". Como hemos visto, la noción tan centralizada del poder y el absolutismo de la Iglesia la metió en problemas más de una vez. La objeción que tradicionalmente surge desde adentro de la Iglesia en contra de cambiar el flujo de poder es: "La Iglesia no es una democracia". Esto es cierto. Sin embargo, la Iglesia adaptó el modelo jerárquico del imperio romano precisamente porque ese modelo era parte de la cultura de su tiempo. Esta estructura estabilizó a la incipiente institución y aclaró sus creencias.

Pero ahora que la Iglesia está entrando al nuevo milenio, está modificando su estructura para que ésta cuente con una forma de hablar con la gente y una forma de escucharla. Este ciclo de comunicación hará que las decisiones sean más comunales.

Compartir y sanar

La Iglesia cuenta con un poderoso recurso dentro de su tradición para lograr un modelo asociativo. Este recurso es Jesús, el hombre que salió de Galilea hace dos mil años y que estableció comunidades para sanar y compartir. A través de todos sus actos, de todas sus palabras, en todas las formas posibles, les dijo a sus seguidores que ellos tenían el poder. "El reino de Dios está dentro de ustedes", les dijo.

Jesús le enseñó a la gente a honrar al "reino interno". Al enseñarle a sus seguidores a entrar en sí mismos y conectarse con el Dios de su interior, cambió las reglas del flujo del poder. El poder fluye a través de Dios, de nosotros mismos y de toda la creación.

Jesús también cambió el flujo del poder de otro modo importante. Trastocó la estructura de la Iglesia, creando un modelo en el que el poder se comparte de abajo hacia arriba. No dirigió su enseñanza a las autoridades ni les dijo a los dirigentes que debían tratar de otro modo al pueblo; le dijo a la gente que debía concebirse a sí misma de otro modo. El problema de construir un modelo asociativo en la Iglesia del tercer milenio es un reto para el pueblo, no para los jerarcas. Conforme cambia el paradigma dentro de la propia Iglesia, sus miembros se enfrentan al problema de aceptar su poder y asumir la responsabilidad como partícipes plenos.

"Varón y hembra los creó" (Génesis 1, 27)

Al avanzar hacia un modelo de asociación plena, se redefinen también los papeles del hombre y de la mujer, así como la forma en que se relacionan ambos. Se han hecho progresos para alcanzar la igualdad en la educación, en el área del trabajo, en el gobierno y en todos los sectores de la sociedad. Una cosa es cierta ahora que estamos por entrar en la siguiente era de la historia: las cuestiones de género seguirán siendo analizadas y reestructuradas. Este tema la ofrece a la Iglesia una importante oportunidad de asumir la delantera cuando la sociedad busca valores religiosos para determinar las acciones correctas en este sentido.

Recuperar la voz de la mujer

Aunque era contrario a la cultura de su tiempo, Jesús hizo de la mujer una parte central de su vida y obra. Muchos relatos de los Evangelios muestran la participación de las mujeres en su ministerio, pero hay dos incidentes que son los más reveladores. Uno es la fiel presencia de las mujeres en el momento de la crucifixión. Acompañaron a Jesucristo hasta el final. El otro fue el hecho de que Cristo resucitado se les apareciera primero a las mujeres y les dijera: "Vayan y díganle a los demás..."

La Iglesia empezó con hombres y mujeres que trabajaban y oraban juntos en una relación igualitaria. Con el tiempo se fue reduciendo el papel de las mujeres. La Iglesia primitiva adoptó la estructura patriarcal de la sociedad que la rodeaba. Para cuando se celebró el primer concilio, a las mujeres ya se les había cerrado el acceso a los cargos directivos de la Iglesia. Esta desigualdad persiste después de 1,700 años y sus resultados se sienten aún en la actualidad. Como hemos visto, la Iglesia adoptó una estructura exclusivamente masculina. Las mujeres fueron excluidas de los ministerios oficiales, de la jerarquía gobernante y de cualquier cargo directivo de importancia, lo cual estaba a tono con la política del mundo externo, pero no de acuerdo con la Iglesia que moldeara Jesús.

Desde su primer concilio, en el año 325 D.C., hasta el presente, la Iglesia ha celebrado 21 concilios en los que se han establecido creencias y políticas válidas para todos sus miembros. Sin embargo, en ninguno de esos concilios ninguna mujer ha tenido autoridad de tomar decisiones. Después del Concilio Vaticano II se han hecho progresos hacia el modelo asociativo y a las mujeres se les ha permitido participar en varios ministerios oficiales. Sin embargo, el sacramento del Orden no es uno de ellos. Las declaraciones de los papas después del Concilio Vaticano II han mantenido la proscripción del sacerdocio para las mujeres.

Para tener una idea del tema de la exclusión de las mujeres del proceso de la toma de decisiones tendremos que usar el poder de la imaginación. Así, supongamos que la Iglesia Católica está encabezada por una mujer, que es la papisa. Todo el colegio de cardenales está formado por mujeres; todos los obispos son mujeres, así como el resto del clero: sacerdotisas, diaconisas y seminaristas. Imaginemos que apenas hace poco tiempo se permitió que los muchachos fueran monaguillos.

Imaginemos que este organismo decisorio exclusivamente femenino tuviera un enorme poder en la sociedad en que vivimos, así como en nuestras almas, desde hace dos mil años. Imaginemos lo desconectadas que estarían las decisiones de una organización como ésta de las necesidades de los hombres. ¿Cómo podría ser justa para los hombres una estructura de este tipo?

Al realizar este ejercicio de imaginación podremos ver qué se siente estar del otro lado. El tema de las cuestiones de género no es ver quién será el dominante sino establecer un nuevo paradigma de asociación. Recurramos de nuevo a la imaginación para ver cómo podría funcionar un modelo asociativo. Supongamos que hombres y mujeres trabajan juntos para tomar decisiones que reflejen la verdadera naturaleza del ser humano. En este modelo se consideran los intereses de todos; la participación está basada en el recordatorio bíblico: "A su imagen... varón y hembra los creó".

Al avanzar hacia la participación plena es útil recordar que, en un momento dado de nuestra historia, la exclusión de las mujeres cumplía con las normas de la sociedad. En los tiempos que corren, éste ya no es el caso, al menos en la mayoría de los países occidentales. La cultura le ofrece a la Iglesia la oportunidad de transformarse para seguir las instrucciones del Concilio Vaticano II, que fueron las de observar *los signos de los tiempos.*

Mujeres aladas

La Iglesia tiene en las monjas un poderoso recurso de dirigencia femenina. Desde hace muchos años, las monjas han sido las directoras en tres ámbitos principales: el sistema educativo, el sistema de asistencia médica y el gobierno de sus órdenes religiosas. En este sentido, la Iglesia se adelantó al mundo. Si usted viera una lista de directores de escuelas y rectores de universidad en los cincuenta, encontraría muy pocas mujeres; pero lo más probable es que, las que hubiera, serían monjas católicas.

Ésta era una notable diferencia entre las escuelas elementales y de bachillerato públicas y las escuelas manejadas por la Iglesia en Estados Unidos. Aunque en ambos sistemas el profesorado fuera femenino en su mayoría, casi siempre el director de escuela pública era un hombre. La mayoría de las escuelas católicas estaban dirigidas por mujeres. Durante mucho tiempo, en todo el país las mujeres fueron dueñas y administradoras de hospitales católicos. No sólo administraban el sistema de asistencia médica sino también supervisaban a los doctores y capacitaban a las enfermeras.

Desde los primeros años de la Iglesia —cuando surgieron los primeros conventos y monasterios— hasta los tiempos actuales, en el catolicismo ha habido una fuerte tradición de mujeres religiosas, lo cual es testimonio del papel directivo femenino. Estas mujeres siempre han tomado sus propias decisiones y definido sus propias políticas, haciendo de las mujeres católicas las primeras de la cultura occidental en ocupar papeles ejecutivos.

En la actualidad, las mujeres siguen siendo un recurso básico para la existencia de la Iglesia y están a la vanguardia de los estudios religiosos. Por ejemplo, la mayoría de los estudiantes en los programas ministeriales de las universidades católicas de Estados Unidos son mujeres. En muchos seminarios protestantes, las católicas representan una proporción creciente del estudiantado. Las mujeres estudian teología, ministerio pastoral, capellanía y educación religiosa. En todos sentidos se están preparando para dirigir y tomar decisiones en la Iglesia. Hay miles de parroquias católicas que actualmente carecen de cura y que están a cargo de mujeres.

Al entrar al tercer milenio, los católicos cuentan con mujeres bien capacitadas en teología, como maestras y ministras pastorales, que ya han alcanzado un rango de igualdad con los hombres. Sin embargo, el clero ordenado sigue siendo el único que toma decisiones. Mientras las mujeres se preparan para asumir responsabilidades ministeriales en gran variedad de áreas, algunas se preparan para la ordenación, aunque por lo pronto las puertas de los seminarios católicos y, por tanto, el Orden, están cerrados para ellas. Pero en el pasado, cuando la Iglesia Católica de Estados Unidos se negaba a admitir estudiantes afroamericanos en los seminarios, el Vaticano les abrió las puertas de los seminarios de Roma y los ordenó. La Iglesia, como vemos, sí tiene antecedentes y recursos para manejar los cambios relativos a la desigualdad cultural.

La espiritualidad cuántica: materia y espíritu en uno

Al iniciarse el siglo XXI, en el mundo en general hay un enorme interés en la espiritualidad. En el siglo XX hubo más consumo material que en todos los demás siglos juntos pero, al concluir, la llamada de la espiritualidad nunca había sido tan fuerte. Gente que nunca se hubiera imaginado ingresando a una iglesia o perteneciendo a una religión formal, de pronto se encontró en una búsqueda espiritual. Si entramos en cualquier librería veremos las repisas de libros sobre temas espirituales. Abundan los retiros, los seminarios y los talleres sobre espiritualidad. Los planes de estudios de cualquier universidad católica muestran una decidida proliferación de cursos sobre crecimiento interno y autodescubrimiento.

Anteriormente, la gente se dividía en dos campos respecto de la espiritualidad. Un grupo no creía en nada. La consideraban "demasiado devota", resabios de una concepción anticuada. Para ellos, lo único real era el mundo material. El otro campo consideraba que la espiritualidad era "del más allá" y creía que lo espiritual se encontraba en el cielo, después de la muerte. Este mundo era una distracción, una tentación que había que evitar. Veían a Dios fuera del mundo de la materia.

Ahora se ha reducido la distancia que antes separaba a estos dos grupos y se están acercando a la noción de que espíritu y materia son la misma cosa. Al unirse estas dos concepciones opuestas, los defensores de ambas empiezan a sentir la presencia de lo espiritual en lo cotidiano. Con esta creciente sensibilidad hay más conciencia de la interconexión. Hemos acuñado el término *espiritualidad cuántica* para referirnos a esto, ya que lo cuántico se refiere a darse cuenta de que hay un campo de energía que une a la materia y al espíritu.

La espiritualidad cuántica es una celebración de nuestra asociación con la voluntad creativa de Dios en el universo. A través de ella, nosotros somos llamados a abrazar al mundo y a su proceso creativo. La redención se considera parte de la creación divina y no a algo que nos obliga el pecado. Los orígenes de la espiritualidad cuántica se remontan a las antiguas tradiciones espirituales, en especial las de las sociedades matriarcales e indígenas, cuyas culturas se basaron en la solidaridad entre la naturaleza, la humanidad y lo divino. Las expresiones actuales de esta espiritualidad están enmendando el dualismo de la espiritualidad occidental, que considera separados esos elementos. La espiritualidad cuántica es encarnamiento, pues proclama la presencia de Dios tanto en la materia como en el espíritu.

A esta incipiente espiritualidad no le interesan los dogmas, las reglas ni los rituales de la Iglesia. La gente experimenta la espiritualidad en la naturaleza, en sus relaciones, en sus comunidades y en el hecho de ayudar a los demás. Al actuar así, la espiritualidad se ubica menos en las creencias y tradiciones y más en las relaciones cotidianas con el mundo en el que vivimos y en la percepción de nuestra interconexión. Quienes siguen la espiritualidad cuántica afirman que ésta trata de reconocer el misterio de la vida; crea para ellos una conciencia mística de estar vivos y un sentimiento de las bondades de la vida.

De la religión a la espiritualidad

Para muchas personas, los rituales de la Iglesia han perdido su significado original. Por estar tan encerrados en la forma, estos rituales han perdido su sensibilidad espiritual y se han desconectado de la vida de la gente. Las generaciones anteriores iban a la iglesia por temor al castigo. Gran parte de la práctica de la religión era para evitar consecuencias, ya fuera la culpa, la condenación o sólo la adusta mirada que nos lanzara un airado cura, una monja o un familiar. En la actualidad, la mayoría de la gente ya no se siente motivada por el temor y el castigo. Buscan un sentido de conexión y de unidad al que puedan llamar espiritualidad y está yendo a cualquier lugar donde pueda encontrarlo.

De regreso a nuestras raíces en la tierra

La nueva espiritualidad atrae a los miembros de la Iglesia a su identidad católica en los sacramentos. Al reconectarse con las raíces sacramentales de los elementos —tierra, aire, fuego y agua— se despierta la conciencia de la presencia de lo sagrado en toda la creación. Al refinarse los sentidos de los fieles, éstos recuerdan que Cristo está aquí y ahora, como siempre, presente en el mundo. El catolicismo cuántico recupera la noción de lo sagrado de la vida.

La Iglesia revitalizada se imagina los sacramentos de una nueva forma. Por ejemplo, un grupo de personas se reúne un sábado por la noche para cenar en comunidad. Llevan los ingredientes y pasan cierto tiempo preparando el pan. Mientras amasan, enrollan y golpean la masa, el piso de la cocina se cubre de harina y se comparten relatos. "Me acuerdo cuando era niño…" "El olor del pan me recuerda a…" "Es como aquella vez en que…" Las personas se conectan entre sí. Cuando el pan está listo y se sientan a cenar, parten el pan ceremoniosamente, agradecen por los granos de trigo y la calidez de los amigos reunidos a la mesa, que los va a nutrir. Ellos están experimentando la Eucaristía.

Del mismo modo, un día de campo familiar junto a un lago puede ser la ocasión de tener una relación íntima con las aguas bautismales. Los remos se hunden en las frías aguas mientras la canoa avanza por el plácido lago. Un niño mete el dedo en el agua y se hipnotiza con la estela que va dejando. Un remo rebota en el agua y salpica, mojando a los niños. Aprovechando la oportunidad de jugar, uno de ellos responde a la salpicadura. Es un momento que se ha vuelto sagrado. Por la tarde, cuando los padres se sientan a la orilla del lago, reflexionan en las experiencias del día. Sienten la intensidad de estar vivos y la bondad de todo lo que los rodea. Se sienten abrumados de gratitud, del tipo de gratitud que surge espontáneamente desde nuestras profundidades interiores cuando le damos la oportunidad de hacerlo.

El domingo, en la misa, el pan de la Eucaristía ahora sabe diferente debido a la conexión espiritual entre preparar pan el sábado con los amigos y recibir la comunión el domingo en la mañana. La aspersión de agua bendita que hace el sacerdote también tiene un significado renovado. Un día en el lago con la familia es una bendición, un bautizo en el que todo se renueva. La conexión espiritual entre los sacramentos y el mundo nos dice a los católicos que Dios está presente. La espiritualidad cuántica nos conecta.

La generación cuántica

Al entrar en el tercer milenio, la Iglesia tiene una nueva identidad en la que todo está conectado. Estos cambios plantean una serie de problemas a la nueva generación, a la cual podemos llamar generación cuántica. Como hemos visto, sus miembros ya tienen los valores necesarios para crear la nueva Iglesia en el siguiente milenio. Encarnan una visión globalizada de lo que significa ser humano. Han cruzado las fronteras culturales que otrora restringieran a sus mayores. Los conflictos respecto de la sexualidad y el género, que tanto acosaron a la generación de sus padres, parecen estar sanando. Ya no están excesivamente interesados en el dogma, pero no son superficialmente religiosos. Buscan orientación, cuestionan las prácticas religiosas establecidas y en muchos casos las entienden de una manera más integrada que las generaciones anteriores.

El tercer milenio planteará grandes retos a la Iglesia Católica. Aunque este libro termina aquí, la historia continúa. Tocará vivirla y escribirla a quienes constituyen el principal bien de la Iglesia: la siguiente generación. Desde nuestro punto de vista, está en buenas manos.

Apéndice A

Glosario

aborto clínico Terminación intencional del embarazo, causando la muerte del feto.

absolución Poder que tiene el sacerdote para, a través del sacramento de la Reconciliación, extender el perdón de Dios al arrepentido.

alianza Acuerdo bilateral entre Dios y su pueblo. Este término se usa en el Antiguo Testamento y establece que Dios no abandonará a su pueblo aun cuando éste no cumpla su parte en el acuerdo.

alma Ser espiritual individual, hálito de vida, residencia del Espíritu Santo. No está separada del cuerpo, sino es parte integral de éste; nos conecta con Dios, con los demás y con toda la creación. Nuestra alma sigue viviendo aún después de que termina nuestra vida física.

altar Estructura o sitio elevado en el que se ofrecen sacrificios o se quema incienso en el culto.

ángeles Criaturas puramente espirituales, con inteligencia y libre albedrío, que actúan como mensajeros y protectores al servicio de Dios.

Ascensión Regreso de Jesucristo a los cielos después de su muerte y resurrección para reunirse con Dios y preparar el lugar a sus seguidores.

Asunción Ascensión al cielo de la Santísima Virgen María, quien fue llevada en cuerpo y alma al concluir su vida en la tierra. Allí comparte la gloria de la resurrección de su hijo.

Biblia Textos sagrados tanto del Antiguo Testamento (las Escrituras Sagradas hebreas) como del Nuevo Testamento, el cual está formado por los libros escritos después de los tiempos de Jesucristo.

canon bíblico Se aplica a los escritos que se aceptan como textos bíblicos auténticos.

catacumbas Sistema de túneles construidos por debajo de Roma y otras ciudades antiguas, que servían a los primeros cristianos de escondite en tiempos de las persecuciones. Muchos santos fueron enterrados allí y actualmente se visitan como lugares sagrados.

catecismo Libro que contiene la doctrina oficial de la Iglesia Católica para la enseñanza de niños o adultos interesados en la fe católica.

catedral Derivado de *cátedra*, que significa silla o trono del obispo (del griego *cathedra*, silla), la catedral es la iglesia sede de un obispo, donde éste celebra los sacramentos.

católico El término *católico* proviene del griego y significa universal. Se refiere al hecho de que la Iglesia Católica es para todos los hombres y a que sus creyentes siguen un conjunto común de creencias y prácticas.

celibato Soltería; quienes ingresan al servicio religioso hacen la promesa de abstenerse de relaciones sexuales.

ceremonia Práctica o costumbre formal establecida como apropiada para celebrar una ocasión especial.

cielo Estado de plenitud de nuestra alma al estar en la presencia de Dios por toda la eternidad.

claustro Sitio de reclusión religiosa para la oración y la meditación.

colegio de cardenales Grupo selecto de obispos que ofrecen asesoría al papa, eligen al nuevo papa y rigen en el periodo entre uno y otro papa. Son los principales administradores de la Iglesia. Está formado por los obispos de las diócesis más importantes y los directores de varias dependencias eclesiásticas. Son designados por el papa.

colonización Proceso en el cual un país ocupa a otro con el propósito de explotarlo económicamente.

comunidades de base Pequeños grupos dirigidos por laicos que se reúnen a estudiar y analizar las Sagradas Escrituras y realizar obras comunitarias; este movimiento se inició en América Latina.

comunión de los santos Expresión de unidad que une a todo el pueblo de Dios, vivos o muertos de todas las épocas, en una comunidad eterna.

concepción cuántica Concepto de que todo está relacionado a través de un campo unificado de energía. Es opuesta a la concepción mecanicista que percibe la separación del mundo físico y el espiritual.

concilio ecuménico Asamblea de obispos de todo el mundo, convocada por el papa con el propósito de fijar políticas y tomar decisiones.

conquistador Conquistador español de México, Perú y otras regiones de América en el siglo XVI.

concejo parroquial Institución postconciliar de la estructura gobernante de la Iglesia, formado por miembros de la Iglesia elegidos para planear y asegurar los recursos de la parroquia.

contemplación Forma meditativa de oración surgida en los monasterios.

corredentora Título no oficial pero muy popular que se da a la Virgen María en referencia a su papel en la redención.

creación Desarrollo de todos los planes de Dios. La creación está en proceso de avanzar hacia la perfección última destinada por Dios.

creencia Expresión de la fe aceptada como verdad aun en ausencia de pruebas; puede ser o no parte de la doctrina oficial de la Iglesia (vea *dogma*).

cristiano Término usado primero en forma peyorativa para referirse a los seguidores de Cristo en Damasco, hacia el año 40. En el siglo II lo adoptaron los propios seguidores.

Cristo Término que procede del griego y significa "ungido". A los reyes del Antiguo Testamento se les ungía y se aplica a Jesús como ungido de Dios.

crucifijo Cruz con la imagen de Cristo crucificado, usada como devoción en iglesias y hogares católicos.

cruz Dos vigas de madera, una perpendicular a la otra. Fue instrumento de ejecución en tiempos de los romanos. Jesús murió en una cruz.

cruzadas Expediciones militares emprendidas por los cristianos de Europa de los siglos XI al XIII para recuperar Tierra Santa, que estaba en manos de los musulmanes.

Curia Romana Burocracia que ayuda al papa en su tarea de gobernar la Iglesia Católica.

custodia Recipiente decorado y de oro que contiene el Santo Sacramento en forma de pan, prensado entre dos placas de vidrio transparente. Se encuentra en el altar para las devociones eucarísticas.

derecho canónico Conjunto de leyes que rigen a la Iglesia. Las leyes de la Iglesia se denominan leyes canónicas.

Dios El ser divino supremo, el creador de todo lo que es, la totalidad del ser y de toda perfección. Dios no tiene principio ni fin. Dios es el amor, la fuerza que une a todo lo que existe.

director espiritual Persona capacitada para trabajar espiritualmente con la gente, del mismo modo que un psicólogo trabaja en el plano emocional.

dogma (doctrina) Creencia oficial de la Iglesia Católica formalmente formulada respecto de la fe o de la moral.

eclesiástico Relativo a la iglesia.

Encarnación Acto por el cual Dios toma forma humana y entra en la jornada del hombre.

encíclica Carta escrita por el papa para instruir a la gente.

epifanía Manifestación o aparición; revelación súbita e intuitiva del significado esencial de algo.

Epifanía Fiesta que conmemora la visita de los Reyes Magos al Niño Jesús en Belén; se celebra el 6 de enero. Tanto el nacimiento como el bautizo de Jesús se consideran epifanías.

escuelas parroquiales Escuelas primarias y de educación media apoyadas por la parroquia, que ofrecen educación general e infunden la ética y los valores católicos.

Espíritu Santo La tercera persona de la Santísima Trinidad: Padre Hijo y Espíritu Santo. Se refiere a la eterna presencia de Dios en nosotros ya que nos abre el corazón y la mente, nos guía en nuestras acciones y en general nos asiste en nuestra jornada.

espiritualidad cuántica Llamada a reconocer la unidad del mundo y a participar creativamente en ella.

Evangelio La buena nueva sobre la llegada de Cristo. Los evangelios son los libros de Marco, Mateo, Lucas y Juan y se encuentran en el Nuevo Testamento.

excomunión Censura eclesiástica mediante la cual se excluye al católico de la participación en la vida sacramental de la Iglesia y del ejercicio de cualquier cargo eclesiástico.

existencialismo Corriente filosófica del siglo XX en la que se hace énfasis en la soledad intrínseca del hombre, en su libertad personal y en la responsabilidad individual por las decisiones tomadas.

Extremaunción Nombre anterior del sacramento que ahora se llama Unción de los enfermos. Se llamaba "extrema" porque se aplicaba a quienes estaban a punto de morir; "unción" se refiere al acto de ungir con aceite a la persona.

fe Creencia en la bondad básica del plan de Dios para nosotros. Por medio de la fe, nosotros actuamos y creemos como si se nos fuera a conceder aquello que esperamos. También se refiere a la aceptación de la doctrina y enseñanzas de la Iglesia.

globalización Noción del mundo como una sola comunidad, en la que se consideran relacionados los pueblos, sus sistemas económicos y sus recursos.

gracia El don de la vida de Dios en nuestra alma, que nos orienta para tomar las decisiones correctas.

hereje Católico que en forma deliberada, persistente y pública niega algún artículo de la verdad revelada de la fe católica.

homilía Sermón, especialmente cuando se centra en las Sagrados Escrituras.

hostia Uno de los diversos nombres que recibe el pan de la Eucaristía. Del latín *hostia*, que significa víctima, nos recuerda que Cristo se sacrificó por nosotros.

Humanae Vitae Encíclica del Papa Paulo VI en la que se sostiene la proscripción de los métodos artificiales de control natal. Su título significa "sobre la vida humana" en latín.

Iglesia Comunidad específica de fieles, determinada por lo general según un criterio territorial, que realiza la misión de Cristo en el mundo para reconciliar a la humanidad con Dios.

indulgencias Oraciones y acciones penitenciales que redimen del castigo por nuestros pecados.

infalibilidad Dogma que afirma que el papa no se equivoca al hablar a nombre de la Iglesia, junto con los cardenales, al proclamar un artículo de fe o de moral.

infierno Estado de nuestra existencia sin Dios; antes se entendía como el fuego eterno en el que sufrían para siempre los condenados.

inmanencia Presencia de Dios aquí y ahora que puede ser experimentada por el hombre.

inquisición Investigación oficial de la Iglesia acerca de supuestas herejías.

intercesor Función de Cristo como mediador entre Dios y el hombre. Este término también se aplica a su madre, la Virgen María, pues ella es un vínculo necesario en el plan de Dios para enviar a Su Hijo como intercesor. Los santos también actúan como intercesores.

jesuita Miembro de la orden religiosa establecida en el siglo XVI por San Ignacio de Loyola, dedicada a trabajar para el papa. El nombre oficial de esta orden es Sociedad de Jesús.

Jesús Nombre hebreo cuyo significado es "Dios salva", lo cual expresa tanto la identidad como la misión del Hijo de Dios, nacido de la Virgen María.

justicia social Estado en el que todos los miembros tienen la libertad de participar plenamente y recibir los beneficios justos de la sociedad en que viven.

La Inmaculada Concepción Dogma de que la Virgen María fue concebida en el seno de su madre libre del pecado original, lo que le permitió ser un receptáculo puro a través del cual pudiera llegar Jesús al mundo.

la nueva raza Término que se refiere a la mezcla de la sangre, la espiritualidad y las culturas españolas, africanas e indígenas, en la que todas éstas se modifican.

lego, laico Del griego "laikós", que significa "perteneciente al pueblo o profano", se aplica a los miembros de la Iglesia que no están ordenados.

ley moral Sentido del bien y del mal que es parte de una conciencia innata e informada. Se basa en la noción de un orden racional establecido por el Creador, que nos da orientación al tomar decisiones morales.

ley natural Forma en que funciona el mundo de la naturaleza. Se nos da a conocer a través de la conciencia del orden natural de las cosas. Representa una concepción del mundo basada en el sentido común.

libertad religiosa Doctrina del Concilio Vaticano II que afirma el derecho natural de estar libre de coacción en las creencias religiosas.

libre albedrío La experiencia humana que rige nuestras acciones y nos da la libertad de tomar decisiones respecto de nuestra expresión plena del amor de Dios.

liturgia Oraciones y rituales de la Iglesia.

magisterio Función educadora de la Iglesia.

mal Producto o causa de decisiones moralmente erróneas.

María Madre de Jesús, Hijo de Dios.

mártir Persona que muere por su fe. El martirio produce automáticamente la santidad, es decir, el alma de la persona va directamente a Dios.

milagro Acción que viola las leyes de la naturaleza; suceso extraordinario que nos da un atisbo de la obra de Dios en el mundo.

ministros de la Eucaristía Fieles de la parroquia que ayudan al sacerdote en la administración de la Comunión durante la Misa.

ministros pastorales Trabajadores de la Iglesia que han asumido funciones que antes eran exclusivas de los sacerdotes.

misioneros Trabajadores religiosos que son enviados a países extranjeros para realizar obras religiosas y caritativas.

misiones Escuelas, hospitales y otras instituciones establecidas y mantenidas por la Iglesia para ayudar a la gente a satisfacer sus necesidades cotidianas.

misterios Las creencias basadas en la fe, que nunca pueden entenderse por completo.

misticismo Práctica de entrar en uno mismo para estar en un lugar tranquilo donde es posible experimentar el misterio de Dios.

místico Del griego *mysterion*, que significa "secreto, misterio", este término se aplica a la persona dedicada a la práctica de la meditación, con la cual experimenta una relación con Dios y obtiene una percepción espiritual.

mito Historia que cuenta las creencias de un grupo o un pueblo en relación con sus orígenes, historia y destino. Muchos mitos transmiten verdades.

modernismo Herejía condenada por el papa en 1907, referida al pensamiento científico moderno, que sostiene que la verdad cambia.

monasticismo Tradición de apartarse de la sociedad con el propósito de desarrollar las prácticas espirituales.

moral Sentido que nos permite determinar lo que consideramos correcto o incorrecto.

mundo occidental El territorio al oeste de Estambul, Turquía. Las tierras que están al este de esta ciudad forman el llamado mundo oriental.

novena Devoción que consiste en asistir a nueve misas o rezar nueve rosarios en días consecutivos.

obispo Máximo grado de ordenación dentro de la jerarquía eclesiástica; esta persona por lo general está a cargo de un grupo de parroquias llamado diócesis.

omnipresencia Uno de los atributos de Dios; se refiere a que Dios está presente en todas partes.

ordenación Rito de ingreso en la orden de diácono, sacerdote u obispo.

ortodoxas Se aplica a las iglesias orientales y griegas, que no se encuentran bajo la jurisdicción del papa católico.

parroquia nacional Parroquia que no está basada en límites geográficos sino en criterios étnicos.

pecado Conducta o intención que está en contra de la voluntad de Dios para el hombre. Se considera que es una forma de errar o de no realizar nuestro potencial.

pecado original Estado heredado de poco poder en el que nos encontramos por estar separados de nuestro estado original, que es el de unidad con Dios. Es parte del ser humano.

pecados capitales Los pecados capitales no son pecados en sí, sino pensamientos y conductas que la Iglesia considera que son la condición humana que predisponen al pecado. Son orgullo, codicia, envidia, ira, lujuria, gula y pereza.

Pentateuco "Libro de los cinco rollos", conocido en la tradición judía como Torah y que son los primeros cinco libros del Antiguo Testamento. Moisés ordenó que la ley de la Torah fuera colocada en el Arca de la Alianza, para que se mantuviera a salvo durante la estancia en el desierto del pueblo judío.

pila bautismal Recipiente grande de agua, construido por lo general de mármol o alguna otra piedra y que se emplea en el sacramento del Bautismo.

Posadas Fiestas devocionales que se celebran los días anteriores de Navidad, con las que se revive el recorrido de San José y la Virgen antes del nacimiento de Jesús.

prácticas litúrgicas Servicios y ceremonias de la Iglesia, lecturas en la misa, la comunión, los sacramentos, oraciones, rituales y celebraciones.

presencia real Dogma de que Cristo está presente en el sacramento de la Eucaristía, por lo que alimenta física y espiritualmente al cuerpo y al alma.

Primera Comunión Recepción del sacramento de la Eucaristía por primera vez.

protestante Cualquier miembro de una de las diversas iglesias escindidas del catolicismo en tiempos de la reforma. Algunas de las denominaciones protestantes son los luteranos, episcopales, metodistas y bautistas.

púlpito Del latín *pulpitum*, que significa "plataforma", el púlpito es el sitio desde el cual el sacerdote proclama la lectura del Evangelio de la Misa y predica la homilía.

purgatorio Estado del alma después de la muerte en la que avanza hacia su unión final con Dios. El alma del purgatorio puede recibir ayuda en su jornada mediante oraciones y buenas obras de los vivos.

razón Capacidad del hombre de conocer la existencia de Dios con certeza a través de su corazón y de su mente.

Reconciliación Sacramento por medio del cual se perdonan nuestros pecados, nos reconciliamos con Dios y se nos absuelve de la culpa.

religión Del latín *religare*, "volver a unir", la religión se ocupa de las relaciones entre el mundo sensible y lo que existe más allá. La religión funciona sobre una base de fe, más que de la razón.

reliquia Fragmento de los restos físicos de un santo o partes de ropa y otros objetos que haya estado en contacto con el cuerpo del santo.

renacimiento Etapa de la historia europea en la que revive la cultura clásica grecorromana —arquitectura, pintura, escultura, música y literatura—, ocurrida de los siglos XIV al XVI.

Resurrección El evento de fe en el que Jesús se levanta de entre los muertos al tercer día de su crucifixión, demostrando así su victoria sobre el pecado y la muerte, así como la vida eterna que está al alcance de todas las personas.

revelación Fuente de conocimiento que existe más allá de la capacidad de razonamiento; se trata de una percepción o inspiración divina, mediante la cual Dios le revela al hombre su plan divino.

rito de iniciación cristiana de adultos Proceso de ingreso en la Iglesia Católica.

ritual Vea *ceremonia.*

Ritual romano Libro litúrgico que contiene los rituales y las bendiciones realizados comúnmente por el clero. A partir del Concilio Vaticano II, este libro se llama *Libro de bendiciones.*

sacerdote Miembro ordenado de la Iglesia Católica.

sacramentales Objetos usados por los católicos para relacionarse con las experiencias espirituales. Los rosarios, las velas, las medallas, las estatuas, las campanas son algunos sacramentales.

salvación Acción amorosa de Dios, a través de Jesucristo, que nos guía hacia lo que es bueno para nosotros y nos aparta de lo que pudiera dañarnos.

Santas Escrituras Los textos sagrados del Antiguo y del Nuevo Testamento, que se cree están inspirados por el Espíritu Santo y escritos por manos humanas.

Santas Órdenes Sacramento mediante el cual un hombre se convierte en diácono, sacerdote u obispo. Los sacerdotes atienden las necesidades espirituales de sus fieles y cuidan las reglas y reglamentos de su parroquia.

signos de los tiempos Frase usada por el Papa Juan XXIII al inaugurar el Concilio Vaticano II, con la que recomendó a la Iglesia observar al mundo y aprender de él.

simonía Práctica de vender y comprar cargos de la Iglesia.

teología de la liberación Conjunto de doctrinas teológicas que articulan la jornada de la fe desde el punto de vista de la experiencia de los afanes del pueblo.

tradición Doctrina de la Iglesia que se ha desarrollado con el paso del tiempo y está basada en las enseñanzas transmitidas por Cristo y sus apóstoles.

tradición profética Advertencias sobre las consecuencias de las acciones, contenidas en el Antiguo Testamento. Isaías, Jeremías, Amós y Miqueas son algunos de los profetas.

Triduo Liturgia celebrada en los tres días anteriores al Domingo de Pascua: Jueves Santo, Viernes Santo y Sábado de Gloria.

Trinidad Misterio de la fe que expresa un solo Dios en tres personas. Las tres divinas personas, el Padre, el Hijo y el Espíritu Santo, no comparten entre sí una sola divinidad, sino que cada una es Dios pleno y entero.

vestimenta inconsútil de vida Reconocimiento ético de que todas las cosas de la creación están conectadas con el Creador en una relación plena e irrompible. Requiere de una ética congruente de respeto por el valor de la vida en gran variedad de temas, como el acceso a los alimentos, a la vivienda, a la asistencia médica y a la educación, así como en los temas de la pena capital, la guerra, el aborto y la eutanasia.

viático Del latín *viaticum*, "provisiones o dinero de viaje", el viático es la comunión que se administra a un moribundo.

vigilia bíblica Ceremonia de la Iglesia postconciliar, en la que se celebra a la Biblia en el altar, se leen pasajes y se reflexiona sobre ellos.

virginidad En tiempos antiguos, estado de independencia o autonomía, en referencia a una mujer que puede tomar sus propias decisiones. Cuando se refiere a la Virgen María, significa que ella aceptó a Dios por su propia voluntad, actuando sin ninguna influencia o coerción.

virtud Forma correcta de actuar, hábitos que nos guían en el camino del buen sentido y la buena fe, y que rigen nuestras relaciones con los demás.

visita Costumbre católica de detenerse en una iglesia por unos minutos al día para decir una breve oración.

vocación Del latín *vocare*, "llamar", la vocación se refiere a la llamada al sacerdocio, la vida religiosa y otros caminos espirituales.

votos Promesa obligatoria que se hace al ingresar en una orden religiosa. Los votos principales son el de pobreza (ceder a la comunidad la propiedad privada), de castidad (renunciar al derecho de casarse y tener una relación sexual íntima con el fin de dedicarse a la Iglesia) y el de obediencia (someterse a la autoridad de los superiores en materia de asignaciones).

Tabla de elementos simbólicos

Esta tabla muestra la relación entre los símbolos religiosos que son la base de la Iglesia Católica con las antiguas religiones de Europa.

Símbolo elemental	Símbolos correspondientes	Significado simbólico	Significado implícito	Creencias y prácticas católicas
Tierra	Invierno; noche, norte, negro	Muerte y gestación; nutrición; cuerpo físico; creatividad; femenino	Lo que parece muerto se está gestando y volverá a nacer; alimento y cobijo; la Tierra considerada sagrada; el cuerpo físico considerado sagrado; sabiduría; el misterio de la vida	La presencia física de Jesús en la Tierra; nacimiento de Jesús en el portal; María Madre; ministerio de sanación de Jesucristo (alimentar al hambriento, sanar al enfermo, resucitar al muerto); muerte de Jesús en la cruz y su inhumación en la tierra; altar; santos óleos; cenizas (polvo somos); sacramentos: Sagrada Eucaristía, Unción de los enfermos, Matrimonio (procreación)

continúa

continuación

Símbolo elemental	Símbolos correspondientes	Significado simbólico	Significado implícito	Creencias y prácticas católicas
Aire	Primavera; mañana; este; blanco; verde	Nacimiento; vida y respiración; nuevo comienzo; movimiento; promesa; mente/significado; masculino	El don de la vida; esperanza; renovación; comunicación; el pensamiento considerado sagrado	Incienso; campanas; oraciones y cantos; declaración de la Palabra; el Espíritu Santo como paloma; predicación y enseñanza; esperanza renacida; resurrección; sacramentos: Santas Órdenes (como predicación y enseñanza)
Fuego	Verano; mediodía; rojo; sur; anaranjado	Pasión; acción; aclaración; celebración; masculino	Transformación; reforzamiento de la voluntad; estar en el mundo de la acción; voluntad en el ser; fruición y abundancia	Velas; lámpara del santuario; el Espíritu Santo como fuego; celo; obra misionera; acción católica (hacer lo correcto); la Pasión de Cristo; milagros; sacramentos: Santas Órdenes y Confirmación
Agua	Otoño; tarde; oeste; azul	Profundidad interna; calma; tranquilizamiento; líquido amniótico; emociones; femenino	Limpieza; iniciación; reflexión; plenitud; solvente universal	Agua bendita; bendiciones; mediación; intuición o entrada a la sabiduría; sacramentos: Bautismo y Reconciliación

Apéndice C

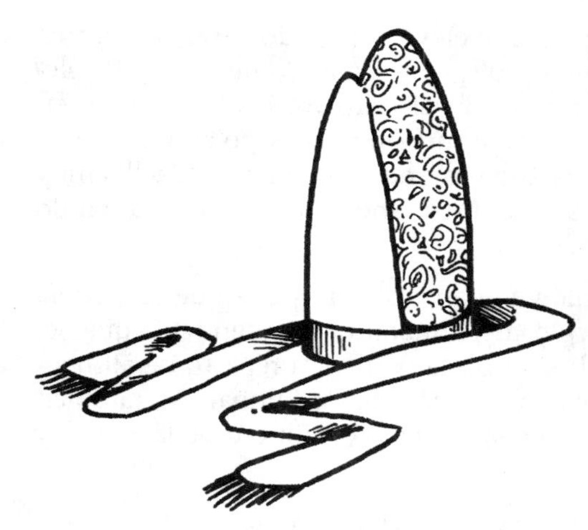

Anécdotas papales

Desde San Pedro ha habido más de 260 obispos de Roma y en los casi dos mil años de historia de la Iglesia ha habido algunas docenas de antipapas (pretendientes no reconocidos al título). Ha habido de todo entre estos papas, algunos fueron extraordinarios, otros intrascendentes; algunos muy buenos, otros definitivamente horribles. A continuación presentamos algunas anécdotas de papas del pasado.

San Lino (66-78). Muy poco se sabe acerca de San Lino, quien fue el sucesor inmediato de San Pedro, el primer papa. Quizá sea el mismo Lino que se menciona en la segunda Epístola de San Pablo a Timoteo. Si es así, tiene la distinción de ser el único papa, aparte de San Pedro, mencionado en el Nuevo Testamento.

San Damasco (366-384). Considerado hombre encantador pero contundente e incluso arrogante, la distinción de San Damasco es que a él le tocó la proclamación del cristianismo como religión de estado en el Imperio Romano y la de Roma como sede de la Iglesia. Él se esforzó por hacer del cristianismo algo atractivo para la aristocracia romana. Creía en la conversión de las mujeres, con la esperanza de que éstas traerían posteriormente a su marido. La opulencia de su pontificado dejó un mal sabor de boca y no careció de críticos. Sus enemigos lo acusaron de adulterio, acusación de la que fue absuelto por un sínodo de 44 obispos.

San León I (440-461). Uno de los dos papas llamados "magnos". Definió la doctrina de que cada papa hereda su autoridad directamente de San Pedro y, por tanto, no lo mancillan los actos discutibles del pontífice anterior. El emperador confirmó la autoridad del papa sobre los demás obispos. Se le recuerda en especial por su enfrentamiento con Atila, rey de los hunos, en 452, cuando logró convencerlo de que retirara sus ejércitos y no invadiera Roma. Posteriormente también tuvo éxito en las negociaciones con los jefes de los vándalos, con lo que logró que sus invasiones no causaran tantos daños.

San Gregorio I (590-604). Primer monje que se elevó al papado, Gregorio criticó la falta de disciplina que veía en los demás obispos y señaló la necesidad de elevar las normas morales, en especial con relación al celibato. Fue el primero en usar la expresión *ex cathedra* para hablar de la autoridad del obispo en materia de doctrina. Envió misioneros a la Inglaterra anglosajona y en la actualidad es muy conocido por el tipo de canto que lleva su nombre (aunque quizá no haya tenido nada que ver con su composición).

Los tiempos habían cambiado para Roma y el papado. El imperio que constituía la estructura y garantizaba el orden se estaba derrumbando. Alguien tenía que llenar el vacío. Gregorio organizó el auxilio contra la peste y el reparto de alimentos a los hambrientos. Para hacer frente a la invasión de los lombardos, también organizó la defensa de la ciudad, pagando a las tropas con dinero de la Iglesia y negociando posteriormente la paz.

Gregorio empezó como aristócrata trabajador civil y llegó a ocupar el cargo de prefecto de Roma. Pero después se convirtió en monje y, a regañadientes, en papa. Sin embargo, fue el mejor hombre que pudo ocupar el puesto. Aunque no era un gran intelecto, Gregorio era un administrador por naturaleza. En ese papel, como gobernante temporal, Gregorio moldeó claramente el futuro del papado.

Esteban VI (896-897). Esteban fue un papa tan malo como es posible imaginar. Al parecer estaba motivado por partes iguales de favoritismo político y una extraña necesidad de venganza. Ordenó exhumar el cadáver de un papa anterior, Formoso, y lo sentó en el banquillo para juzgarlo por delitos imaginarios. El cadáver llevaba el atuendo papal y un diácono tenía que hacer la voz. Cuando fue declarado culpable se le cortaron al cadáver los tres dedos con los que el papa solía administrar la bendición y el cuerpo fue enterrado en un cementerio para desamparados. Pocos días después, sin embargo, fue lanzado al río Tíber.

En Roma estallaron disturbios, debidos en parte a la terrible conducta de Esteban y poco después éste fue encarcelado. Murió estrangulado en la prisión. El asesinato y la muerte violenta en general eran riesgos que con demasiada frecuencia corrían los papas de esa época y Esteban murió de una manera muy acorde a la forma en que había vivido.

Sergio IV (1009-1012). Prácticamente lo único por lo que se recuerda a Sergio —que fue hijo de un zapatero— es por establecer la tradición de que el papa elija un nuevo nombre al ser electo. Anteriormente, los papas tomaban un nuevo nombre sólo en circunstancias especiales (por ejemplo, si tenían el de una deidad pagana, como Mercurio), pero en los casi mil años transcurridos desde Sergio IV, sólo dos papas han conservado su nombre original. Parece que Sergio tuvo dos razones para cambiar de nombre. Él en realidad se llamaba Pedro, y Pedro sería un nombre bastante pretencioso para que lo mereciera cualquier papa.

San Gregorio VII (1073-1085). Individuo terco y poderoso, Gregorio luchó muy duro por sus ideales. Promovió ardientemente la reforma de la Iglesia, en especial en el tema del celibato sacerdotal. Se enfrentó al emperador del Sacro Imperio Romano por la compra y venta de cargos eclesiásticos (simonía) y el poder de las autoridades civiles para nombrar obispos dentro de su propio territorio.

Gregorio perdió la batalla y fue enviado al exilio, donde murió. El emperador tomó Roma e instaló a su propio antipapa. Sin embargo, a la larga Gregorio ganó la guerra. En 1122, el concordato de Worms confirmó los principios por los que había luchado Gregorio.

Adrián IV (1154-1159). Único papa inglés, Adrián IV debió su ascenso al trono de San Pedro a la influencia del rey Enrique II de Inglaterra, quizá el monarca más poderoso de Europa. En ese tiempo era común que las autoridades romanas y los políticos de Europa tuvieran un fuerte efecto en la elección del papa. En un documento, Adrián IV instó a Enrique II a dominar Irlanda y reformar la iglesia irlandesa. El hecho de que este documento significara entregar Irlanda para siempre a la corona inglesa es una cuestión que está a debate, pero fue el catalizador de la violencia que aún a la fecha sigue afectando a esa isla.

Alejandro VI (1492-1503). Alejandro ciertamente fue uno de los papas más notables. A la edad de 25 años, su tío, que era el papa, lo hizo cardenal. Desembolsó enormes sobornos para lograr ser electo papa. Miembro de la familia Borgia, fue padre de por lo menos nueve hijos ilegítimos, los más nefastos de los cuales fueron su hija Lucrecia y su hijo César (cuyas acciones inspiraron a Maquiavelo).

La fama de extravagancia de Alejandro fue exagerada a proporciones escandalosas por generaciones posteriores de críticos protestantes. Él extendió ampliamente la práctica de vender indulgencias, en especial cuando declaró el año jubilar de 1500 con el fin de incrementar el número de peregrinos y donativos que llegaban a Roma. Y destinó estos fondos para financiar las aventuras militares de su hijo.

A pesar de su inmodesta conducta, Alejandro también es recordado como gran protector de artistas del Renacimiento y administrador capaz. Dividió el Nuevo Mundo entre España y Portugal (favoreciendo a sus compatriotas españoles) trazando una línea sobre el mapa. Aunque su muerte probablemente se debió a la fiebre, no puede descartarse la vieja leyenda de que accidentalmente consumió el veneno que había dispuesto para un cardenal rival.

Adrián VI (1522-1523). Adrián VI fue el último papa no italiano antes de la elección de Juan Pablo II en 1978. Se enfrentó a tres enormes problemas al asumir el poder: el luteranismo, el Imperio Otomano y las reformas necesarias en una Iglesia cuya jerarquía, para empezar, lo consideraba un intruso y que además estaba determinada a conservar sus privilegios. Adrián reconoció que la Corte Romana había sido el origen de toda la corrupción de la Iglesia, cosa que no le valió muchos amigos. Adrián VI murió tan sólo 20 meses después de ocupar el cargo, pero aun si hubiera vivido 20 años, no hubiera tenido el tiempo necesario para llevar a cabo todas esas tareas.

Pío IX (1846-1878). Pío IX fue considerado liberal en comparación con su antecesor inmediato, Gregorio XVI quien, por ejemplo, consideraba que el ferrocarril era una invención del demonio. Pío IX se vio obligado a enfrentarse a la inevitable crisis de la edad moderna. Su pontificado sufrió la pérdida de los estados papales y la pérdida correspondiente del poder temporal que había sido parte del papado durante 15 siglos. La reacción de Pío IX ante estos acontecimientos fue reiterar su absoluta autoridad en el ámbito espiritual y declaró la doctrina de la infalibilidad papal. Su pontificado duró 32 años y ha sido el más largo de la historia.

Juan Pablo I (1978). Juan Pablo I fue pontífice durante sólo 33 días. Parecía prometer un hálito de frescura y sus primeros dos actos indicaron que habría un nuevo tipo de papa para una nueva era. Al ser elegido, rompió la tradición y eligió un nombre doble en homenaje a sus dos predecesores, Juan XXIII y Paulo VI. Rasgo típico de la humildad de este hombre, rechazó la tradicional corona papal y en cambió sólo uso la mitra episcopal. Durante su breve pontificado, su encantadora personalidad le valió el sobrenombre del "papa sonriente". Su inesperada muerte, tan pocos días después de su asunción, sacudió al mundo y dio material a los teóricos de la conspiración de todas partes.

Y la siempre popular:

Papisa Juana (855 ¿o 1087?). Ninguna lista de papas estaría completa sin la mítica papisa Juana. Según la leyenda del siglo XIII, Juana fue una mujer culta y devota que se disfrazó de hombre y se ganó la admiración de todos por su intelecto y santidad. Después de la muerte del papa anterior (ya sea León IV en 855 o Víctor III en 1087, dependiendo de la versión en que se crea), Juana fue elegida papisa y tomó el nombre de Juan. Se dice que gobernó con sabiduría durante unos años, pero su secreto se reveló en forma desastrosa. Un día, cuando caminaba por las calles de Roma con sus cardenales, dio a luz. Esta leyenda ha sido relatada durante siglos y ningún desmentido del Vaticano ha logrado sofocarla. La historia fue muy difundida por los protestantes de la Reforma, pues parecía probar la degradación del papado. Este mito no se refutó debidamente hasta el siglo XVII pero aún a la fecha la papisa Juana es más conocida que gran número de papas reales.

OCT

LITOGRÁFICA INGRAMEX, S.A.
CENTENO No. 162-1
COL. GRANJAS ESMERALDA
09810 MÉXICO, D.F.

2001